Guerras e escritas

FUNDAÇÃO EDITORA DA UNESP

Presidente do Conselho Curador
Herman Voorwald

Diretor-Presidente
José Castilho Marques Neto

Editor Executivo
Jézio Hernani Bomfim Gutierre

Assessor Editorial
Antonio Celso Ferreira

Conselho Editorial Acadêmico
Alberto Tsuyoshi Ikeda
Célia Aparecida Ferreira Tolentino
Eda Maria Góes
Elisabeth Criscuolo Urbinati
Ildeberto Muniz de Almeida
Luiz Gonzaga Marchezan
Nilson Ghirardello
Paulo César Corrêa Borges
Sérgio Vicente Motta
Vicente Pleitez

Editores Assistentes
Anderson Nobara
Arlete Zebber
Ligia Cosmo Cantarelli

FABIANA DE SOUZA FREDRIGO

Guerras e escritas
A correspondência de Simón Bolívar
(1799-1830)

© 2010 Editora UNESP

Direitos de publicação reservados à:
Fundação Editora da UNESP (FEU)
Praça da Sé, 108
01001-900 – São Paulo – SP
Tel.: (0xx11) 3242-7171
Fax: (0xx11) 3242-7172
www.editoraunesp.com.br
feu@editora.unesp.br

CIP – Brasil. Catalogação na fonte
Sindicato Nacional dos Editores de Livros, RJ

F929g

Fredrigo, Fabiana de Souza

    Guerras e escritas: a correspondência de Simón Bolívar (1799-1830) / Fabiana de Souza Fredrigo. - São Paulo : Ed. UNESP, 2010.

    Inclui bibliografia

    ISBN 978-85-393-0040-2

    1. Bolívar, Simón, 1783-1830 - Correspondência. 2. Cartas como recursos de informação. 3. Cartas - História e crítica. 4. América Espanhola - História. 5. História - Fontes. I. Título. II. Título: A correspondência de Simón Bolívar (1799-1830).

10-2557   CDD: 980
                                                                                                    CDU: 94(8)

Este livro é publicado pelo projeto Edição de Textos de Docentes e Pós-Graduados da UNESP – Pró-Reitoria de Pós-Graduação da UNESP (PROPG) / Fundação Editora da UNESP (FEU)

Editora afiliada:

Asociación de Editoriales Universitarias de América Latina y el Caribe   Associação Brasileira de Editoras Universitárias

Para o meu adorável menino Vítor. Com ele e por causa dele, apreendo, a cada dia, novas formas de olhar para o mundo, tornando-me cativa de seu carinho. Ele é o motivo essencial da minha crença no humano e da certeza inabalável de que tudo, tudo vale a pena...

Se procurar bem, você acaba encontrando
Não a explicação (duvidosa) da vida
Mas a poesia (inexplicável) da vida

(Carlos Drummond de Andrade)

AGRADECIMENTOS

Escrever agradecimentos é difícil. A tarefa de registrar o nome das pessoas que foram fundamentais para a realização deste trabalho traz consigo o medo do esquecimento de algum nome, aumentando a dificuldade da escrita e provocando boa dose de ansiedade. Este trabalho, que agora vem a público, é fruto da tese de doutoramento, defendida na Unesp, *campus* de Franca, em 2005. Em virtude disso, tese e livro se confundem e os agradecimentos se ampliam. Sinto-me no dever de citar todos os que foram companheiros constantes durante a minha trajetória no doutorado – mesmo que, por circunstâncias próprias da vida, pelo tempo e pela distância, alguns não façam mais parte de meu cotidiano, tal como eu gostaria. Em quatro anos, muita coisa pode mudar, o que permaneceu, contudo, foi a devida importância de cada um dos nomes citados para a realização deste trabalho. A esses amigos, de perto e de longe, devo alertar que nenhum agradecimento seria capaz de traduzir fielmente o carinho e a gratidão que acalento por eles. Por esse motivo, as linhas que seguem são uma tentativa tímida de alcançar um pedacinho da experiência dividida.

Aos mestres que me formaram, agradeço por terem me apontado o caminho de uma grande aventura: a de se dedicar ao prazer de conhecer, de se perder nos mistérios da História e de se reencontrar na escrita deste trabalho. Cada um dos meus professores transformou-me em uma pessoa melhor. Ao muito querido Alberto Aggio, agradeço a confiança depositada neste trabalho que, de início, parecia uma empreitada quixotesca, a estilo bolivariano. Registro a importância de sua firme e segura orientação, que tornou expressivamente melhor o texto apresentado. A amizade duradoura, nascida da relação de orientação, não o impediu de ser um crítico atento, criterioso e, por isso mesmo, muito generoso. Construir uma longa parceria com Aggio foi uma das experiências mais marcantes e enriquecedoras de minha vida pessoal e acadêmica. À Teresa Malatian, com quem dividi o prazer pelo trabalho com as correspondências, agradeço as leituras indicadas e as muitas intervenções, todas elas importantes para a elaboração deste trabalho. À Tânia Garcia Costa, agradeço as sugestões apresentadas no decorrer da escrita deste trabalho, período em que nossa convivência tornou-se constante, levando-nos inúmeras vezes às discussões acaloradas e divertidas sobre Simón Bolívar. A Nelson Schapochnik, agradeço a presença fundamental em meus anos de formação, pois, desde nosso primeiro encontro, não pude me esquecer do conhecimento intelectual e humano obtido no contato com esse professor especial, de quem sempre guardarei saudade e apreço. À Hercídia Mara Facuri Coelho, agradeço o apoio, a torcida e, sobretudo, o carinho, que, muitas vezes, foi o que me fez seguir adiante.

Ao grupo de amigas queridas, quero registrar o meu imenso carinho. Os momentos que dividimos foram ímpares e estão definitivamente protegidos do esquecimento, uma vez que a saudade de outrora invade, sem aviso, o meu presente. Isadora Faleiros Frare, Melissa Paula, Lia dos Santos e Fabiane Costa foram amigas incondicionais. À querida Fabiane, faço um agradecimento especial. Sua tradução do meu personagem, em várias discussões, foi criativa e particular. Agradeço-lhe, também, as leituras das primeiras versões dos capítulos e sua constante animação em discuti-las. À Maria Conceição da Silva, quem me recebeu inúmeras vezes em sua casa, durante a realização deste trabalho de doutorado, agradeço a hospitalidade e a disponibilidade.

Aos amigos especialíssimos que fiz desde 1998, quando me tornei professora da Faculdade de História da Universidade Federal de Goiás, à época Departamento de História, gostaria de frisar que a importância deles em minha vida foge a qualquer padrão de medida. Cada um merece um agradecimento à parte, pois todos foram leitores atentos, cuidadosos e entusiasmados. A Carlos Oiti Berbert Júnior, presença especial e essencial em minha vida, agradeço não apenas pelos apontamentos teóricos, mas, sobretudo, por sua imensa capacidade de me fazer observar a vida de maneira mais leve e otimista, sem deixar de lado a indispensável profundidade para se enxergar os detalhes. Para o Carlos, queria dizer que o meu sentimento extrapola os anos concretos de uma convivência especial e rica, pois guardo a impressão de conhecê-lo desde sempre. Com a amiga também incondicional, Libertad Borges Bittencourt, divido a paixão pela História da América. Ao compartilharmos esse sentimento e muitos outros, compreendemo-nos e colaboramos com o crescimento intelectual uma da outra. Em longos treze anos, aprendi muito com essa minha amiga sobre História da América. Por todos esses motivos, agradeço-lhe o companheirismo, a fidelidade e a possibilidade de interlocução, afinal, conseguir ser ouvida é muito raro. A Noé Freire Sandes, agradeço o apoio constante. Ele acompanhou cada mudança deste trabalho, leu meus textos iniciais e foi um interlocutor atento, entusiasmado e importante. A Marlon Salomon, Élio Cantalício Serpa e Armênia Maria de Souza, agradeço a torcida e o carinho.

À Maria Lígia Prado, queria agradecer não apenas pelo carinho e pela confiança sempre dirigidos a mim, mas, sobretudo, pelo exemplo. Quando nos deparamos com um alguém tão singular, e que, com maestria, dedicação e muita, muita generosidade, formou (e forma) gerações e gerações de historiadores, fica-nos o infinito respeito e admiração. É com imensa alegria que confesso minha admiração por essa profissional incansável e pessoa especial, que acompanha há muitos anos a minha trajetória acadêmica.

Aos meus amados familiares, Santo Fredrigo, Clarice Anália de Souza Fredrigo, Vítor Fredrigo Noronha, Josiane de Souza Fredrigo, Ricardo de Souza Fredrigo, Maria Carolina Becker Fredrigo, Bernardo Becker Fredrigo, Patrícia Lima, e à minha amiga-irmã, Vanessa dos Santos Spagnul, agradeço a maneira como souberam compreender as minhas ausências. A tolerância e o respeito mediaram nossa relação durante a realização deste trabalho e eu lhes sou grata pela dedicação a mim dispensada. À minha querida tia Regina Daumichen e à prima Andréa Daumichen, agradeço a disponibilidade em cuidarem dos trâmites para a minha inscrição no Programa de Publicações de Teses e Dissertações, da Editora Unesp. Não fosse a generosidade de ambas, provavelmente não teria concluído minha inscrição e este trabalho não seria publicado.

À Pró-Reitoria de Pesquisa e Pós-Graduação da Universidade Federal de Goiás, agradeço a concessão da bolsa por meio do Programa Institucional de Capacitação Docente e Técnica (PICDT), que me possibilitou arcar com os custos financeiros adicionais para a realização deste trabalho, que agora vem a público.

À Editora Unesp, agradeço a possibilidade de publicação deste trabalho. Toda a minha formação acadêmica deu-se na Universidade Estadual Paulista, no *campus* de Franca. Esse lugar de excelência abriga profissionais que, todos os dias, colaboram com essa instituição no cumprimento do papel que deve ter a universidade pública, o de formar profissionais qualificados, capazes de, ao mesmo tempo, ampliar e aprofundar o conhecimento em nosso país. Espero e torço para que a universidade pública e de qualidade continue a ser defendida por nosso(s) governo(s), a despeito das cores partidárias.

SUMÁRIO

Prefácio   15
Introdução   23

1   As cartas, a história e a memória   43
2   Guerra, honra e glória: atos e valores
     do mundo de Simón Bolívar   79
3   Construindo a memória da indispensabilidade:
     o discurso em torno da renúncia e do ressentimento   163

Considerações finais   269
Referências bibliográficas   279

PREFÁCIO

Nos tempos atuais do *e-mail*, em que tudo é urgente, telegráfico, efêmero, escrever cartas parece ser algo que se perdeu no passado. Em oposição ao tempo rápido da internet, a carta pertence a um universo identificado com o ritmo lento do refletido, elaborado, reescrito, passado a limpo. Se fosse preciso arrolar argumentos em defesa da importância da carta como forma de comunicação, este inspirado livro de Fabiana de Souza Fredrigo seria certamente invocado para provar sua riqueza e perenidade. Neste trabalho, a autora se debruça sobre a extensa e variada correspondência de Símon Bolívar, entre 1799 e 1830, analisando os sentidos da escritura de cartas. Deixando os ares congelados do passado, as missivas se revelam como fonte preciosa para a historiadora.

As cartas de Bolívar – a maior parte delas ditada sistematicamente a seus ajudantes de ordens – foram compiladas e devidamente organizadas por estudiosos, no século XIX e início do XX. Ele escreveu copiosamente e em todas as fases de sua existência, mesmo quando estava já doente ao final da vida. Fabiana Fredrigo propõe perguntas cruciais a esses documentos históricos: quem são os interlocutores do líder? Qual a linguagem empregada? Como se expressa a tensão entre o que pode ser público e o que deve ser guardado no íntimo e privado?

16 FABIANA DE SOUZA FREDRIGO

Algumas das missivas de Bolívar são emblemáticas, como a Carta da Jamaica, de 1815, na qual expressa sua esperança com relação ao futuro, afirmando desejar que na América do Sul se formasse "a maior nação do mundo, menos por sua extensão e riquezas do que pela sua liberdade e glória". Outra carta sempre invocada é aquela escrita por Bolívar, poucos dias antes de morrer, ao general Flores, em novembro1830. Nela, esgotado e frustrado, concluía ter tirado de sua experiência política "poucos resultados certos": "a América era ingovernável" e "servir a uma revolução era arar no mar". Entre o otimismo absoluto e a frustração completa, o Libertador deixava seu testamento ambíguo.

Bolívar plantou uma ideia que atravessou os séculos e se transformou em bandeira político-ideológica de diversos grupos. Ele lançou a possibilidade de construção de uma unidade latino-americana. Propôs uma liga que se formaria em um congresso de representantes das novas nações, a ser realizado no Panamá, em 1826. A reunião fracassou e notáveis ausências foram registradas, como as do Brasil, da Argentina, do Chile e dos Estados Unidos. Mas "o sonho" persistiu e continua ganhando novas roupagens com o passar das gerações.

O líder da independência nasceu em uma família rica, recebeu uma esmerada educação de inspiração liberal, foi o grande general vitorioso na guerra pela independência da América do Sul, assumiu os mais altos cargos políticos e morreu tuberculoso, autoexilado, sem fortuna nem poder. Como já mostrou, na década de 1960, o historiador Germán Carrera-Damas, construiu-se, desde o século XIX, um verdadeiro culto ao "Libertador". Ao "maior herói nacional", foram sendo incorporados qualificativos, tais como: "caminhante e guia", "gênio perfeito", "homem predestinado a serviço da Providência", "libertador do continente", "criador das repúblicas americanas", "pai dos cidadãos livres". Colocada no "altar sagrado da Pátria", sua memória foi mitificada e penetrou fortemente no imaginário social venezuelano e latino-americano. [1]

---

1 Carrera-Damas, Germán. *El culto a Bolívar*. Caracas: Universidad Central de Venezuela, 1969.

Seus funerais também indicam as apropriações políticas de sua memória. A historiadora Carolina Guerrero afirma que Bolívar teve ao menos três cerimônias fúnebres "em cada uma das quais se configurou parte do mito e do culto que ainda hoje dificultam o exame sobre seu pensamento e sua práxis política [...]" (p.4). O primeiro funeral aconteceu em Santa Marta, em 20 de dezembro de 1830, e foi de diminutas proporções. O segundo, em dezembro de 1842, foi uma cerimônia de grande pompa: os restos de Bolívar foram trasladados de Santa Marta para a catedral de Caracas, depois de uma solene travessia por mar. A justificativa para a repatriação estava baseada na ideia de que Bolívar representava a unidade nacional venezuelana. Finalmente em 1876, suas cinzas deixaram o templo religioso e encontraram seu lugar definitivo no Panteão republicano, simbolizando as mudanças da Venezuela em direção à secularização do Estado. [2]

Sem dúvida, Simón Bolívar é uma figura histórica sedutora, cuja atuação política foi decisiva e despertou paixões e ódios entre seus contemporâneos. Biógrafos, historiadores, romancistas e políticos continuam demonstrando grande interesse por sua vida e por seus feitos, que foram narrados e analisados a partir de diversas abordagens. Não se pode deixar de mencionar o colombiano Gabriel García Márquez, que não resistiu ao fascínio por esse personagem e contou, em um romance inquietante, seus últimos meses de vida, captando as contradições, a vaidade, a fragilidade e a decadência do então envelhecido e doente líder. [3]

Em outra vertente, uma questão política atual se impõe à lembrança. Refiro-me à invocação constante da figura de Bolívar pelo presidente da Venezuela, Hugo Chávez, que se apropria do herói nacional para apresentá-lo como inspirador, patrono e protetor de seu regime e como primordial idealizador da "nova" América Latina integrada e unida na luta contra o imperialismo norte-americano. Chávez inventa um fio

---

2 Guerrero, Carolina. "Los funerales de Símon Bolívar: Fundación de un mito en la construcción del patriotismo republicano, 1830, 1842, y 1876". In: McEvoy, Carmen. *Funerales republicanos en América del Sur: Tradición, ritual y nación (1832-1896)*. Santiago: Ediciones Centro de Estudios Bicentenario – PUC (Chile), 2006.

3 García Márquez, Gabriel. *O general em seu labirinto*. Rio de Janeiro: Record, 1989.

18 FABIANA DE SOUZA FREDRIGO

condutor que une presente e passado em uma imaginada continuidade histórica, na qual o atual presidente é o sucessor direto de um Bolívar otimista, coerente, defensor da liberdade, da democracia, das causas sociais e precursor do anti-imperialismo.

Fabiana Fredrigo tem pleno domínio de suas fontes e das interpretações controversas sobre Bolívar que o soterraram sob grossas camadas de páginas escritas. Sem anacronismos, a autora atravessa esses obstáculos e mostra as múltiplas dimensões de Bolívar – pragmático, controverso, ambíguo, heroico, vaidoso, ressentido. A partir das cartas, a autora constrói seu universo de valores, indicando os sentidos de honra e de glória e a centralidade da guerra para Bolívar. É na luta que se fazem os heróis, que se deixam para a posteridade os sinais dos atos de coragem e bravura que envolvem a honra masculina. Nesse ambiente masculino de lealdades e traições, de conflitos e disputas, a união de todos é dada pela causa da independência.

As reflexões teóricas de Fredrigo sobre as relações entre história e memória, entre história e biografia, estão tão bem alinhadas que trazem uma efetiva contribuição para o trabalho do historiador. A própria análise empírica das fontes epistolares explicita suas escolhas teóricas. Nossa autora não está em busca da "ilusão da linearidade e coerência do indivíduo expressa por seu nome e por uma lógica retrospectiva de fabricação de sua vida, confrontando-se e convivendo com a fragmentação e a incompletude de sua existência".[4] Recusando um modelo *a priori* da vida de Bolívar, aparece no texto a riqueza das várias dimensões históricas de seu personagem.

Nossa autora demonstra em sua análise que Bolívar, em suas cartas, construiu uma memória de si para a posteridade. Ele aparece como grande herói da independência, aclamado e legitimado nesse papel por seus interlocutores. Criou a ideia de sua indispensabilidade. Ao lado da insistência em escrever sobre suas atitudes de renúncia, explicita seu ressentimento em relação aos contemporâneos que haviam sido injustos com ele. Fredrigo tece sua interpretação, demonstrando

---

4 Gomes, Ângela de Castro. *Escrita de si. Escrita da História*. Rio de Janeiro: Editora FGV, 2004, p.13.

que Bolívar tinha consciência de seu papel histórico e costurava os elementos imprescindíveis que deveriam compor sua autobiografia. Assim está expressa a intencionalidade de algumas de suas afirmações e a importância da escolha que ele fez de seus missivistas.

Aponto, ainda, outra questão fundamental neste livro. Para nossa autora, a historiografia foi seduzida pelo epistolário de Bolívar, sucumbindo aos encantos do personagem. Os autores dos séculos XIX e XX acompanharam a visão que Bolívar produziu sobre a própria vida, a liderança na longa guerra pela independência e a moldura política do período. Com a análise crítica da correspondência, a autora foi capaz de mostrar como as artimanhas das escritas de si não foram percebidas por tantos dos leitores da correspondência de Bolívar. O "culto ao herói" foi construído e alimentado, em parte, por suas próprias cartas e por sua interpretação dos acontecimentos. Desse modo, Fredrigo elabora a crítica às apropriações dos escritos de Bolívar por seus defensores ou por seus inimigos.

Em suma, este é um trabalho que tem delicadeza, argúcia, sensibilidade e sutileza. Em um universo amplo e já tão explorado, Fabiana Fredrigo encontrou um caminho original e inovador. É um livro elaborado com paixão e que cativará a atenção dos que tiverem o prazer de lê-lo.

Maria Ligia Coelho Prado

Os atores não falam o idioma das estruturas, fato que põe o analista diante do seguinte dilema: ou se ignora o que os atores dizem e fazem, supondo que estão o tempo todo enganados a respeito de si mesmos, ou toma-se o seu comportamento – mescla de discurso e ação – como um modo possível de acesso ao mundo real. Até prova em contrário, a realidade é aquilo que os atores dizem que ela é. Quando o dissenso a respeito do que é real é dilatado, o apelo às estruturas inintencionais pode gerar textos racionais e logicamente consistentes, mas desertos ou compostos por personagens unidimensionais. (Lessa, 1999, p. 24)

Introdução

Simón José Antonio de la Trindad Bolívar nasceu em Caracas, em 24 de julho de 1783.[1] Oriundo de família abastada e descendente de espanhóis da região de Biscaia, ao norte do país, seus antepassados chegaram à Venezuela em torno de 1589. Seu avô, Juan Bolívar, pagou para obter o título de Marquês de São Luís, o que lhe foi negado, posto que os genealogistas encarregados de certificar a pureza de sangue da família Bolívar encontraram traços índios entre os antepassados investigados. O pai de Simón Bolívar, Juan Vicente de Bolívar y Ponte, casou-se apenas aos 42 anos com María de la Concepción Palácios y Blanco, filha de uma também ilustre família de Caracas. Dos quatro filhos do casal, Simón Bolívar foi o último. Desde seu nascimento, Concepción Palácios apresentava os sintomas da tuberculose que a vitimaria. Atarefada com os compromissos sociais e fragilizada em decorrência da doença, a mãe de Simón o deixaria sob os cuidados de duas importantes amas, das quais Bolívar sempre guardaria lembrança: Inês, filha de uma respeitável família espanhola, e Hipólita, uma escrava de sua família. Nas cartas que Bolívar enviaria à irmã, María Antónia, eram comuns as perguntas sobre a situação material de Hipólita.

---

1 Os dados biográficos foram consultados em obras diversas. Seguem as referências de algumas delas: Busaniche, 1986; Harvey, 2002; Madariaga, 1953a e 1953b.

Simón Bolívar tornou-se órfão prematuramente; perdeu pai e mãe aos três e aos nove anos respectivamente. Logo após a morte de seu pai, a mãe o entregou aos cuidados do advogado da família, Miguel José Sanz. Passados 18 meses, o advogado devolveu Simón Bolívar à mãe. Feliciano Palácios, o avô materno de Bolívar, assumira o controle da família e, com a morte de Juan Vicente, dedicou-se à educação de Simón Bolívar, que foi aluno de Andrés Bello e teve como preceptor Simón Rodríguez. Leitor e admirador de Rousseau, Simón Rodríguez foi influência decisiva na formação do jovem venezuelano. Com a morte de Concepción Palácios, aos 33 anos, o preceptor tornou-se tutor do menino, então com nove anos. Mudaram-se para San Mateo, propriedade da família, onde Bolívar seria educado. Entre os nove e 14 anos, Bolívar permaneceria sob a atenção de Simón Rodríguez. Em 1797, o preceptor seria expulso da Venezuela devido à suspeita de ter participado de uma rebelião contra a dominação espanhola. Bolívar ficaria sob responsabilidade de seus tios, pois o avô materno falecera em 1793.

Aos 14 anos, sua iniciação militar ocorreu no IV Batalhão de Milícias de Blancos de los Valles de Aragua. Sua primeira viagem para a Espanha, planejada pelo tio Pedro Palácios, ocorreria em 1799 e daria ensejo à escrita da primeira missiva de Simón Bolívar. Destinada ao tio, a missiva tinha como objetivo contar sobre sua viagem, aproveitando o remetente que a embarcação encontrava-se no porto de Vera Cruz, no México. A ausência da narrativa eloquente ainda não denunciava o missivista compulsivo e dedicado que se tornaria Simón Bolívar:

> Não estranhe a letra ruim, pois estou cansado do movimento do coche no qual acabo de chegar e já vou embarcar, [então] escrevo rápido e mal e me sucedem todas as ideias com um golpe. Expressões aos meus irmãos e em particular a Juan Visente [sic], que já espero, a meu amigo, Dom Manuel de Matos e enfim a todos que estimo.
> Seu mais atento servidor e seu filho,
> Simón Bolívar
> (Carta para Pedro Palácios y Sojo. Vera Cruz, 20/03/1799. Tomo I, R. 1, p.03-04. Original)

Em Madri, sob a responsabilidade de Estebán Palácios, Simón Bolívar tomou contato com a corte espanhola, uma vez que seu parente fizera amizade com Manuel Mallo, conselheiro e amante da rainha Maria Luísa de Parma. Simón Bolívar e Estebán Palácios hospedaram-se na casa de Mallo, de onde Bolívar saiu dois anos depois por conta da visita de seu tio, Pedro Palácios, que o instalou em um alojamento no centro de Madri. Aos 17 anos, Bolívar vivia só, mas sob a importante influência de um rico caraquenho, o Marquês de Ustáriz, que trataria de sua educação formal. Em virtude da iniciativa do marquês, Bolívar entraria em contato com leituras filosóficas e históricas. Em um dos trechos de uma carta para Santander, escrita no ano de 1825, comentando um artigo publicado no *Morning Chronicle*,[2] Bolívar descreveria sua formação, inclusive a anterior à sua viagem para a Europa:

> O que diz de mim é vago, falso e injusto. Vago porque não reconhece minha capacidade; falso porque me atribui um desprendimento que não tenho; e injusto porque não é certo que a minha educação foi descuidada, pois minha mãe e os meus tutores fizeram tudo o que era possível para que eu aprendesse: encontraram mestres de primeira ordem em meu país. Robinson,[3] que o senhor conhece, foi meu primeiro mestre de letras e gramática; de belas letras e geografia, o nosso famoso Bello, uma academia de matemática foi aberta para mim pelo padre Andújar, que muito estimava o barão de Humboldt. Depois, me mandaram para Europa para continuar meus estudos de matemática na academia de San Fernando;[4] e aprendi línguas com os mestres mais importantes de Madri, tudo sob a direção do sábio Marquês de Uztáris, em cuja casa eu vivia. Ainda muito novo para poder aprender, deram-me lições de esgrima, dança e equitação. Certamente não aprendi nem a filosofia de Aristóteles, nem os códigos de crime e de delito, mas pode ser que o Mr. de Mollien não tenha estudado tanto como eu Locke, Condillac, Buffon, D'Alembert, Helvetius, Montesquieu,

---

2 O jornal inglês *Morning Chronicle* foi fundado em 1769 por Willian Woodfall e, em 1862, deixou de ser publicado. (Dados disponíveis em: <http://www.spartacus.schoolnet.co.uk/Jchronicle.htm>. Acesso em: 18 fev. 2005)

3 Refere-se a Simón Rodríguez.

4 Segundo Lecuna (Tomo IV, 1966, p.330), a Real Academia de Bellas Artes de San Fernando foi fundada em Madri, no ano de 1744.

Mably, Filangieri, Lalande, Rousseau, Voltaire, Rollin, Berthot e todos os clássicos da Antiguidade, fossem filósofos, historiadores, oradores ou poetas; e todos os clássicos modernos da Espanha, França, Itália e grande parte dos ingleses. Tudo isso lhe digo confidencialmente para que você não acredite que o seu pobre presidente recebera tão má educação como diz Mr. de Mollien; ainda que, por outro lado, eu não saiba nada, não deixei de ser educado como um jovem distinto pode ser na América sob o poder espanhol. (Carta para Francisco de Paula Santander. Arequipa, 20/05/1825. Tomo IV, R. 1.212, p.326-330. Original)

Foi também na casa de Ustáriz que ele se deu conta das transformações europeias daquele momento:

> O Marquês de Ustáriz era um nobre rico de Caracas, ao redor do qual tinha se estabelecido um círculo literário e, sobretudo politicamente liberal, em uma época em que a Espanha via-se envolta em uma atmosfera de deterioração e decadência reacionária. Ustáriz converteu-se em uma espécie de diretor dos estudos de Simón Bolívar. Elegeu-lhe professores iminentes de filosofia, história, literatura e matemática. Apresentava-lhe os livros de sua volumosa biblioteca. Simón não era apenas um rato de biblioteca, gostava de perambular pelas ruas de Madri em busca de lugares interessantes, visitar seus amigos e estabelecer novas relações. Nas reuniões na casa do marquês ouviu defesas apaixonadas da Revolução Francesa e outras ideias subversivas. Pouco a pouco, suas ideias políticas foram tomando corpo. (Harvey, p.87)

Nesse período, Bolívar também viajou pela França. Ainda em Madri, conheceu María Teresa Rodríguez del Toro y Alayza, integrante de uma família *criolla* de Caracas. Como era muito jovem, não conseguiu permissão imediata para se casar, o que exigiu a intercessão de seu tio junto ao pai da noiva. Casou-se em 26 de maio de 1802 com sua escolhida, após expor seu desejo a familiares e pedir pela intervenção favorável à união:

> Estimado tio Pedro:
> Não ignora o Senhor que possuo uma propriedade bem rentável, o que me dá condições de me estabelecer em Caracas, e que na minha falta, ou não, passe ao poder de meus filhos a casa Aristeiguieta, isso

GUERRAS E ESCRITAS **27**

porque atendendo ao aumento de bens para a minha família e por ter me apaixonado por uma senhorita dos mais belos requisitos e recomendáveis prendas, como é minha senhora Teresa Toro, filha de um compatriota e ainda parente, estou determinado a contrair aliança com essa dita senhorita para evitar a falta que possa causar se faleço sem que isso ocorra; pois patrocinando tão justa ligação, quererá Deus dar-me algum filho que sirva de apoio aos meus irmãos e de auxílio aos meus tios.

Comuniquei isso ao Senhor Marquês de Ustáriz como o único tutor que tenho aqui, para que ele o avisasse e [assim como] a Manuel Mallo: a você por ser meu parente mais próximo e ao senhor Manuel Mallo porque é nosso amigo e benfeitor. A esse último escreveu o Marquês de Ustáriz duas vezes, e numa delas lhe entregaram a carta em mãos; mas não houve nenhuma contestação e já se passaram 30 ou 31 dias. Isso foi comunicado pelo Marquês de Ustáriz ao Senhor Dom Bernardo Toro pelo parentesco e pela amizade, mas em confiança.

Assim que fui informado de que o Senhor não sabia desta novidade quis participá-la, em primeiro lugar porque ninguém tem o interesse e o domínio em meus assuntos como o Senhor, e em segundo para que proteja esta união dando as ordens necessárias para pedir a senhorita a seu pai, com toda formalidade que o caso exige.

Espero sua contestação com maior ânsia; pois isso me interessa muito, tendo passado tanto tempo sem nada dizer, do aviso do Senhor Mallo até está data.

De seu mais afeito sobrinho que o ama de todo coração.

Simón Bolívar

(Carta para Pedro Palácios y Sojo. Madri, 30/09/1800. Tomo I, R. 2, p.4-5. Original)

Recém-casados, Bolívar e Teresa voltaram para a Venezuela. Dois meses após a chegada a Caracas, María Teresa contraiu febre amarela e, exatos oito meses após o casamento, a esposa de Simón Bolívar faleceu, ceifada pela doença. Em outubro de 1803, o caraquenho resolveu regressar à Europa para continuar seus estudos. Não se deteve em Madri, seguindo viagem para Paris, onde pôde assistir à proclamação de Napoleão Bonaparte como imperador. Visitou Londres e, no salão de Fanny de Villars, conheceu os cientistas Humboldt e Bompland. De passagem pela Itália, visitou Veneza, Florença, Bolonha, Roma e

Nápoles. Em Milão, outra cerimônia envolvendo Napoleão foi assistida por Simón Bolívar: a sua coroação. Durante a visita à Itália, fez seu juramento no Monte Sagrado: o de libertar a América do domínio espanhol. O juramento é exaustivamente narrado pelos biógrafos como um momento apoteótico e profético. O relato sobre o juramento no Monte Sacro foi escrito anos depois por Simón Rodríguez, quem à época acompanhava Bolívar:

> Depois de descansar um pouco e com a respiração mais livre, Bolívar, com certa solenidade que não esquecerei jamais, pôs-se de pé, e como se estivesse só, olhou para todos os pontos do horizonte, e através dos raios amarelos do sol poente lançou seu olhar perscrutável, fixo e brilhante sobre os pontos principais que conseguimos dominar. – Então este é – disse – o povo de Rômulo e Numa, dos Gracos e dos Horácios, de Augusto e de Nero, de César e de Bruto, de Tibério e de Trajano? Aqui todas as grandezas tiveram sua forma e todas as misérias sua cunha [...]. A civilização que solapou o Oriente mostra aqui todas as suas faces, apresenta todos os seus elementos, mas quanto a resolver o grande problema do homem em liberdade, parece que o assunto tem sido desconhecido e que o despejo dessa misteriosa incógnita não se pode despejar senão no Novo Mundo.
>
> [...]
>
> E logo, voltando-se para mim, úmidos os olhos, palpitante o peito, enrijecido o rosto, com uma animação quase febril, me disse:
>
> – Juro diante de você; juro pelo Deus de meus pais; juro por eles; juro pela minha honra e juro pela Pátria, que não darei descanso ao meu braço nem repouso à minha alma, até que tenha rompido as cadeias que nos oprimem por vontade do povo espanhol. (Rodríguez apud Busaniche, p.15-16).

Esse relato, reproduzido parcialmente em virtude de sua extensão, foi muito difundido e tornou-se a base para consolidar uma versão biográfica oficial do juramento de Bolívar no Monte Sacro,[5] acrescentando um biógrafo ou outro um toque a mais de romantismo.

---

5 Assim como o juramento no Monte Sacro, a tentativa de assassinato contra Simón Bolívar, em 1828, da qual lhe salvou a ajuda de Manuela Sáenz, também é reconstituída pelos biógrafos a partir do relato de um "outro". No caso da tentativa de assassinato, o relato foi redigido pela própria Manuela.

GUERRAS E ESCRITAS **29**

Depois de Roma, o caraquenho voltou para Paris, realizando ainda curtas viagens pela Holanda, Alemanha e Inglaterra. No retorno à América, em 1806, embarcou para os Estados Unidos, onde passou por Washington, Nova York, Filadélfia e Boston. Em 1807, chegava à Venezuela, encontrando o país em ebulição. A expedição de Francisco de Miranda, venezuelano de família nobre e que fizera parte das fileiras do Exército Real Espanhol na Península, financiada pela Inglaterra no contexto das invasões inglesas em 1806 e 1807 no Rio da Prata, fracassara. Essa expedição não fora bem vista pela população que, nos idos de 1806 a 1808, declarava fidelidade à coroa espanhola.

Em 1808, a invasão napoleônica na Península Ibérica levou às abdicações dos Bourbons (Carlos IV e Fernando VII) em Bayonne a favor de José Bonaparte. Em 1810, a Junta Central de Sevilha dissolveu-se. A Espanha colocou-se em guerra contra a invasão napoleônica entre os anos de 1808 e 1814. As abdicações deixaram o reino sem rei, contribuindo para um vazio de poder nas distantes colônias. A posterior dissolução da Junta de Sevilha levou os *criollos* a considerarem seriamente a possibilidade de independência. Todavia, antes de 1810, no que se refere especialmente à Venezuela, nenhuma tendência autonomista conseguiu se impor. As regiões americanas instalaram juntas governativas que administravam em nome de Fernando VII. Na Venezuela, a proposta de uma junta governativa, em novembro de 1808, teve como resposta, por parte do capitão-geral em exercício, Juan de Casas, prisões e detenções.

A dinastia de José Bonaparte reivindicou o poder sob todo o território da Coroa Espanhola, o que significava tomar posse das regiões da América hispânica. Em 15 de janeiro de 1809, chegou a Caracas um emissário do Conselho das Índias exigindo o reconhecimento de José Bonaparte como rei da Espanha e de Joachim Murat, cunhado de Napoleão, como tenente-geral do reino. As juntas governativas rechaçaram, de forma inconteste, o poder de José Bonaparte. Na Venezuela, em 1810, quando chegaram notícias sobre a queda da Junta de Sevilha, levantes instalaram-se. Vicente Emparán, eleito pela Junta de Sevilha como autoridade-geral na Venezuela, fora deposto, reconduzido ao cargo e, por fim, levado a renunciar:

> Tecnicamente, a junta deveria governar em nome de Fernando VII – uma fórmula que os revolucionários juraram manter com graus diferentes de sinceridade – mas negava explicitamente ao novo Conselho de Regência espanhol qualquer legitimidade no exercício do poder sobre a América. Não houve oposição imediata e direta dos funcionários civis e militares e as capitais das províncias mais distantes da capitania-geral da Venezuela seguiram-lhe, em sua maior parte, o exemplo, criando suas próprias juntas, semiautônomas, mas aceitando o comando geral de Caracas. As exceções foram Coro e Maracaibo, a oeste, e Guayana, a leste, que optaram por permanecer leais a Cádiz. Para muitos habitantes das fronteiras mais longínquas da Venezuela, rejeitar a autoridade de Caracas era mais um atrativo da opção legalista. (Bushnell, p.128-129)

Um novo *cabildo,* instituição similar a uma câmara municipal, foi instalado e elegeu três homens para uma missão diplomática em Londres, foram eles: Simón Bolívar, Luís López Méndez e Andrés Bello. Note-se que, à época, Simón Bolívar era apenas um mantuano[6] de Caracas, sem a proeminência que assumiria após 1813, com a conhecida *Campanha Admirable*. Em 10 de julho de 1810, a comitiva chegou à Porthsmouth. O encontro com o secretário do *Foreign Office*, o Marquês de Wellesley, ocorreria em sua residência privada, atitude que sugeria a posição inglesa. Interessada na independência americana, mas circunstancialmente aliada à Espanha em decorrência da presença de Napoleão Bonaparte no trono francês, a Inglaterra não daria apoio oficial à independência das colônias espanholas. Diante da evidência do desmonte da metrópole, foi mais viável à elite *criolla* encaminhar a independência como um processo que, a partir de 1815, exigiu a ruptura irreversível com a dinastia dos Bourbons (Wadell, p.231-265).

A Sociedade Patriótica de Caracas foi o fórum que Simón Bolívar utilizou para defender a independência em relação à Espanha. Dessa forma, pese os antecedentes em Buenos Aires entre os anos de 1806

---

6 A designação "mantuano" aplicava-se, na Venezuela, desde o século XVI, àqueles considerados aristocratas de "raça" branca e descendência espanhola. A denominação aludia ao véu que apenas as mulheres aristocratas podiam utilizar, quando de sua ida à igreja, singularizando-se, justamente, pelo adereço.

e 1807, a Venezuela seria a precursora da ruptura com a metrópole. Em 5 de julho de 1811, declarou-se formalmente a independência desse país. A Constituição elaborada no mesmo ano pautou-se pelos princípios federalistas, criticados duramente por Simón Bolívar e por Francisco de Miranda. Além das divergências internas ao território venezuelano, acrescente-se o impacto do terremoto de 1812 (que atingiu áreas dominadas pelos patriotas e deu munição à ação de padres que atribuiriam esse ato da natureza a um castigo de Deus) e a ofensiva espanhola por meio da ação do Comandante Domingo Monteverde. Os poderes ditatoriais atribuídos a Miranda não impediram a queda da Primeira República Venezuelana. Simón Bolívar, que comandava tropas em Puerto Cabello, perdeu o controle do forte, ação que patrocinou a escrita de mais de uma carta dramática:

> Meu general, meu espírito se encontra de tal modo abatido que não encontro ânimo para mandar em um único soldado; pois minha presunção me fazia acreditar que meu desejo de acertar e o ardente zelo pela pátria supririam em mim os talentos dos quais careço para mandar. Assim lhe rogo que me destine a obedecer ao mais ínfimo soldado, ou melhor me dê alguns dias para me tranquilizar, para recobrar a serenidade que perdi ao perder Puerto Cabello: a isso acrescente-se o estado físico de minha saúde, depois de treze noites de insônia, de tarefas e de cuidados gravíssimos encontro-me numa espécie de privação mortal. Vou começar imediatamente o detalhamento das operações das tropas que liderava e das desgraças que arruinaram a cidade de Puerto Cabello para salvar perante a opinião pública a sua eleição e a minha honra. Eu fiz meu dever, meu general, e se tivesse me sobrado um soldado, com esse combateria o inimigo, se me abandonaram não foi por minha culpa. Nada restou para contê-los e comprometê-los para a salvação da pátria; mas, ah! Essa perdeu-se em minhas mãos! (Carta para Francisco Miranda. Caracas, 12/07/1812. Tomo I, R. 34, p.35-36. Retirada do Archivo del General Miranda, Tomo XXIV, p.415)

Essa carta é sugestiva dos motivos, ou, ao menos, um dos principais, que mobilizavam Bolívar a escrever missivas. Quando mencionou que redigiria detalhadamente os sucessos em Puerto Cabello, o que realmente cumpriu em uma carta datada de 14 de julho de 1812, dois dias após a perda do forte, avisou que o faria para salvar sua honra e a figura pública do general Miranda. O final da epístola do dia 14 de julho é muito parecido com o da anterior. Apesar do acontecido ter ficado para trás, o que permite à carta um tom mais racional, especialmente porque o objetivo era o de narrar (seletivamente recontar) detalhadamente os passos para a conquista e manutenção de Puerto Cabello, os dois últimos parágrafos voltam a emprestar à narrativa um tom desesperado, inclusive quando a referência volta a ser a importância de sua honra:

> Enfim, meu general, eu embarquei com meus oficiais às nove da manhã abandonado por todo o mundo e seguido só de oito oficiais que, depois de terem apresentado seu peito à morte e sofrido pacientemente as mais cruéis privações, voltaram ao seio de sua pátria para contribuir com a salvação do Estado e cobrir de glória vossas armas.
>
> Quanto a mim, eu cumpri com o meu dever; e embora tenha perdido a praça de Puerto Cabello, eu sou inocente, e salvei minha honra. Oxalá não tivesse salvo a minha vida, e a tivesse deixado embaixo dos escombros de uma cidade que devia ser o último asilo da liberdade e da glória da Venezuela! (Carta para Francisco de Miranda. Caracas, 14/07/1812. Tomo I, R. 36, p.37-45. Retirada do Archivo del General Miranda, Tomo XXIV, p.418)

Depois da derrota em Puerto Cabello e do salvo-conduto que conseguiu com o general Monteverde, Simón Bolívar partiu para o exílio em Cartagena. No exílio, refletiu sobre a queda da primeira república na Venezuela e continuou a tecer planos para a libertação dos territórios que constituíam, inicialmente, a Nova Granada. Estava certo da necessidade do apoio inglês à causa americana. Daí em diante, Bolívar ocupar-se-ia em liderar a elite *criolla* nas guerras de independência, atuando nos territórios dos antigos vice-reinados da Nova Granada e do Peru. Tais regiões compreendiam a Nova Granada propriamente dita (atuais territórios da Colômbia e do Panamá), a Capitânia Geral da Venezuela e a presidência de Quito (atualmente Equador). O vice-reinado do Peru compreendia a atual república do Peru e a da Bolívia, à época conhecida como Alto Peru (Bellotto; Corrêa, p.14).

São muitas as batalhas e os marcos cronológicos estabelecidos pelas guerras e pelos avanços e recuos patrocinados por elas. Narrar esta história bélica é dispensável para os objetivos desta introdução. Nesse momento, optou-se por expor alguns dados da biografia de Simón Bolívar, sem aprofundar as relações entre a vida dele e o contexto da luta de independência na América. Mesmo que imerso na luta pela independência, há que se precaver do vício em tomar a vida de Simón Bolívar e as lutas de independência como processos obrigatória e indispensavelmente correlatos. Apesar de personagem importante, há elementos presentes na análise do processo de emancipação que extrapolam os 43 anos de vida de Bolívar. A opção feita foi possível porque as relações (entre Bolívar e a independência em parte da América do Sul) serão construídas a partir da apresentação do epistolário. A leitura e avaliação da fonte organizarão a narrativa e o contexto externo à missiva será trazido quando for considerado fundamental para esclarecer um ponto ou outro da carta. Importante é ter em vista que Simón Bolívar esteve à frente dos patriotas durante todo o tempo das campanhas em Nova Granada e no Peru. Evidente que contou com a ajuda de outros integrantes da elite militar *criolla*. Santander, Montilla, Soublette, Santa Cruz, Sucre e Páez (incorporado a essa elite) dividiriam com Bolívar a função de coordenar as tropas.

No caso de Francisco de Paula Santander, sua ação administrativa, a partir da década de 20 do século XIX, no território da Grã-Colômbia, foi fundamental para manter o projeto de Bolívar (a unidade) e, ainda, para patrocinar as guerras de independência em outras regiões da América. Além de algum auxílio externo, o tesouro de Nova Granada, vigiado pelo vice-presidente da Grã-Colômbia (o cargo de presidente era ocupado por Simón Bolívar), praticamente financiara as campanhas de libertação de outros territórios. Se, em 1812, os exércitos de Monteverde reagiram à ofensiva patriota e, apenas em 1824, com a Batalha de Ayacucho, as últimas tropas espanholas retiraram-se da América, contabilize-se 12 anos de guerra ininterruptos contra o inimigo externo, isso nos territórios onde Simón Bolívar atuou. Em 1825, submetido o Alto Peru, tarefa de Sucre, que também tinha sido o comandante-geral das tropas em Ayacucho, terminavam as guerras de independência na Grã-Colômbia, no Peru e na Bolívia. Uma outra guerra cruenta e traiçoeira iniciava-se: a guerra entre as lideranças da independência e os seus distintos projetos para a América.

Finda a luta contra a Espanha, Bolívar começaria a ser questionado, em particular no seu desejo de manter unida a Grã-Colômbia e estabelecer um centro forte e soberano de decisões que o teria como liderança aglutinadora. Sua liderança e legitimidade enfrentariam desavenças endógenas. Nesse segundo momento, o homem público do epistolário compartilha todo seu ressentimento com interlocutores cuidadosamente escolhidos. Abatido pela mesma doença que vitimara a mãe, a tuberculose, Simón Bolívar pouco se referiria à saúde, mesmo com os interlocutores mais caros. Morreria entre escassos e fiéis bolivaristas. Sem fortuna (política e econômica) e sem legitimidade, teve seu último pouso cedido por um espanhol. No dia 30 de dezembro de 1830, faleceria na Quinta de San Pedro de Alejandrino, próxima à Santa Marta. Aos 43 anos de idade, Simón Bolívar não foi sequer atendido em seu desejo de ser enterrado em Caracas.

Além da guerra, a escrita de cartas foi uma constante nessa vida atribulada. Simón Bolívar não descuidou de sua correspondência nem mesmo com a proximidade da morte. A escolha do que escrever, de como escrever e a constância com a qual escrevia indicavam a conformação de uma memória no epistolário. Além disso, era patente no epistolário o desejo de que a memória construída (voluntária e involuntariamente, com desvios e contradições próprios ao esforço necessário para a realização de um projeto de tamanha amplitude) fosse aceita pela posteridade. Em suma, uma primeira leitura do epistolário permitiu perceber que a escrita de cartas subsidiava um projeto de memória. A partir de então, passou a ser importante encontrar o meio para explicitar esse projeto narrativo, ou seja, tratava-se de captar, compreender e apresentar os sinais internos ao epistolário. Esses sinais, endereçados para outros destinatários, poderiam indicar a história da narrativa do epistolário. Ainda mais: os sinais epistolares apontariam para a história que o missivista (autor que se cria a partir do texto e que é também recriação do próprio texto) queria legar à posteridade.

O primeiro contato com o epistolário de Simón Bolívar causou surpresa, pois, antes mesmo da leitura das cartas, a matemática impressionou: eram 2.815 cartas, divididas em sete tomos, com aproximadamente quatrocentas a quinhentas páginas cada um. Essas missivas eram apenas parte de um acervo maior, mas que se perdeu. Hilda Hildebrant (2001), apoiada nos dados oferecidos por Vicente Lecuna, supõe que Simón Bolívar tenha redigido (ou ditado) dez mil cartas. O romancista francês Marcel Proust foi um missivista compulsivo e a publicação de seu epistolário em 21 volumes assim comprova esse fato (Galvão, p.341). Sigmund Freud teria escrito vinte mil cartas, segundo as contas de especialistas. O psicanalista organizava toda a sua correspondência e respondia indiscriminadamente a qualquer remetente que lhe enviasse uma missiva (Mezan, p.160). Exemplos de homens nascidos na segunda metade do século XIX e que sobreviveram à passagem para o século XX, Proust e Freud dedicaram-se ao estudo e à escrita, o que torna mais compreensível a extensão de seus epistolários. Todavia, Simón Bolívar, indubitavelmente, era um homem da ação. Passara mais de 12 anos em guerra, contabilizando-se as desavenças domésticas. Se a escrita de cartas era um meio de comunicação importante, apenas esse dado não explica a dedicada tarefa de cuidar do epistolário. Diante dessa reflexão, o primeiro desafio era saber por que ele escrevia, para, só depois, apontar pormenorizadamente como escrevia. Dessa maneira, organizar o epistolário foi um problema a ser equacionado. Era necessária uma técnica particular para alcançar esse objetivo.

A coletânea utilizada foi organizada por Vicente Lecuna, o mesmo que cuidaria da restauração da Casa Natal do Libertador na Venezuela, tornando-se guardião da documentação e da memória do Libertador.[7] Qualquer análise que maculasse a figura do personagem

---

7 Segundo dados biográficos, Vicente Lecuna Salboc descendia, do lado paterno, de Vicente Lecuna Párraga, comissário do Exército Libertador, e Margarita Sucre Alcalá, irmã de Antonio José de Sucre, o "Marechal de Ayacucho'. Em 1914, o Ministro da Instrução Pública da Venezuela, Felipe Guevara Rojas, confiou-lhe a organização e a conservação dos documentos originais que compunham o arquivo de Bolívar. Vicente Lecuna (1870-1954) dedicou-se a cumprir tais tarefas. Para tanto, contou com a colaboração de outros pesquisadores, tais como Esther Barret

histórico era, imediatamente, desacreditada por Lecuna. Teve-se acesso à segunda edição das *Cartas Del Libertador*, publicadas entre os anos de 1964 e 1969. Depois de recolher a documentação, o organizador da coletânea optou por dispô-la segundo o critério cronológico, minorando suas intervenções. Lecuna escreveu uma introdução às cartas para explicar, entre outros pontos, como chegou à documentação e como missivas perdidas foram recobradas. Poucos foram seus comentários quando da exposição das cartas e, se resolvia fazê-los, os fazia em nota de rodapé. Trechos das missivas com grafia ilegível foram deixados em branco, sem transcrição.

Antes de chegar à coletânea de cartas de Bolívar, Lecuna organizou os arquivos de Salom, Soublette e Montilla, generais que lutaram ao lado de Bolívar durante as guerras de independência. A ausência de cópias das cartas de Bolívar na secretaria do governo, onde estavam muitas cópias dos documentos oficiais, exigiu um longo percurso à constituição de um *corpus*. Muitas das cartas foram doadas por outros pesquisadores, por descendentes dos generais e por embaixadas de outros países com os quais Bolívar ou os destinatários de suas cartas tiveram algum contato, como foram os casos da Argentina, da Espanha e da França.

Sabe-se que o arquivo pessoal de Manuela Saénz, a companheira mais constante de Bolívar, onde se encontravam cartas dele, foi incendiado quando Manuela faleceu, em 1856. Por conta da causa de sua morte, a difteria, seu corpo e seus pertences foram incinerados por medo de contaminação. Nesse ato, perderam-se as cartas de Bolívar, certamente relevantes não só pelo seu conteúdo amoroso. Antes mesmo de conhecer Bolívar, Manuela já havia se decidido pela luta

---

Nazarís, Júlio Planchart, Cristóbal L. Mendoza, Pedro Grases, Manuel Pinto, Torcuato Flores e Manuel Pérez Vila. Em 1916, recebeu a incumbência de dirigir a restauração da casa natal de Bolívar, obra concluída em 1919. Banqueiro por profissão e pesquisador por gosto, em 1918, Lecuna tomou assento na *Academia Nacional de História*, apresentando um trabalho monográfico sobre uma das campanhas de Bolívar, cujo título era: *Marcha de 1817 y combate de Clarines.* Transferiu e organizou o acervo documental de Simón Bolívar para a *Casa Natal do Libertador* e adicionou a esse acervo a documentação de António Sucre e Rafael Revenga. (*Diccionario de Historia de Venezuela*. Disponível em: <http://www.bolivar.ula.ve>. Acesso em: 30 nov. 2004)

emancipacionista. Foi com esse propósito que, em 1822, participou da conspiração contra o vice-rei do Peru e conseguiu a condecoração *Ordem do Sol*, que lhe foi confiada por San Martín. Nesse mesmo ano, conheceu Bolívar e, desde então, associou-se aos planos pela emancipação americana. Especialmente a partir de 1826, quando Manuela e Bolívar foram morar juntos nas proximidades de Lima, ela se tornou sua informante sobre a situação política da América e sobre o que diziam dele. Colocou-se presente na trincheira política ao lado dos bolivaristas, exatamente quando os conflitos políticos abriram espaço aos detratores do trabalho de Simón Bolívar. Teve problemas em voltar à sua terra natal, Quito, em virtude de sua postura política; era considerada perigosa pela chefia local. Terminou seus dias autoexilada no Peru (Castro, 1989). Assim, imputar a Manuela Saénz o papel único de amante de Bolívar é deveras injusto. Sem dúvida, a quitenha participou dos dramas políticos de sua época e a correspondência trocada entre ela e Bolívar poderia revelar questões importantes.

Ainda na introdução às cartas, é possível instruir-se sobre a trajetória das missivas no decorrer do século XIX. Contrariando o pedido testamentário para que queimassem a documentação existente nos baús, os contemporâneos do general foram os primeiros a cuidar desse material. A documentação existente nos dez baús de Bolívar, que fora enviada a um comerciante de Cartagena para que esse a enviasse a Paris, não alcançou seu destino. Daniel Florêncio O'Leary e Juan Francisco Martín, amigos de Bolívar, levaram o material consigo, quando partiram para o desterro na Jamaica. O objetivo de Bolívar era o de sair da Colômbia com destino à Europa. Pensava em passar seus últimos anos longe dos inimigos políticos que fizera e livrar-se de assistir, como expectador passivo, ao que para ele representava a destruição do pouco que lhe restava, sua honra. Por esse motivo, autorizou o envio de sua documentação para a França. Anos antes, os baús repletos de documentação acompanhavam a comitiva de Bolívar em todas as campanhas. Era função de seu secretário particular cuidar da documentação zelosamente, acrescentando outras fontes que eram produzidas no calor das lutas. Bolívar não conseguiu chegar à Europa, faleceu em Santa Marta, na Quinta de San Pedro de Alejandrino, que abriga, em tempos atuais, um museu.

O general irlandês, Daniel Florêncio O'Leary, usou a documentação levada à Jamaica para escrever as memórias do amigo e chefe. Na coleção de cartas utilizadas por O'Leary constam muitos rascunhos tomados dos arquivos particulares de Simón Bolívar e originais de cartas dirigidas a Urdaneta e Briceño Méndez. Esses originais foram imediatamente solicitados por O'Leary para a composição de suas *Memórias*, publicadas em 1879 a cargo de seu filho, Simón Bolívar O'Leary. .

Durante todo o século XIX, homens como Javier Yanes, Cristóbal Mendoza, Félix Blanco, Ramón Azpurua, Felipe Larrazábal e Aristides Rojas foram incansáveis perseguidores e compiladores dos documentos produzidos por Bolívar. As cartas escritas para Sucre, no decorrer da campanha do Peru, e para Salom, após 1822, foram compiladas pelo contemporâneo de Simón Bolívar, José Félix Blanco. Ramón Azpurua publicou sua obra de 14 volumes entre 1875 e 1876. Felipe Larrazábal publicou em Nova York, em dois volumes, sua versão da vida de Bolívar, versão amparada na organização anterior do epistolário de Bolívar que Larrazábal não conseguiu publicar em virtude de sua morte em um naufrágio, responsável também pela perda dessa coleção. Com a ajuda de famílias de Caracas, Aristides Rojas conseguiu publicar as cartas de Bolívar endereçadas à irmã e a José António Páez. Entre 1887 e 1888, foi a vez da publicação de três volumes de cartas compilados por Andrés Level. Igualmente dedicado à pesquisa dos documentos de Bolívar, Juan Bautista Pérez y Soto não conseguiu publicar sua obra antes da morte, sendo sua coleção adquirida pelo governo da Venezuela. Em 1913, Blanco Fombona publicava em Paris um volume das cartas de Bolívar escritas entre 1799 e 1822. O prólogo da coletânea de Fombona coube ao uruguaio José Henrique Rodó. Com correções e algumas anotações, os tomos compilados por Vicente Lecuna utilizaram-se de todas as obras anteriores, acrescentando muita documentação nova, coletada ao longo de anos de pesquisa, entre 1917 e 1929.

Se as cartas eram apenas um meio de comunicação imprescindível no ambiente da guerra, finda a luta pela independência, a correspondência bolivariana deveria sofrer decréscimo, o que não ocorreu. A observação dos anos contemplados em cada tomo e do número de missivas contidas nos períodos especificados indicou que, ao contrário de decrescer, a correspondência sofreu um acréscimo. Nesse sentido, a primeira matemática do epistolário dependeu da cronologia e indicou um epistolário que assumia maior vigor conforme os anos se passavam. Certamente, há que se considerar a ausência das cartas definitivamente perdidas, fosse pelo fato de que não havia cópias delas na secretaria de estado, fosse porque nem todos os pesquisadores ou famílias caraquenhas foram consultados. Essa ausência poderia equiparar o número de cartas escritas por período. Todavia, sem sequer saber o número exato de cartas escritas por Bolívar, foi preciso trabalhar com os números palpáveis, anotando-os conforme indicava o epistolário com o qual se teve contato.

Organizar as missivas demandou um método que foi criado em conjunto com a leitura do material. Problemáticas não anunciadas antes do contato com a fonte definiram o tema desta tese: a construção de uma memória por meio das cartas, memória essa importante ao presente e ao futuro do missivista. Diante desse tema, o objetivo é mostrar *por que* e *como* Simón Bolívar escreveu. Quis o missivista permanecer presente entre os seus concidadãos e, em decorrência disso, acabou por indicar à elite *criolla* os caminhos a serem seguidos quando essa fosse cuidar de escrever as respectivas histórias nacionais das nascentes repúblicas. Como poderá ser constatado, esse projeto de memória foi vitorioso, uma vez que elementos presentes no epistolário alimentam o culto a Simón Bolívar. Sobre a comprovada existência de um culto há consenso, ele se encontra estabelecido e é de difícil superação até mesmo entre os historiadores. A novidade deste trabalho é a lide com um tipo de fonte (a carta) que, eleita como a principal, permite apresentar a memória do próprio ator histórico (e de seu grupo) que é constantemente atualizada.

Por fim, é fundamental reforçar o seguinte esclarecimento: apesar da particularidade da correspondência estar exatamente na troca de missivas, foi necessário encontrar um recorte satisfatório – e esse se consubstanciou no epistolário bolivariano. De imediato, é preciso assumir que o recorte escolhido restringiu o campo das perguntas e dos problemas. Certamente, investigar as missivas enviadas pelos destinatários ampliaria a avaliação do projeto narrativo de Simón Bolívar, uma vez que a rede de sociabilidade daquele que escreve também o define, mas essa seria outra pesquisa. Aqui, o foco é a memória produzida no interior do epistolário de Simón Bolívar. As relações entre memória individual e coletiva respondem às perguntas sobre o projeto bolivariano, observando os limites dessa mesma fronteira. Cartas-resposta podem ser tomadas como fonte quando assim for necessário, mas não serão avaliadas à parte, colocadas em um outro conjunto.[8]

Intitulado *As cartas, a história e a memória*, o primeiro capítulo aprofunda as explicações sobre o tratamento dispensado à análise das cartas, discutindo as possíveis relações entre a história, a memória e o epistolário. Para tanto, aponta as particularidades da fonte e do período, explorando, no epistolário bolivariano, o tempo, a criação de um personagem, o estilo de escrita, as especificidades do discurso e a construção narrativa. Ao final do capítulo, expõe-se a tensão entre a memória histórica e a memória captada nas cartas, bem como se avalia a historiografia latino-americana e suas dificuldades em se liberar do culto a Bolívar. Sobre esse último item, uma ressalva é importante: lidar com a historiografia em torno de Bolívar é tarefa hercúlea. Dessa maneira, o debate historiográfico apresentado não pretendeu esgotar a análise ou sequer apresentar todas as vertentes. Traz-se, com mais propriedade, o debate sobre Simón Bolívar na Venezuela, apoiando-se em leituras específicas, como as de Carrera-Damas e de Nikita Harwich.

---

8 A necessidade de se apoiar em cartas-resposta apareceu no momento em que se propôs discutir as referências imagéticas de Bolívar à monarquia brasileira. Na leitura do epistolário, constatou-se que o Brasil apareceu em conjunturas específicas, quando da invasão em Chiquitos e quando da Questão do Prata. Nesses dois momentos, os interlocutores privilegiados de Bolívar foram o General António José de Sucre, alguns diplomatas e os comissionados argentinos. Compor as imagens sobre o Brasil nas missivas de Bolívar demandava a leitura das cartas-resposta de alguns desses homens. O objetivo era encontrar pistas que permitissem esclarecer quais informações eram repassadas a Bolívar para, depois, mostrar como ele as filtrava e as utilizava em suas próprias missivas. Muito mais do que uma discussão sobre o Brasil, interessava perceber como Simón Bolívar montava suas referências cognitivas para estabelecer um projeto de conhecimento e de poder. No entanto, a realização desse objetivo daria origem a outra pesquisa e, por esse motivo, optou-se pela reflexão sobre a História, a memória e a escrita de cartas, focando a atenção em uma leitura interna do epistolário.

Nomeado *Guerra, glória e honra: atos e valores do mundo de Simón Bolívar*, o segundo capítulo apresenta o mundo do missivista. Para tanto, escolheu-se como tríade explicativa elementos discursivos presentes e constantes no epistolário – a guerra, a glória e a honra. O segundo capítulo divide-se em dois itens. No primeiro deles, mostra-se por que guerra, glória e honra podem ser tomados como elementos constitutivos do universo bolivariano. Para tanto, indica-se como Bolívar construiu uma memória da elite nas cartas, configurando um sentido de comunidade. Em seguida, no segundo item, trata-se de uma memória oposta à construída em torno dos generais *criollos*, alusiva aos soldados índios e mestiços, compulsoriamente recrutados para o exército patriota.

O terceiro e último capítulo pretende discutir sobre o que se cunhou como *memória da indispensabilidade*. Tão importante é o desvendamento dessa memória que ela compõe o título do capítulo: *Construindo a memória da indispensabilidade: o discurso em torno da renúncia e do ressentimento*. O objetivo é demonstrar como Bolívar, ao justificar suas constantes renúncias, acrescentou a esse discurso outros elementos: a desilusão, a solidão, a doença, a morte. Enfim, com a *memória da indispensabilidade*, o ressentimento apresenta-se e empresta corpo à narrativa. Assim disposta, a *memória da indispensabilidade* reúne dois eixos: de um lado, a renúncia; do outro, o ressentimento. Por meio desses eixos, Bolívar construiu-se como homem público indispensável e insubstituível, por isso sua dificuldade em lidar com a ingratidão pública, por isso o relativo silêncio sobre seus males físicos. Esse capítulo contou com a colaboração do romance histórico de Gabriel García Márquez e com três biografias sobre Bolívar, a mais importante delas escrita pelo espanhol Salvador de Madariaga. Para avaliar o discurso em torno da renúncia, discute-se com as pistas retiradas da literatura e da biografia e considera-se a relação entre a história e áreas afins.

A riqueza do epistolário de Simón Bolívar é indiscutível e, com certeza, se presta a inúmeras outras abordagens. Neste trabalho, o interesse esteve voltado para a construção de um projeto de memória que, constitutivo do presente do missivista em virtude da necessidade de legitimidade inerente ao cargo que ele ocupava, foi, outrossim, incorporado e (re)alimentado pela posteridade. Resta terminar esta introdução reforçando uma importante e definitiva consideração: Simón Bolívar ocupa um lugar de memória no imaginário político latino-americano. Construída e reconstruída no decorrer de um longo tempo e esgotante trabalho, essa memória, ao mesmo tempo, fortalece e extrapola o culto à personalidade histórica daquele que venezuelanos e colombianos alcunham por *el Libertador*.

1
AS CARTAS, A HISTÓRIA E A MEMÓRIA

Então não há nada que resista a essa carga de morte constante e implacável que o tempo despeja em nossa vida? [...] O presente, como tal, é apenas a soma do ultra-instantâneo de cada momento isolado, que se converte de não nascido em já morto. Mas então onde é que está a vida nisso tudo? Então ela é apenas uma quantidade de coisas mortas acumuladas – pensamentos, palavras, homens e cachorros, mulheres e livros, tudo morto, ultrapassado? Esmagado? Então a gente vive mesmo ruminando o que não existe, mastigando coisa morta, apodrecida?

(Carta de Fernando Sabino para Otto Lara. In: Sabino, 2002)

O Bolívar missivista:
por que e *como* se escrevem cartas

Escrever sobre qualquer tema exige o recolhimento daquele que escreve a um universo interior e particular que nem sempre precisa ser dividido. Escrever pode ser o meio para compreender a si mesmo. Na medida em que expõe seus projetos e angústias, aquele que escreve patrocina um autoexame e, nesse sentido, qualquer escrita tem como primeiro avalista o seu próprio autor. Em suma, a escrita possibilita um acerto de contas consigo mesmo, uma catarse que pode ou não extrapolar as fronteiras do universo individual. Entretanto, o ofício de redigir cartas empresta complexidade ao ato de produzir um texto porque escrever cartas impõe a necessidade de falar de si para outrem. A partilha é condição imposta à relação entre remetente e destinatário. Um missivista cuidadoso escreve para si, mas tem em seu horizonte o outro – estratégia discursiva perceptível mesmo restringindo-se o acesso às missivas do remetente. Ao eleger um outro, o remetente quer alcançar a partilha e a compreensão. Em circunstâncias específicas, quer também convencer seu interlocutor e edificar um personagem por meio das missivas. De forma dedicada e delicada, Simón Bolívar lidou com a sua correspondência porque esteve entre seus objetivos oferecer à posteridade um personagem: o homem público irretocável, desprovido de vida privada. De imediato, a localização desse desejo no epistolário, bem como das estratégias narrativas para sua execução, impõe uma relação cristalina entre a escrita de cartas e um projeto de memória. Nesse caso, interessa apontar qual memória o projeto narrativo do epistolário bolivariano registra, investigando, ainda, de que maneira Simón Bolívar coloca-se como um sujeito particular no interior de seu grupo. O cruzamento entre a memória individual e a coletiva permitirá compreender como o missivista constrói-se para si, para seu grupo e para a posteridade.

Simón Bolívar não se via nem foi visto por aqueles que o cercavam como um indivíduo comum. Ao tomar ciência de sua importância no torvelinho de transformações da América oitocentista, Bolívar permitiu-se efetivar uma memória por meio de seu epistolário. Fez isso não porque considerasse a tarefa de escrever cartas uma obrigação imposta ao ocupante de um cargo político e militar. Se, de certa maneira, o compromisso de redigir missivas esteve entre os deveres de seu ofício, escrever cartas significava para Simón Bolívar o meio de alimentar seu desejo de autoconhecimento, reconhecimento e identidade. Mais ainda: o grupo com o qual entabulava suas conversações – a elite política e militar americana à época – dividia com ele as angústias, a visão de mundo e, sem dúvida, constituía para o general uma referência, permitindo-lhe sentir comodidade e aceitação. Contudo, o Bolívar das cartas não deve ser tomado apenas como o representante do grupo, ele era mais: era o Bolívar missivista que, ao transcender o grupo, impunha-lhe sua liderança, reinterpretava e transformava os códigos de conduta desse grupo. Dessa forma, embora possam ser encontrados muitos elementos comuns entre Bolívar e seu grupo, há particularidades presentes no epistolário que permitem aludir à constituição da memória de um indivíduo, apesar de essa memória encontrar-se entrecortada pela memória do grupo.

O general não era dado a confissões nem se permitia escrever deliberadamente sobre sua doença ou suas angústias e ressentimentos. Embora aparecesse, esse tipo de narrativa era acessória. Entre os oficiais partícipes do grupo de Simón Bolívar, era pouco usual um discurso intimista, no qual a doença, o ressentimento, a angústia e o desespero aparecessem. Não obstante, o aparecimento desse tipo de relato permitia, imediatamente, estabelecer o grau de confiança, respeitabilidade e amizade entre o missivista e seu interlocutor. Desse modo, a percepção não só *do que escrevia*, mas de *como escrevia* era fundamental para traçar as relações do general. Esse raciocínio exigiu atentar às formas de tratamento e despedida, mesmo considerando a economia de Simón Bolívar em cumprimentos e despedidas.

Grosso modo, uma escrita sobre a vida privada constituiu-se do que, à primeira vista, poder-se-ia caracterizar como comentários despretensiosos, assim esses comentários queriam ser apreendidos. Para tanto, surgiam amparados por uma narrativa subalterna se comparada à narrativa cuidadosa em torno do perfil que se pretendia legar à posteridade: o do homem público. Para significar a "narrativa acessória e/ou subalterna" e a "narrativa substantiva e/ou cuidadosa", considerou-se apropriado incorporar as reflexões de Jacy Alves Seixas sobre o que a autora denomina "memória voluntária" e "memória involuntária", sendo a primeira uma alusão ao "desejo e o dever de lembrar" e a segunda, uma alusão à "lembrança evocada" por um acontecimento casual, capaz de ativar a chave da reminiscência.

Se a lembrança pode ser recortada, elaborada, selecionada e/ou evocada por um cheiro, uma música, um gesto ínfimo, não há separações extremas entre esses campos, mas conflito.[1] A dificuldade de adequar a "memória voluntária e involuntária" ao projeto de memória bolivariano reforça a *convivência tensa* entre o voluntarismo do missivista em permanecer vivo para a posteridade e a impossibilidade humana de controlar não só a escrita e a memória, mas a própria negociação futura, que se daria entre os guardiões da memória. Portanto, no que se refere à experiência do missivista, voluntarismo e involuntarismo imbricam-se, assim como também estão imbricados o universo público e privado, a memória individual e a coletiva. As cartas escritas durante as noites insones e febris associadas às que aparecem nas manhãs sempre lúcidas são bons exemplos para se compreender a relação tensa entre voluntarismo e involuntarismo.

Então, quem é Bolívar? É um homem público que cria a sua memória voluntariamente, sempre que possível. Esse homem tem um projeto de memória e o assume como parte importante de sua vida. Por

---

1 Refletir sobre a memória voluntária e involuntária a partir da Literatura parece mais viável e realizável do que fazer o mesmo tendo como amparo a escrita demarcada como é a do epistolário do general das independências. Mais particularmente, buscar em Proust e em seu *Em busca do tempo perdido* as ferramentas para identificar quais seriam as "faces da memória" torna ainda mais lógica a possibilidade de apreensão e qualificação dos conceitos, tal como os apresenta Jacy Alves. Essa chance de apreensão se dá não apenas por conta da maior liberdade da escrita literária, mas, seguindo Auerbach (2007, p.340), pela qualidade do romance proustiano como "uma crônica da rememoração, na qual em vez de sequências temporais empíricas, entra em cena uma conexão secreta e negligenciada de acontecimentos – justamente aquela que, olhando para trás e para dentro de si, esse biógrafo da alma considera autêntica. Os acontecimentos passados já não detêm qualquer poder sobre ele – que jamais trata o seu passado remoto como se não tivesse acontecido, nem o já consumado como se ainda estivesse em aberto. Por isso, não há tensão, nenhum clímax dramático, nenhuma conflagração ou intensificação seguidos de resolução e apaziguamento. A crônica da vida interior flui com equilíbrio épico, feita que é apenas de rememoração e auto-observação. Essa é a verdadeira epopeia da alma, na qual a própria verdade envolve o leitor num sonho longo e doce, cheio de um sofrimento que também liberta e tranquiliza; esse é o verdadeiro *pathos* da existência terrena, que nunca cessa e sempre flui, que sempre nos oprime e sempre nos impele".

esse motivo, mostra-se como o homem público invadido pela tirania do poder e seus deveres. O voluntarismo e a existência de um projeto de memória são pontos que afirmam um desejo de ordenamento, interno ao epistolário. Todavia, há uma memória involuntária, a que aparece sem previsão, aquela que não permite um processo prévio de recorte, seleção e adequação. Essa memória particulariza o sujeito no grupo, a despeito de ele estar imerso nele. É nesse cruzamento em que se transita, apoiando-se nas particularidades da fonte. O epistolário tem uma narrativa interna que, em muitas ocasiões, independe do que lhe é exterior. Assim mesmo, a carta é um documento pessoal de um homem público. Por essa especificidade do documento, o cruzamento e os limites entre a memória individual e a memória coletiva aparecem tão claramente e, também, é por isso que o ordenamento e a fragmentação da escrita convivem lado a lado.

Embora não pudesse investir-se de onisciência, Simón Bolívar sabia que, caso quisesse ofertar-se como exemplo à posteridade, o convencimento de seu grupo era o primeiro passo. Ao oferecer aos seus interlocutores, cuidadosamente escolhidos, suas missivas, o general construía um *código de valores* entre seus homens, acrescentava a si mesmo legitimidade e, ainda, visava projetar sua imagem no futuro. A memória construída em torno de si era apenas parte do desejo do missivista. Um outro movimento esteve associado à construção da memória epistolar: Bolívar pretendia que sua memória atingisse e mobilizasse as gerações futuras. Pleitear a possibilidade de a posteridade anuir seu projeto era uma aposta audaciosa, reveladora do fato de que, embora Bolívar não pudesse ter o domínio do futuro, o projetava. As cartas e os documentos que deixaria para comprovar sua história eram a armadura protetora de sua honra. A existência de tais projetos confirma o movimento particular da memória no tempo e espaço, o de uma espiral em extensão (Seixas, 2002). Quando Bolívar escreve, se lembra. E não se lembra apenas a partir de reminiscências, mas utiliza-se das projeções e, se assim o faz, é porque o ato de lembrar é responsável por atualizar o passado no presente e, simultaneamente, deixar uma herança ao futuro. Sem dúvida, esse venezuelano tinha projetos urgentes em um presente concreto, mas sempre apontava para o futuro, tomado como o guardião

48 FABIANA DE SOUZA FREDRIGO

de sua imagem. Em uma carta a Santander,[2] discutindo e ironizando a postura do granadino em não envidar esforços para a liberação de outro país, no caso o Peru, Bolívar assim escreveria:

> Há um bom comércio entre nós: o Senhor me manda espécies e eu lhe mando esperanças. Em uma balança ordinária se diria que o Senhor é mais liberal do que eu, mas isso seria um erro. O presente já passou, o futuro é de propriedade do homem, porque este sempre vive lançado na região das ilusões, dos apetites e dos desejos fictícios. Pesemos um pouco o que o Senhor me dá e o que eu lhe envio. Crê que a paz se pode comprar com sessenta mil pesos? Crê que a glória da liberdade se pode comprar com as minas da Cundinamarca? Pois esta é a minha remissão de hoje. Veja se tenho bom humor. (Carta para Francisco de Paula Santander. El Rosário de Cúcuta, 19/06/1820. Tomo II, R. 594, p.362. Original)

O interesse no conjunto de missivas de Simón Bolívar emergiu da percepção quanto à motivação de sua escrita: a consagração da memória à história, entendida, por hora, como sinônimo de posteridade. Em 1816, em um esforço de justificar o seu decreto de *guerra de morte*[3], Bolívar assim escrevia para Juan Bautista Pardo, comandante das tropas espanholas em Pampatar:

---

2   Francisco de Paula Santander nasceu em 02/04/1792 em Cúcuta, região fronteiriça delimitada pelo Vice-Reinado de Nova Granada e a Capitania da Venezuela. Descendia de uma família de importantes funcionários do governo espanhol. Muito jovem, foi mandado para o Colégio de *San Bartolomé* e lá permaneceu até os 15 anos. Foi importante aliado de Bolívar, assumiu a vice-presidência da Grã-Colômbia durante todo o tempo em que o general se manteve na direção do exército libertador na campanha no Sul (Peru e Bolívia), mais particularmente entre os anos de 1821 a 1826. Em 1825, rompeu relações com Bolívar por conta de desentendimentos políticos emergentes durante a rebelião liderada por António Páez, *La Cosiata*. Sua visão de governo, distinta da de Simón Bolívar, o levou ao posto de importante liderança entre os federalistas. Acusado de ser o mentor intelectual da tentativa de assassinato de Simón Bolívar, ocorrida em setembro de 1828, Santander foi condenado ao desterro, de onde retornou, após o fim da Grã-Colômbia, para assumir a presidência da Colômbia. (Reinato, 2000, p.39-40)

3   Tática adotada por Bolívar, mas utilizada com antecedência pelos espanhóis. Consistia no extermínio do inimigo, ou seja, os prisioneiros de guerra não seriam poupados para uma possível troca. O decreto da guerra de morte foi assinado em Trujillo, em 15/07/1813 por Simón Bolívar e seu secretário, Pedro Briceño Méndez.

GUERRAS E ESCRITAS **49**

[...] Sentirei que a posteridade atribua-me o sangue que se vai derramar na Venezuela e em Nova Granada; mas me consolarei em deixar os documentos autênticos de minha filantropia; e espero que ela seja bastante justa para imputar a execração universal aos únicos culpacos, os espanhóis europeus. (Carta para Juan Bautista Pardo. Quartel General de Margarita, 17/05/1816. Tomo I, R. 171, p.226-227. Cópia)

O número de cartas, 2.815 missivas, conforme já se informou, legitima a curiosidade sobre *o que* e *como* se escreveu. A atuação como importante liderança no processo de independência e as reduzidas opções de comunicação não explicam a voracidade de Bolívar pela escrita de cartas. Os limites de tempo para a escrita e para a entrega das correspondências, bem como a dificuldade de que essas conseguissem realmente alcançar o destinatário desejado, apontam para as complicações envolvidas na comunicação por meio de cartas. A pergunta a responder é qual necessidade impulsionava o missivista. Tais questões podem parecer triviais, desde que não se atente para um conjunto de fatores: o número de cartas escritas, os assuntos diversos nelas contidos e a vida atribulada, passada a maior parte em cenário de guerra, durante pouco mais de quatro décadas. As explicações podem alcançar diversos campos, da necessidade afetiva à imprescindibilidade da organização cotidiana. Segue a reprodução de uma missiva para o Marquês Del Toro e Fernando Del Toro[4] que indica o primeiro caso,

---

4 Fernando Rodriguéz Del Toro e Ibarra (29.05.1772/25.12.1822) e Francisco Rodriguéz Del Toro, o IV Marquês Del Toro (11.12.1761/07.05.1851), eram irmãos, filhos do Coronel Sebastián R. Del Toro y Ascanio, III Marquês Del Toro, e de Brígida Ibarra e Ibarra. Fernando e Francisco eram primos da esposa de Bolívar, Maria Teresa Rodríguez Del Toro y Alayza. Ambos os irmãos firmaram a ata da independência da Venezuela (Primeira República) e atuaram como deputados; Fernando por Caracas e Francisco por El Tocuyo. Em 1804-1805, após a morte de Maria Teresa, Fernando Del Toro acompanharia Bolívar em sua viagem à Espanha. Em 1811, foi ferido em um ataque em Valência e, desde então, precisou ficar sob os cuidados do irmão Francisco. Com a queda da Primeira República venezuelana, os irmãos transladaram-se para Trindade, daí o lamento de Bolívar na carta citada. Voltariam para Caracas apenas em 1821. Fernando Del Toro, embora mais novo, morreria antes do Marquês. Bolívar e o Marquês Del Toro manteriam uma correspondência constante. Em 09/05/1851, Francisco teria seus

50 FABIANA DE SOUZA FREDRIGO

associando, ainda, o apelo afetivo às necessidades de "morrer pelo país" e "existir no mundo político da pátria":

> Meus queridos amigos:
> Os senhores morreram ou beberam das águas de Leteo?[5] Um silêncio tão profundo me faz pensar que não existem mais no mundo político. Não sentiria tanto este silêncio se algo me indicasse que ainda conservam os sentimentos de amizade que sempre têm me professado. Mas nada nos Senhores dá sinal de vida, ao menos no que diz respeito a mim. Meu querido Marquês, meu querido Fernando, não sejam tão ingratos com um amigo tão fiel, tão constante e tão terno quanto eu. Se os Senhores se esqueceram de mim são muito injustos, e merecem mil queixas de minha parte.
> [...]
> Venham, queridos amigos, morrer por seu país, ou pelo menos morrer nele. Eu creio que é preferível a morte à expatriação e à vida apática e nula com a qual vocês sofrem. Digo mais: que é preferível viver nas cadeias pela pátria a existir fora dela em triste inação. Enfim, meus amigos, os Senhores devem vir envolver suas cinzas com as de seus pais, amigos e compatriotas: os Senhores foram autores desta regeneração ou melhor direi de nossa redenção. Os Senhores, pois, não devem abandoná-la em meio do torvelinho no qual se agita. A consciência deve dizer-lhes noite e dia que o destino que agora têm não é o que a pátria e o dever lhes assinalou. Eu assim o penso e me atrevo a dizer-lhes porque espero que não se façam de surdos ao grito de minha solícita amizade. (Carta para Marquês Del Toro e Fernando Del Toro. San Miguel, 27/06/1817. Tomo I, R. 257, p.383-385. Original)

O apelo à *escrita de si* indica que os indivíduos *precisavam encontrar-se como portadores da memória e precisavam contar suas histórias.*

---

restos mortais transferidos, por ordem de Páez, para a Igreja Santíssima Trindade, hoje Panteão Nacional. (*Diccionario de Historia de Venezuela*. Disponível em: <http://www.bolivar.ula.ve>. Acesso em: 30 nov. 2004)

5   Provavelmente, Bolívar quis referir-se à deusa Leto, em uma alusão à condição de exilados (por conta própria) de seus amigos. Na mitologia grega, Leto nasceu dos titãs Febe e Ceo. Amante de Zeus e mãe de Ártemis, Leto foi exilada por Zeus em virtude do ciúme de Hera.

GUERRAS E ESCRITAS **51**

Produzir esse tipo de material no século XIX, o tempo de Bolívar e de seus generais, era *conceder-se significado especial perante a coletividade,* identificar-se com ela e, ao mesmo tempo, afirmar-se *individualmente,* distanciando-se exatamente por conta do conhecimento de si. Nesse jogo de distanciamento e aproximação, Bolívar, por meio da escrita, estabelecia grupos e fundava sua personalidade que pairava, concomitantemente, no *interior* do grupo, *acima* dele e *além* dele. Bolívar era sempre Bolívar, legitimado *pelos seus interlocutores, apesar de seus interlocutores.*

Escolher para quem escrever, como escrever, saber de onde se escreve, com que constância se escreve, todas essas interrogações são metodologicamente imprescindíveis. O discurso escrito é o pensamento transformado em linguagem (Pocock, 2003). A linguagem é ativa, dinâmica e por si mesma determina um campo de ação. À medida que o escrito atua sobre seus leitores e é modificado por eles, cabe compreender o texto também como contexto. Identificados o grupo para o qual se escreve e as interações internas que ele estabelece, pode-se identificar também em que grau o discurso é de uso corrente e coletivo e, ainda, quais as especificidades referentes àquele que cria o discurso e o estrutura no interior de um projeto narrativo. Nesse sentido, aquilo que Bolívar escreve não é apenas seu, circula e é apreendido por seus companheiros, constituindo uma efetiva relação do discurso com o contexto.

A experiência com cartas obriga a levar em conta que, enquanto gênero, a correspondência "se caracteriza pela interrupção, pela exigência de continuidade, pela pausa entre uma e outra carta, pela obsessão com as cartas extraviadas e pela angústia do corte" (Piglia, p.46). A interrupção vem demarcada por duas fontes de intriga: se interrompe uma carta porque não se quer dizer mais nada sobre o referido assunto ou se interrompe para que o assunto vire o "ponto alto" da próxima missiva. Considere-se o que faz alguém suspender parte de seu dia para escrever para outro alguém. Em tese, a resposta mais patente seria: aquele que escreve o faz porque tem necessidade de interlocução. Entretanto, vários são os sentidos para a escrita, entre eles: a revelação para si e/ou para os outros; a compreensão dos códigos do mundo que rodeia o narrador; a tentativa de catarse por meio do texto; a "invenção" (não arbitrária) de si, considerando-se o poder de

52 FABIANA DE SOUZA FREDRIGO

prefiguração da escrita; o projeto de conhecimento e de ação política; o projeto de memória.

De qualquer ângulo que se reflita, a execução desses sentidos para a escrita solicita diligência. No caso de Simón Bolívar, a diligência era uma regra e, em virtude disso, o general demonstrava claramente para seus interlocutores a irritação quanto à violação de sua correspondência, bem como indicava quais assuntos mereciam ser tratados em cartas. Para Bolívar, havia diferença entre os conteúdos que deviam ser expostos em uma carta e em um ofício. Sobre tais questões, ele escrevia para Tomás de Heres:[6]

> Não me pareceu direito que o Senhor tenha aberto as minhas cartas a Santander e Peñalver.[7] As cartas confidenciais são sagradas para todos,

---

6 Militar e político venezuelano. Nasceu e morreu em Angostura, respectivamente nos anos de 1795 e 1842. Foi chefe do Estado Maior do exército libertador e atuou como secretário particular de Bolívar em 1824. Ocupou a secretaria da Guerra e da Marinha do Peru e ascendeu à patente de general de divisão em 1829. Também foi deputado, senador e governador de La Guayana. (Dados disponíveis em: <http://www.biografiasyvidas.com/biografia/h/heres.htm>. Acesso em: 19 nov. 2004)

7 Fernando Peñalver (1765-1837) foi amigo íntimo de Bolívar desde os tempos da Primeira República da Venezuela. Era um bolivariano convicto, esteve ao lado de Simón Bolívar em todas as causas políticas importantes. Firmou a ata da independência em 1811 e, em 1812, aproximou-se de Bolívar por afinidade ideológica comprovada nos embates travados pela primeira constituição. Era então presidente do congresso e, sob seu mandato, passaram as leis de abolição da Inquisição e de punição à deserção de militares. Após o Congresso de Angostura, atuou como intendente, conselheiro e membro interino do Conselho do Governo da Grã-Colômbia. Reorganizou as rendas públicas e participou da elaboração do regulamento para as eleições de um Congresso Nacional. Em 1821, elegeu-se constituinte para o Congresso de Cúcuta e participou da redação da Constituição da Grã-Colômbia. A pedido de Simón Bolívar, logo depois, voltou a Caracas para cuidar da Fazenda da Venezuela. A partir de 1823, foi viver em Valência e, em 1824, foi indicado por Santander para governador da Província de Carabobo (da qual Valência fazia parte). Era o governador de Carabobo, quando *La Cosiata* estourou em Valência, sendo opositor da rebelião liderada por Páez. Em 1828, elegeu-se deputado por Cunamá para a Convenção de Ocaña. Com a saúde debilitada, deixou a vida pública, mas, assim mesmo, foi eleito, em 1830, conselheiro do Estado da Grã-Colômbia. (*Diccionario de Historia de Venezuela*. Disponível em: <http://www.bolivar.ula.ve/indihist.htm>. Acesso em: 20 nov. 2004)

GUERRAS E ESCRITAS **53**

porque contam segredos de outros que não se deve confiar. Assim, espero que de hoje em diante o Senhor não abra nada além das comunicações oficiais, que cuidam das questões do Chile, do Ministro da Guerra, do Panamá, de Castillo e Salom,[8] as demais devem vir fechadas para mim.

[...]

Pérez não tem recebido comunicação oficial do Senhor, e eu quero que o serviço se faça oficialmente e não por cartas, pois as cartas não são documentos públicos que devem sempre aparecer. Eu detesto esse instrumento de compreensão, pois não há meio de contestar oficialmente uma carta senão por irregularidades chocantes, sem restar documentos sobre os quais recaiam as resoluções. As cartas são muito boas, mas os ofícios também. (Carta para Tomás de Heres. Santiago, 19/04/1824. Tomo IV, R. 1.087, p.127-130. Cópia)

Na esteira da compreensão de quem escreve, depara-se com a representação de si, própria à prefiguração do discurso. A prefiguração da linguagem e a representação que o autor fixa de si são dados indispensáveis à construção da narrativa e, por esse motivo, não podem ser desprezados ou considerados inverossímeis. O campo da representação de si permite a "invenção", pois escrever de si para outrem é assumir uma *persona*. A narrativa pode conviver com falhas e enganos, nutrir-se de ambos e sobreviver a eles, isso porque o universo da criação narrativa está circundado por escolhas orientadas pela "realidade" daquele que escreve. Mais do que com falhas e enganos, a narrativa pode conviver com as fraudes e ilusões. No caso de cartas

---

8 Bartolomé Salom (Puerto Cabello, 1770-1863). General em chefe das tropas da Venezuela durante a guerra de independência. Antes de 1810, atuava como comerciante em Puerto Cabello. Com a queda da Primeira República na Venezuela, foi enviado preso à Cádiz. Em liberdade, passou por Vera Cruz e Cartagena. Esteve no exército quando das principais batalhas: Carabobo, Boyacá, Bombona. Lutou ao lado de Manuel Piar, Páez, Sucre e Bolívar. Em 1823, participou dos ataques a Pasto para conter as rebeliões populares na região. Participou das campanhas do Sul. Em 1827, encarregou-se de organizar a Fazenda Pública da província de Carabobo. Entre 1827 e 1828, atuou como intendente em Maturín. Em 1833, foi indicado para o cargo de vice-presidente da Venezuela. (Dados disponíveis em: <http://venezuelatuya.com/biografias/salom.htm>. Acesso em: 30 nov. 2004)

54 FABIANA DE SOUZA FREDRIGO

particulares, o erro e mesmo a mentira devem ser tomados e analisados como partes importantes do relato, posto que passa a importar não somente a "verdade do acontecido", mas o "excesso de sentido do real pelo vivido" incorporado à narrativa (Gomes, 2004).

É sabido que, em algumas de suas cartas, Bolívar propositadamente exagerava nos relatos a respeito do sucesso de suas estratégias militares e do número de soldados que possuía. Em uma carta endereçada para o Congresso Geral da Colômbia, fechada e datada de Valência, em 25 de junho de 1821, o relato feito pelo missivista, contestado em uma observação de Vicente Lecuna, é o que segue:

> O exército espanhol passava de 6000 mil homens, composto com os melhores de todas as suas expedições pacificadoras. Esse exército deixou de ser o melhor. Teriam entrado hoje em Puerto Cabello 400 homens. O exército libertador tinha força igual a do inimigo; mas não mais do que uma quinta parte dela decidiu a batalha. Nossa perda não é senão dolorosa: apenas 200 mortos e feridos. (Carta para o Congresso Geral da Colômbia. Valência, 25/06/1821. Tomo III, R. 733, p.81-83. Rascunho)

Lecuna, quem raramente fazia considerações à parte e optara pelo critério organizativo cronológico para o epistolário, escrevera em nota de rodapé:

> Bolívar exagera nesta carta, destinada à publicidade, com o objetivo de exaltar o moral de suas tropas. Em realidade todo o exército patriota entrou na luta e em momento culminante da batalha os espanhóis combateram contra forças superiores [...]. As perdas de mortos e feridos foram maiores do que as que indica Bolívar. O exército real teve de 1.000 a 1.500 mortos e feridos, 1.700 prisioneiros que não foram feridos e 1.000 soldados que se dispersaram. (Tomo III, p.83-84)

Em outras circunstâncias, o próprio Bolívar comenta a importância das cartas como um meio para ludibriar o inimigo, o que tornava o ato de escrever uma "arma de guerra". Em uma carta endereçada a Santander, essa era a ordem:

GUERRAS E ESCRITAS **55**

O Senhor, Gual,[9] Briceño,[10] devem escrever-me mil exageros de

9 Pedro Gual (Caracas, 17/01/1783; Guayaquil, 06/05/1862). Advogado, jornalista, político e diplomata, Pedro Gual foi sobrinho de Manuel Gual que, junto com José María Espanha, organizou em 1797 uma rebelião contra a dominação espanhola na Venezuela (a denominada "Conspiração de Gual e Espanha"). Desde então, a família Gual tornou-se objeto de perseguição das autoridades espanholas. Pedro Gual cursou a Real Pontifícia Universidad de Caracas, onde obteve o título de doutor em Teologia em 1807 e de bacharel em direito civil, em 1808. Durante o primeiro momento da independência na Venezuela, Gual era membro da Sociedade Patriótica de Caracas e, com a chegada de Miranda na América, tornou-se seu secretário particular (sua família, há tempos, mantinha contato com Miranda). Nesses anos, colaborava com o jornal *El Patriota*. Com a queda da Primeira República, seguiu para Washington e retornou para Cartagena apenas em 1813, quando conheceu Bolívar. Em 1815, Gual assumiu temporariamente o governo de Cartagena e, no mesmo ano, foi enviado como agente diplomático para os EUA em nome desse governo. Durante os cinco anos que passou nos EUA, Gual dedicou-se à causa da independência. Ao voltar em 1820, novamente foi eleito governador civil dessa província (junho de 1820/fevereiro de 1821). Foi o responsável pela legislação financeira aprovada em Cúcuta e, ao lado de Bolívar, organizou as missões diplomáticas que tratavam da realização do Congresso do Panamá. Esteve presente no referido congresso como representante da Grã-Colômbia. Negociou com os EUA e a Inglaterra o reconhecimento da independência da Grã-Colômbia, o que ocorreu, respectivamente, nos anos de 1822 e 1825. Em 1829, a pedido de Bolívar, Gual abandonou o México, para onde tinha ido após o Congresso do Panamá, e rumou para Guayaquil para fazer parte do Conselho de Estado. Foi um dos negociadores do tratado de paz que selou o fim da guerra entre Peru e Colômbia, iniciada em 1828. Com o fim da Grã-Colômbia, Gual permaneceu em Bogotá, mas se afastou da vida pública e dedicou-se à carreira jurídica. Durante esse período, colaborou com o amigo Daniel Florêncio O'Leary na compilação dos documentos para a publicação das "Memórias". Em 1858, voltou a se envolver com a política venezuelana, fazendo parte de um governo provisório da República. Em 1859 e 1861, voltou a assumir a presidência da Venezuela. (*Diccionario de Historia de Venezuela. Disponível em:* <http://www.bolivar.ula.ve/indihist.htm>. Acesso em: 20 nov. 2004)

10 Militar, advogado, diplomata e político (Barinas, 1792–Curaçao, 1835). Participou das principais campanhas pela independência na América do Sul. Foi nomeado ministro plenipotenciário para o Congresso do Panamá. Em 1825, casou-se com Benigna Palácios Bolívar, sobrinha de Simón Bolívar, o que lhe concedeu parentesco com o general. Nesse mesmo ano, disputou com Santander a vice-presidência da Colômbia e perdeu. Participou do Congresso como senador em 1827 e assistiu à Convenção de Ocaña em 1828. A pedido de O'Leary, escreveu textos sobre a vida de Simón Bolívar. Interessou-se também pelos seguintes temas: a *La Cosiata* e a Convenção de Ocaña. (*Diccionario de Historia de Venezuela.* Disponível em: <http://www.bolivar.ula.ve/indihist.htm>. Acesso em: 29 nov. 2004)

56 FABIANA DE SOUZA FREDRIGO

paz, guerra, tropas e coisas da Europa para que eu possa mostrar estas cartas a todos, principalmente aos inimigos, mas [escrevam] exageros que sejam críveis. (Carta para Francisco de Paula Santander. Popayán, 29/01/1822. Tomo III, R. 832, p.185-189. Original)

Em outra carta, dessa vez, escrita para António José de Sucre[11], Bolívar esclarecia a tática usada com Santander para convencê-lo a enviar homens ao exército, então envolvido na luta pela independência no Peru:

> [...] Por outro lado, espero os grandes reforços que tenho pedido, e estou pedindo-os agora mesmo, para isso o coronel Ibarra vai a Bogotá. Pedi 12.000 homens a Santander, para que venham 6.000 ao menos; [...] Minha carta a Santander contém cinco folhas, exagerando-lhe os perigos que correm o exército e a Colômbia. (Carta para António José de Sucre. Trujillo, 25/12/1823. Tomo III, R.1028, p.538-539. Retirada de Blanco y Azpurua, IX, p.185)

A escrita de si é nutrida por aquele que escreve e o *personagem do texto* criado por aquele que escreve, quando do estabelecimento dos fios narrativos. Dada como certa a premissa anterior, o autor e o seu texto interagem. No caso de cartas, quando o remetente escreve sobre si e sobre os acontecimentos que o rodeiam está dialogando consigo enquanto autor e reconstruindo-se como personagem para seu destinatário, compondo uma narrativa que convive com esses egos distintos e em conflito. Quando o texto produzido e o autor que o produz interagem,

---

11 António José Sucre y Alcalá nasceu em 03/02/1795, em Cunamá. Ingressou na Academia de Engenharia Militar, onde aprendeu álgebra, topografia e estratégia militar. Esteve ao lado de Bolívar durante a campanha no Sul e era considerado pelo general o seu sucessor. Cuidou da campanha de libertação no Equador e no Alto Peru, sendo o primeiro presidente da Bolívia. A ele são atribuídas as vitórias de Junín e Ayacucho, batalhas importantes, pois puseram fim à resistência espanhola na América. Apoiou Bolívar no que se referia aos seus planos de unidade para a Grã-Colômbia e era, segundo os biógrafos de Simón Bolívar, tratado com deferência pelo general. As cartas para Sucre e as assertivas de Bolívar sobre Sucre revelam que a deferência era mesmo uma realidade. O próprio Bolívar escreveu um excerto biográfico sobre o amigo, assassinado em 1830, em Berruecos, quando se dirigia a Bogotá. (Reinato, 2000, p.44-46)

GUERRAS E ESCRITAS **57**

quem escreve pode remontar a ação, discorrer sobre o que aconteceu de sua ótica. Se o ato de escrever a carta esteve ligado à organização de uma ação futura ou à remontagem e à avaliação de uma ação passada, então se conclui que a carta tem um tempo próprio, *interno* à escrita. Ela pode, no mesmo texto, relatar sobre o passado, o presente e o futuro. Ao missivista é reservado o direito tanto da reminiscência quanto da utopia. No caso de cartas, o contexto é apenas um dos dados e, por isso, a partir da leitura da fonte, pode-se estabelecer um *recorte cronológico* – o da data da carta, que possibilita sua localização e inserção em um contexto – e um *recorte temporal* – próprio e interno à carta, que se nota a partir da reminiscência ou da projeção.

O grau de interdição em um texto aumenta em conformidade à sua elaboração. O remetente de uma carta é o seu primeiro e maior censor, pois a missiva é o objeto que fala por ele, o substitui e o torna presente para o destinatário. Para sentir-se representado, o autor cria uma imagem de si e, ao fazer isso, marca seu discurso pelo que quer dizer e efetivamente diz e pelo que não quer dizer, mas, por sua incapacidade de controle e onisciência, ainda assim diz. Nesse sentido, não se escreve livremente, sobretudo quando se escreve cartas ou revela-se aos diários íntimos. A subjetividade contemporânea, na mesma medida em que permite a ampliação de um espaço para a exploração da intimidade, cria regras de censura para definir aquilo que é admissível socialmente, haja vista a importância dos manuais para a escrita de cartas, abundantes no decorrer do século XIX (Gay, 1990). Portanto, esse tipo de documentação permanece sob constante vigilância de seu produtor e da coletividade, exatamente como ocorre com a documentação produzida oficialmente. Há, no epistolário bolivariano, uma passagem exemplar dessa discussão. Em uma advertência a Santander, Bolívar revela exatamente o contrário do que "parecia" querer dizer. Assim está escrito: "Não mande publicar minhas cartas, nem vivo e nem morto, porque elas estão escritas com muita liberdade e desordem". (Potosí, 21/10/1825. Tomo IV, R. 1.309, p.483-489. Original)

Primeiro, é preciso ater-se à data, 1825. Segundo os biógrafos de Bolívar, sua decadência física inicia-se cinco anos antes de sua morte (dezembro de 1830). Diante de tal fragilidade, seria compreensível

58 FABIANA DE SOUZA FREDRIGO

que Bolívar, demonstrando ter ciência da importância das cartas, refletisse sobre o destino de sua correspondência. Do mesmo modo, o ano de 1825 demarca o momento em que as tentativas espanholas de recolonização foram superadas e o reconhecimento das independências na América consumou-se. A partir de então, o cenário seria o de outra batalha: a que se daria entre os distintos representantes da elite *criolla* por conta de seus respectivos projetos de poder. Conservar a imagem e a legitimidade durante os "tempos de paz" seria muito mais complicado. A coesão interna não era mais necessária com a ausência de um inimigo externo, fosse ele representado pela Espanha ou pela Santa Aliança. Dadas essas pistas, o pedido da não publicação de suas cartas e a qualificação do tipo de escrita presente nelas, "livre e desordenada", de imediato, chamam a atenção. Não haveria motivo para o pedido, mais colocado como uma advertência, se Bolívar não soubesse do interesse suscitado por seu arquivo pessoal. Além disso, embora algumas cartas possam sim ser escritas desordenadamente, o anterior não é sinônimo de "extrema liberdade". Esse argumento é retórico, especialmente para um homem vigilante como o general.

Da mesma maneira que pedia pela não publicação de suas cartas, louvava sua divulgação quando a correspondência servia à defesa de sua imagem pública. Diferente de outras situações, na carta que segue, o general demonstra-se satisfeito com a divulgação de sua carta confidencial a O'Leary.[12] A defesa de seu republicanismo mobilizava Simón Bolívar nessa circunstância, uma vez que seus inimigos tinham-no

---

12 Daniel Florêncio O'Leary nasceu em Cork, no sul da Irlanda. Não se tem certeza da data, provavelmente seu nascimento ocorreu entre os anos de 1800 e 1802. Chegou à América para fazer parte do exército dos *Húsares Rojos*, sob o comando do Coronel Wilson. Contava com 16 ou 18 anos. Atuou sob as ordens de Páez, Soublette, Anzoátegui. Destacou-se nas ações no Pântano de Vargas, Boyacá, Carabobo, Pichincha e Tarqui. Em setembro de 1819, Simón Bolívar o nomeou membro da "Ordem dos Libertadores" e, no mesmo ano, O'Leary tornou-se secretário particular do general. Depois da morte de Bolívar, O'Leary partiu para a Jamaica, de posse da documentação do amigo, para organizar *Memórias*. Algum tempo depois, serviu como diplomata para a República da Venezuela, atuando em acordos entre a Inglaterra e a Nova Granada. (Dados disponíveis em: <http://www.efemerides.webcindario.com/html/daniel.htm>. Acesso em: 1 dez. 2004)

GUERRAS E ESCRITAS **59**

acusado de preparar um plano para a implantação da monarquia na América, com o objetivo de conceder a si mesmo a coroa:

> Muito irritados estavam os pasquins e torpezas publicaram contra minha reputação em Caracas, caluniando-me com pensamentos indignos de minha glória e de um homem que conduziu a guerra aos tiranos, nomeado de *Libertador*. Mas já estou contente, ao saber que a publicação de minha carta confidencial para O'Leary desmentiu meus inimigos, e que o Senhor os conteve, reprimindo suas pretensões. Nunca duvidei de que assim seria, porque na Venezuela ninguém é capaz de levantar a voz contra a autoridade que o Senhor sustenta; bem persuadido estou de que sou incapaz de me degradar aspirando à fundação do mesmo governo que destruí; pois disso o Senhor tem provas incontestáveis e eu as darei todavia maiores logo depois que deixar a presidência que me aborrece, só porque julgam que podem me usar de escala para o trono. Bem rápido se verá o meu desprendimento nesta parte: dentro de muito poucos dias se verá o vulto que sou. (Carta para António Páez. Buga, 27/12/1829. Tomo VII, R. 2.657, p.419. Original)

O contato com a narrativa das cartas de Bolívar evidenciou um estilo retórico.[13] Apesar do fato de boa parte de seu epistolário conter missivas não redigidas por ele, mas ditadas, fato é que Bolívar as assinava, mostrando-se ciente do conteúdo. Mas a rubrica por si só não basta para atestar a ciência do conteúdo. Há outro dado que é preciso acrescentar: se a cada secretário seu estilo sofresse alguma alteração, isso seria perceptível em sua obra, quando lida em conjunto.

---

13 Conforme foi desenvolvido por Peter Gay (1990), o estilo é o que dá caráter particular à construção narrativa, unindo forma e conteúdo e propiciando a percepção não só das ideias de uma época, mas da maneira com que os homens daquela época relacionaram-se com a escrita. Em última instância, o estilo revela o próprio homem. O conteúdo das cartas era diverso, mas tinha como principal preocupação a guerra de independência, os projetos políticos para as regiões americanas libertadas e os conflitos e angústias nascidos das opções políticas adotadas. No que diz respeito à forma, pode-se destacar um estilo de escrita que não poupava a argumentação incansável e a imposição da autoridade do missivista. Simón Bolívar escrevia para dar ordens, as missivas confirmam sua liderança e sua particular posição no interior do grupo.

O anterior não ocorre. As cartas manifestam uma unidade de estilo, demonstrando a existência de amanuenses fiéis ao ditado do general, apresentando apenas, vez ou outra, alguns erros ortográficos. As queixas de Bolívar sobre a incompetência de seus escreventes em seguir seu ditado foram muitas. Apesar disso, a própria queixa só reafirma o argumento anterior: o de que Bolívar estava ciente do que era escrito, mesmo que a sua participação na escrita tenha sido reduzida. Simón Bolívar também não assinava os ofícios, a responsabilidade da rubrica, nesses casos, era do seu secretário-geral, fosse da Colômbia ou do Peru. No entanto, a ausência de sua assinatura não pode ser entendida como um desconhecimento das ações políticas comunicadas por meio dos ofícios. Ao contrário disso, a autoridade emanava de Bolívar e, se ele não assinava seus ofícios, assim o fazia por razões burocráticas (Hildebrandt, p.15). Desse modo, a presença ou não da assinatura bem como as reclamações de Simón Bolívar sobre seus amanuenses não invalidam o uso de seu epistolário como fonte capaz de elucidar a construção de memória em torno de si. O uso de secretários particulares era muito comum à época; assim, o fato de Bolívar ter ditado suas cartas e não tê-las redigido, em sua maior parte, do próprio punho não causa espanto. Os amanuenses escolhidos eram sempre homens de confiança, a discrição do cargo assim o exigia. Em algumas epístolas, os secretários de Bolívar aproveitavam para enviar recados particulares aos destinatários, o que denunciava a identidade dos amanuenses em determinadas épocas:

> Às vezes, nos inteiramos de suas identidades porque ao final das cartas aparecem ao seu cargo saudações e recados pessoais assinados. E não só o fazem Sucre e Briceño Méndez, o primeiro amanuense ocasional e ambos amigos íntimos de Bolívar (cf. *Obras*, I, 517 e 463 respectivamente), mas também Revenga (III, 9), Andrés Ibarra (II, 730, 874), Diego Ibarra (I, 687, 794, 842), Demarquet (III, 130, 134), Martel (III, 232; 265: "Tudo está excelente, menos o humor de Dom Simón"). Outros não assinam, mas mandam mensagens (I, 683; III, 8: "O escrevente lhe tem continuamente na lembrança"). Há também recados que levam dupla assinatura: Ibarra e Santana (II, 488); Demarquet e Martel (III, 210). (idem, p.14)

GUERRAS E ESCRITAS **61**

Ao deter-se na leitura do epistolário de Simón Bolívar, a relação entre a história, a memória e a escrita de cartas parecia inevitável, embora não se apostasse, à primeira vista, na existência de uma *memória sistematizada*. Tinha-se como certo que a memória heroica[14] mesclava-se a uma historiografia típica da segunda metade do século XIX, aderente à narrativa glorificadora com fins ao estabelecimento da "consciência nacional". Ponderava-se que os matizes da figura heroica de Bolívar eram resultado de uma ação constante e direcionada daqueles aos quais coube a tarefa de criar o panteão histórico das independências. Inferia-se que, apenas após as guerras da independência, vicejaria a fusão entre a memória heroica e a memória histórica.[15] Ainda, avaliava-se que, no decorrer dos processos de independência, a luta política cotidiana impedia a montagem de uma memória sistematizada. Entendia-se que o imperativo para Bolívar era sobreviver à guerra. Contudo, esse significativo imperativo não foi obstáculo para que Simón Bolívar percebesse a sua importância histórica e pusesse em ação estratégias múltiplas para cultivá-la.

Bolívar carregava consigo não poucas ideias fixas. A defesa dessas ideias fixas, carta após outra, foi, paulatinamente, tecendo uma articulada rede de argumentos e justificativas que, por sua vez, levaram à efetivação de um projeto de memória. Nesse sentido, a sistematização não está dada por uma cronologia, mas pelas convicções que passeiam em cada missiva escrita por Bolívar. Entre as várias convicções capazes de dar forma à memória apareceu, de maneira eficiente, o discurso da renúncia. A sistematização não representa a onisciência do remetente; as convicções, exatamente por serem convicções, não estão no terreno da onisciência. A memória sistematizada ou, se quiser, voluntária não é diametralmente oposta à memória involuntária (Seixas, 2001). Ao

---

14 Integra a memória heroica todo o esforço narrativo empreendido com a finalidade de construir uma imagem mítica das lideranças da emancipação. Entre todas as figuras que possibilitaram tal construção, como San Martín, por exemplo, nenhuma delas alcançou o grau de mitificação de Bolívar.

15 Entende-se por *memória histórica* a construção da narrativa que recria e congela o passado. Cabe à memória histórica dar sentido ao passado por meio da narrativa e ela o faz apagando lacunas e preenchendo o passado com uma lógica, não raro, linear e teleológica. (Pinto, p.207)

62 FABIANA DE SOUZA FREDRIGO

contrário, o involuntarismo é componente da memória sistematizada. Cabe ao redator de cartas, mais do que a apreensão totalizante de suas ações, a reflexão e a narração de uma experiência vivida, estabelecendo na missiva uma espécie de discurso que reexamina e reconta o evento vivenciado. Quem escreve cartas pode, também, planejar suas ações futuras, refletir sobre elas e narrá-las para a sua própria compreensão. Nesse último caso, o remetente expressa uma necessidade de organizar a vida: projeta os acontecimentos futuros, delineando e confessando ao destinatário o que deseja ardentemente viver. No epistolário bolivariano, a memória se apresenta em ocasiões distintas, assim como toma objetos e expõe objetivos diferenciados: há a *memória de si* que o remetente quer legar à posteridade, sendo essa a mesma memória por meio da qual Bolívar legitima-se no circuito interno de seu grupo; há a memória das circunstâncias, dos acontecimentos, das pessoas que o cercaram, enfim, a *memória externa ao ator e que reforça a memória de si*; e há a *memória que o auxilia no presente*, com a finalidade de o permitir rever sua atuação e planejar novas ações. Essas observações sublinham a proximidade e a complementaridade, no epistolário bolivariano, entre um *projeto de conhecimento* (de si, dos outros e do mundo que o cerca), um *projeto de poder* e um *projeto de memória*.

A fragmentação do discurso e a multiplicidade do tempo são elementos constitutivos do epistolário. Apesar de não se pretender nem biográfica e nem autobiográfica, a carta é um tipo de escrita de si que labuta com o desejo de memória daquele que escreve. Evidente que há diferença entre a leitura de uma missiva e a leitura do agrupamento das cartas, assim como há diferença entre os missivistas. Simón Bolívar só assume importância central porque efetivou uma prática de correspondência (Chartier, 1991). Não era um missivista desatento e relapso, desses que escrevem uma vez ou outra. Tão zeloso apresentava-se que, na impossibilidade de manter a prática da correspondência, comunicava a dificuldade aos amigos, como se constata neste fragmento de uma carta escrita para Leandro Palácios:[16]

---

16 Leandro Palácios (1782-1836) foi oficial do exército durante as guerras de independência e diplomata. Combateu em importantes batalhas, como na ação em

GUERRAS E ESCRITAS **63**

Diz a todos os meus amigos que sou sempre o mesmo e que, apesar de minha má fortuna, tenho conservado muitos aos que desejaria escrever com mais frequência; mas me é impossível fazê-lo, porque estou constantemente trabalhando ou pensando em benefício de meu país, e deles mesmos, se bem que nem sempre com sucesso. Diz-lhes que a amizade tem em meu coração um templo e um tribunal, aos quais consagro meus deveres, meus sentimentos e meus afetos. Por último, diz-lhes que a amizade é minha paixão; e que, por conseguinte, eles são os objetos que ocupam minha alma e meus sentidos. (Carta para Leandro Palácios. La Mesa de Angostura, 16/05/1817. Tomo I, R. 240, p.365. Retirada de Larrazábal, I, p.475)

De uma carta a outra, de um destinatário a outro, mesmo que o assunto permaneça, a fragmentação da escrita é regra. Não se escreve da mesma maneira para todo tipo de destinatário. Se, por um lado, quem escreve mantém um estilo retórico, por outro, tenta adequá-lo para o prazer e a compreensão do destinatário. Captar a *história da narrativa no epistolário* a partir de uma sequência de missivas é tarefa complicada graças ao jogo estabelecido entre a fragmentação e o ordenamento.

Enfim, escrever cartas revela o desejo de registrar acontecimentos, racional e afetivamente, para não esquecê-los, para estabelecer uma memória de si e dos outros. Essa atividade irrompe no mundo particular do indivíduo que escreve, mas, certamente, exige um grupo, posto que as memórias, para serem imortalizadas, precisam ser partilhadas. É na rememoração coletiva que se reafirma a memória individual na medida em que outros confirmam e enriquecem a lembrança individual, conferindo-lhe sentido distinto. Precisa-se do grupo porque o grupo *afiança* a memória individual. No caso de Simón Bolívar, a

---

Bocachica (31/03/1814) e na Primeira Batalha de Carabobo (28/05/1814). Esteve ao lado de Bolívar na derrota dos republicanos em La Puerta (15/06/1814). Terminada a guerra, exerceu cargo de cônsul geral da Venezuela nos EUA, em 1822. Logo depois, assumiu o mesmo cargo em outros países, como foram os casos de Brasil, França e Inglaterra. Em 1831, retirou-se da vida pública. (*Diccionario de Historia de Venezuela*. Disponível em: <http://www.bolivar.ula.ve/indihist. htm>. Acesso em: 20 nov. 2004)

leitura do epistolário revelou o grupo eleito pelo general para dividir a memória por meio da prática da correspondência: ele compunha-se por militares que o acompanharam nas campanhas bélicas e, igualmente, foram os políticos estreantes das repúblicas sul-americanas nascentes na primeira metade do século XIX.

Para refletir sobre essa escolha, é cabível considerar os dados biográficos de Bolívar, pois eles podem sugerir os motivos que fizeram dos generais seus interlocutores preferidos. Eles seriam a família adotada de Bolívar. Perder o pai, aos três anos, a mãe, aos nove, e a esposa, poucos meses depois do casamento, fez de Simón Bolívar um homem solitário. O próprio general acusa esse sentimento quando associa sua obra à ausência de mulher e filhos. Deixa entrever que, se Maria Teresa Rodríguez Del Toro não tivesse falecido, provavelmente ele não seria o *Libertador*. Há cartas do general para a irmã, María Antónia Bolívar, e alguns sobrinhos, mas, na maior parte das vezes, o assunto predominante relaciona-se à administração dos bens da família. O grupo de interlocutores de Bolívar – a elite política e militar da primeira metade do século XIX – não foi escolhido apenas por uma necessidade profissional, vinculada à administração pública e à guerra. Os objetivos políticos do missivista – no presente e no futuro – explicavam a escolha e, adversamente, apostavam no estabelecimento de um culto ao missivista que o teve como seu primeiro arquiteto.

Em 1830, Bolívar falecia entre poucos generais, experimentando a hostilidade e o isolamento. Nos países em que havia conquistado a independência, grassava a desordem pública, fruto da encarniçada luta de elites locais. Bolívar não foi imediatamente atendido no desejo de ter seu corpo depositado em Caracas, como anotara em seu testamento. Apenas em 1842, com muita pompa, António Páez, ainda presidente da Venezuela, separada da Grã-Colômbia desde 1831, fez uma grande festa pública por ocasião do traslado dos restos mortais de Bolívar, estabelecendo, desde então, o culto ao Libertador.

No momento em que o título de Libertador, conferido ainda em vida para o general, foi adotado pelos analistas, ele passaria a ser ressignificado em conjunto com as interpretações sobre as atividades de

Simón Bolívar. Presente em manifestações que escapam ao enquadramento histórico e historiográfico, Simón Bolívar torna-se o Libertador primeiro por suas ações e suas palavras, tão valiosas como a espada; segundo pelo efeito inebriante que o ideal de liberdade produz em meio à memória coletiva. Identificado a projetos distintos, o ideal de liberdade torna-se uma vigorosa referência que, discursivamente, assume o poder de mobilizar corações e mentes. Thomas Carlyle, historiador e biógrafo do século XIX, em suas conferências polêmicas, argumentava que o heroísmo devia ser narrado, de forma elogiosa, em suas palavras: "o culto do herói existe para sempre, em toda parte" (Carlyle apud Gay, 1999, p.176). Sobre Simón Bolívar, ele escreveu: "Na verdade, como Ulisses, sua história mereceria tinta especial para ser escrita, isso se houvesse aparecido um Homero para fazê-lo" (Harwich, p.10). Diante desse argumento, é muito apropriado dizer que Bolívar é um herói para todas as causas, já que sua figura permite as mais controversas interpretações.

Se a escrita da história, especialmente a matriz herdada do século XIX, não soube separar história e política, a permanência dessa articulação representou para a América Latina uma fórmula de compreensão. Não se tratava apenas de fazer da historiografia o meio para alcançar o poder, embora esse também fosse um dos objetivos. Nessa região, a historiografia descobria uma "vocação": a de ser representante de uma identidade latino-americana, que lhe era negada externamente. Nesse sentido, o lugar privilegiado concedido às histórias nacionais representava muito mais do que importação mecânica do modelo europeu de história. Pode-se criticar o resultado desse esforço, mas não podem ser esquecidos os liames de historicidade dessa historiografia, que ultrapassam o caráter histórico para alcançar o desejo de instituir um lugar referencial para a América Latina. O *culto* a Bolívar, arquitetado pelo missivista, alcançou vulto ainda no século XIX e antecipou-se às histórias nacionais, que, não obstante, o consagrariam: a historiografia, especialmente a venezuelana, não conseguiria impor a crítica à fonte, fazendo Bolívar emergir como o artífice da consciência nacional. Desde então, muitos Bolívares se apresentariam, dentre os quais o Bolívar missivista.

Bolívar, Bolívares: da historiografia à correspondência e vice-versa

O aparecimento dos inúmeros perfis historiográficos associados a Bolívar, desde o século XIX, confirma o que os pesquisadores há muito sugerem: a extensa documentação permite compreendê-lo, interpretá-lo de variadas óticas, possibilitando a constituição de um herói para todas as causas e circunstâncias. Embora seja concebível e aceitável que a história produza versões, não é qualquer objeto de estudo que tem a primazia de possuir uma versão adequada para cada circunstância adversa. É em virtude dessa percepção variada que frases descontextualizadas de Bolívar justificam qualquer ação política em seu nome. Segundo Nikita Harwich (2003), depois de identificado ao herói romântico por excelência, marcado pela defesa do ideário liberal e do pan-americanismo, vinculado ao conservadorismo por seu cesarismo e adotado pelos revolucionários em nome de seu desejo social mudancista, contemporaneamente na Venezuela o que se busca é a *síntese* em torno do homem que há muito se tornou personagem. A síntese seria exatamente o resultado da junção entre a versão oficial, cultivadora da imagem do super-homem, e a versão radical, cultivadora do ideal revolucionário social.

Não foi impensada a aprovação do dispositivo institucional que, desde 1999, permitiu que o nome oficial da Venezuela fosse mudado para "República Bolivariana da Venezuela". Da mesma maneira, não é fruto do acaso o fato de Hugo Chávez referir-se às ações de estatização e à luta contra o "inimigo externo" como parte da "campanha bolivariana". Desde a chegada de Hugo Chávez ao poder e o rompimento do pacto entre as elites venezuelanas, garantidor da estabilidade política no período de 1958 e 1989 (o chamado *Pacto de Punto Fijo*), a figura de Bolívar alcançou um novo patamar do culto. A despeito das diferentes correntes ideológicas que alimentam o ideário chavista, a alusão a Simón Bolívar representa uma força discursiva, sobretudo, política. Para Rafael Duarte Villa (2005), o apelo a Bolívar por parte de Hugo Chávez transcende o apelo simples, que não era novidade, e atinge o *ancestralismo*. Nessas condições, a figura do general das independências não é

GUERRAS E ESCRITAS **67**

tomada apenas como elemento supra-histórico aglutinador da nacionalidade venezuelana, mas como um instrumento concreto da política. Bolívar é ressuscitado como homem capaz de colocar em andamento as ações políticas de Chávez, que se transforma em sua encarnação.

A teleologia desfila na historiografia bolivariana, acompanhada pelo anacronismo. Aliás, vai-se além: o *personagem* Bolívar encerra em sua vida a história da América do Sul e, ao fazer isso, indica o final trágico deste continente, previsto em tempos imemoriais. Apelando ao senso comum, é como se a lógica se encarregasse da seguinte sentença: "a América terminou mal porque começou mal, não havia como escapar desse roteiro previamente concebido". Avaliações desse tipo querem insinuar e instituir a ideia de que a América nasceu sob o estigma do erro e da catástrofe. Com o nascimento maculado por um pecado original (a conquista e, logo em seguida, a colonização cruenta e exploratória), nada seria mais "natural" do que a sua constante renúncia à modernidade – embora dessa modernidade ainda guardasse carência e ressentimento. O acompanhamento e a aceitação desse raciocínio proíbem ver a América como um fruto da modernidade ocidental. Se, com muito esforço, foge-se tangencialmente a tal premissa, é preciso reconhecer, de imediato, a impossibilidade da plena maturidade do fruto. A América ficou no meio do caminho, não foi o fruto "colhido" na estação certa. Por longo tempo, os historiadores sentiram-se aprisionados em sua própria urdidura, avessa à crítica das fontes.

Carrera-Damas (1964) alertou para o modo como a historiografia articulou a correlação entre a vida de Simón Bolívar e o destino da própria América. A vida de Bolívar, ou melhor, a narrativa sobre a sua vida, *condensaria e exemplificaria* os caminhos trilhados por parte da América do Sul no decorrer do processo de emancipação Depois da vida de glória e honra, conquistada nos campos de batalha, Bolívar conheceria a doença, as tentativas de assassinato e a detração política nascida dos círculos que, em algumas outras circunstâncias, tinham-no apoiado. Esse é o enredo das várias biografias escritas sobre o "Libertador". Ele irrompe no auge de suas vitórias como César, Napoleão e termina os seus dias como Quixote. A *convicção*, que a memória histórica entrega a Bolívar sempre que relata seu juramento

68 FABIANA DE SOUZA FREDRIGO

de libertar a América no Monte Sacro, deslinda em *amargura* no fim de seus dias. Mais do que isso, à *convicção* une-se o guerreiro imbatível e imortal. Bolívar tinha uma tarefa, um destino: libertar a América e impor-lhe ordem. Nesse meio tempo, teve também de salvá-la, não mais dos espanhóis, mas dos interesses das próprias oligarquias. E a América? A América, espelho da vida do próprio Bolívar, não teria outro caminho que não o de acompanhá-lo da glória ao desengano; parte do continente conheceria a breve glória da libertação para, depois, deslindar ao conflito e à separação. Está dada a correlação: *Bolívar e o gênio da América formariam uma só alma*, exatamente como o general havia anunciado em suas cartas.

A historiografia venezuelana manteve suas análises sobre a emancipação inexoravelmente vinculadas à biografia de Simón Bolívar, era essa vinculação que explicava o desastre da emancipação. Esse tipo de explicação histórica durou até o início da década de 1970 (Carrera-Damas, 1976). Junto disso, essa historiografia subordinou-se excessivamente às primeiras edições de documentos, herdadas do século XIX, de caráter bolivariano, posto que as compilações foram produzidas por partidários de Simón Bolívar. Todo esse quadro reforçou um viés interpretativo do processo de independência que se apoiava na enumeração das batalhas. Dessa maneira, a historiografia tradicional lidava com um tipo de história política, também tradicional, marcada pelo belicismo. Por conta do anterior, uma historiografia que se ocupasse dos aspectos econômicos e sociais do processo emancipador era novidade na década de 70 do século XX. Essa abordagem ainda dava os primeiros passos, perdida em meio à extensa documentação e às hipóteses ensaístas. Apesar de aspectos econômicos e sociais aparecerem em obras marcadamente tradicionais como, por exemplo, a de Rafael María Baralt, *Resumen de Historia de Venezuela desde o ano de 1797 hasta 1830*, "esses temas encontram-se dissolvidos no corpo da narração político-militar e merecem do autor, em todas as circunstâncias, menor consideração" (Carrera-Damas, 1964, p.129).

Se a leitura das 2.815 cartas de Bolívar chamou a atenção para o cuidado de não se cometer anacronismos nem edificar uma leitura rasamente teleológica, alertou igualmente para o dado de que o "humano

GUERRAS E ESCRITAS **69**

é demasiadamente humano". A leitura da fonte permitiu entrever o homem que se constrói e, ao fazer isso, consegue e não consegue ter o domínio do processo exatamente porque é um homem, limitado pela impossibilidade de onisciência. Cada carta mostra alguém que teve de lidar com a angústia, com o ressentimento, com a fraqueza imposta pela doença, com as críticas, enfim, com a inevitável dispensabilidade de todo ser humano. Daí que, se o desejo de Bolívar em, no presente, conseguir legitimidade tinha uma razão básica, lúcida e vinculada a um projeto de poder, havia um ingrediente ainda mais humano: o conhecimento do general de que outros eram tão competentes quanto ele, por isso encontram-se importantes referências a Sucre e a Santander em seu epistolário. Assim sendo, ele não só desejava como precisava de legitimidade interna.

Nenhum homem é indispensável, só os mitos o são. Ciente disso, Bolívar patrocinou em seu epistolário o que vai se nomear de "memória da indispensabilidade". A configuração dessa memória da indispensabilidade tanto lhe servia a um projeto de poder no presente como à sagração de sua figura (personagem histórica) no futuro. Exatamente por se saber "dispensável", era preciso efetivar a "memória da indispensabilidade". A proximidade da morte e a ausência de um sucessor preparado por ele (Sucre fora assassinado em 1830 e, mesmo antes, tinha dúvidas quanto a aceitar ser o sucessor de Bolívar) aprofundaram esse sentimento de dispensabilidade, traduzido no epistolário em ressentimento. Amostra do desejo do missivista de imortalidade era o seu temor manifesto quanto à época de paz: na guerra, ele sabia-se imbatível, mas, na paz, as oligarquias disputariam entre si o poder – e o que não faltava, no interior do círculo de poder, eram figuras capazes de angariar a legitimidade para si. Além de legitimidade, figuras como Páez,[17] Santander e Sucre, sem sombra de dúvida, seriam capazes de

---

17 José António Páez, o líder dos *llaneros*, foi tratado pela historiografia como o "senhor das tropas". Considerado rude e de pouca instrução, sua liderança tinha resultado no código que alternava a negociação e a violência, o que fazia dele um exemplo bem acabado de chefia local. Não por acaso, Páez opôs-se aos planos de Bolívar pela unificação, liderando a *La Cosiata*, em 1826 (Reinato, 2000, p.40). Decisivo, junto com os *llaneros* (que inovaram a tática de luta, introduzindo a

70 FABIANA DE SOUZA FREDRIGO

usar a violência e o medo para atingir e conservar o poder. Depois da batalha de Carabobo, em 1821, batalha tão importante quanto a de Boyacá, em 1819, Bolívar escrevia para Pedro Gual:

> Os senhores não podem formar uma ideia exata do espírito que anima nossos militares. Estes não são os que os senhores conhecem; são os que os senhores não conhecem: homens que têm combatido por longo tempo, que se acreditam benfeitores, e humilhados e miseráveis, e sem esperanças de colher o fruto das aquisições de sua lança. São *llaneros* determinados, ignorantes e que nunca se acreditam melhores ou iguais aos outros homens que sabem mais ou parecem melhores. Eu mesmo, que sempre estive à cabeça deles, não sei ainda do que são capazes. Trato-os com suma consideração; e nem essa mesma consideração é suficiente para lhes inspirar a confiança e a franqueza que deve reinar entre camaradas e concidadãos. Persuada-se, Gual, que estamos sobre um abismo, ou melhor sobre um vulcão pronto para uma explosão. Eu temo mais a paz do que a guerra, e com isso dou ao Senhor a ideia de tudo o que não digo e nem se pode dizer. (Carta para Pedro Gual. Guanare, 24/05/1821. Tomo III, R. 722, p.66-67. Retirada de Larrazábal, II, p.91)

A leitura das cartas de Simón Bolívar não permite fugir dessa dimensão humana. É válido avaliar como essa carga afetiva, evocada pela memória, foi tratada pela historiografia. O tratamento mais corrente utilizou-se sobejamente da narrativa trágica, tomando Bolívar como *ator* e *intérprete* de seu tempo. Para essa corrente historiográfica, estava clara qual era sua função, a de estabelecer o culto em torno da figura do "Libertador". A metodologia utilizada (ou o avesso metodológico) cuidou de impedir qualquer crítica ao documento. A palavra de Bolívar, expressa em suas missivas e em seus proclamas, foi tomada como a verdade incontestável dos fatos. Seu perfil historiográfico teve a primazia de ser construído não por cruzamento de pistas (ex-

---

cavalaria e longas lanças), para a vitória dos patriotas nas Campanhas de Carabobo (1821), Páez alcançou, algum tempo depois, a presidência da Venezuela, chegando a ficar no poder por cerca de 16 anos. Em 1863, foi forçado a exilar-se nos EUA. (Harvey, 2002, p.178)

GUERRAS E ESCRITAS **71**

plícitas ou não, adversas ou não) ou fragmentos, mas pela crença na veracidade do testemunho deixado pelo ator. Nesse caso, diferente de conceder tradutibilidade ao epistolário (e às demais fontes), o que a historiografia tradicional fez foi creditar-lhe voz própria. Nesse caso, o morto "contou sua história". Desse ponto de vista historiográfico, Bolívar transformou-se em um semideus, posto que a crítica não lhe alcançava:

> Quando a historiografia tradicional quer levar em consideração outros testemunhos além do bolivariano, o tem feito, geralmente, usando este último como ponto de referência, ou como pedra de toque reveladora, em última instância, da verdade que é objeto da controvérsia testemunhal. Tem chegado a tal excesso esta prática dogmática que de fato resulta inútil todo esforço crítico acerca de qualquer tema sobre o qual exista o testemunho bolivariano, que tem de prevalecer sempre. (Carrera-Damas, 1969, p.72)

A primeira imagem construída sobre o líder da independência na América hispânica não veio de sua terra natal, mas sim da Europa, mais especialmente, da França e da Itália. A contraversão também viria da Europa, sendo a Espanha a primeira a colaborar com a imagem negativa de Bolívar. A versão inicial que vicejou na Europa esteve intimamente vinculada ao fim da campanha napoleônica, ao domínio da Santa Aliança e à tentativa de retorno ao Antigo Regime. Nesse contexto, os descontentes com os planos de restauração propalados pelo Congresso de Viena elegeram o processo de independência na América como uma causa digna. Em virtude de sua liderança e suas proclamações, sempre favoráveis à ruptura com a metrópole, a primeira imagem de Bolívar esteve associada ao *herói liberal e romântico*. Lembre-se de que, com a queda da Primeira República Venezuelana, em 1812, Simón Bolívar, que seguiu para o exílio em Curaçao, pôde rever as ações empreendidas na primeira tentativa de libertação e, então, desde o Manifesto de Cartagena (15/12/1812), o general expôs a necessidade de intolerância com os inimigos em um contexto de guerra, bem como arremeteu as maiores críticas ao federalismo, explicando as particularidades da organização em território americano.

72 FABIANA DE SOUZA FREDRIGO

Em decorrência de sua firme convicção de libertar o continente do jugo espanhol, Bolívar seria eleito, pelos europeus revolucionários, como o mais liberal dos líderes. Para o romantismo, os feitos no campo de batalha seriam ardentemente cultivados pela historiografia, ponto em que se sustentará também a matriz venezuelana de análise.

Nesta batalha travada pelas "escritas da história", o representante dos conservadores espanhóis, o diplomata e historiador, Mariano Torrente, em 1829, seria o primeiro a se indispor com a imagem estabelecida em parte da Europa. Em sua *Historia de la revolución hispano-americana*, Bolívar apareceria como *rebelde, sedicioso e vilão*. Coube aos venezuelanos Feliciano Montenegro y Colón (1833-1837) e Rafael Maria Baralt (1841) refutar os adjetivos com os quais Torrente havia caracterizado Simón Bolívar. As histórias da emancipação escritas por Colón e por Baralt marcaram a "história oficial" venezuelana e contaram com o embaraço de ter, em seu tempo, Páez como o presidente da Venezuela. Dessas obras, estabeleceu-se um tipo de historiografia preocupada com o mapeamento das campanhas militares, na qual os atores viraram personagens, divididos entre o grupo dos heróis e o de seus inimigos.

A década de 1840, na realidade, no ano de 1842, assistiria ao traslado dos restos mortais do Libertador para Caracas e, junto desse marco, as obras de Juan Vicente González (1810-1866) e de Felipe Lazarrábal (1816-1873) viriam fundar o tom consensual em torno de Simón Bolívar como aquele herói que possibilitaria construir a identidade nacional. Segundo Harwich (2003), o fato de González ser um genuíno representante do Partido Conservador e Larrazábal um defensor do Partido Liberal não os afastou do consenso em torno da figura de Simón Bolívar, o que prova a *unanimidade político-cultural* que seria fundamental para o estabelecimento do culto. Sobre o traslado dos restos de Simón Bolívar para Caracas, Páez foi o grande promotor deste retorno de Bolívar à sua terra natal, aproveitando politicamente o momento para pedir a *união da elite* contra o *alvoroço popular*. Simón Bolívar voltava exatamente para promover a ordem e, a esse respeito, o discurso de Páez foi revelador:

GUERRAS E ESCRITAS **73**

A prosperidade da Venezuela foi o primeiro pensamento de Bolívar, o primeiro motor de seus atos heroicos, nada temos cmitido do que podíamos fazer em honra de sua memória. Resta-nos, entretanto, um dever, o de consagrar ao Libertador o monumento mais digno de sua glória: a consolidação das instituições da Venezuela pela sabedoria dos legisladores, pela prudência da administração executiva, pela ilustração do povo, pela união de todos os venezuelancs. (Páez apud Carrera-Damas, 1969, p.58)

Se Páez indicou o caminho do culto, as ações do governo de Guzmán Blanco (1870-1877; 1879-1884; 1886-1887) o estabeleceram, na década de 1870, estando a Venezuela sob a hegemonia do Partido Liberal. Simón Bolívar continuava representando a *coesão nacional*. Além da comemoração do centenário de nascimento de Bolívar, em 1883, e da criação do Panteão Nacional, em 1875, nesse mesmo período, publicou-se, sob os auspícios de Guzmán Blanco, a obra ampliada de José Félix Blanco e Ramón Azpurúa. *Documentos para la Historia de la vida publica Del Libertador da Colômbia, Peru e Bolívia*. Essa edição veio reforçada, um pouco depois, com as *Memórias Del General O'Leary*, em 32 volumes. Antes de 1875, a coletânea documental, guia aos estudos históricos, fora publicada entre 1826 e 1833 e organizada por Francisco Javiér Yanés, Cristóbal Mendoza e Leocadio Guzmán. O título dessa primeira coletânea, que influenciaria decisivamente os estudos históricos até 1875, indicava sua orientação quando do arranjo da documentação: *Colección de documentos relativos a la vida publica Del Libertador de Colômbia e Del Peru, Simón Bolívar, para servir a la historia de la independência de Suramerica*. Na Venezuela, em 1888, o ciclo se fecha com a criação da *Academia Nacional de la Historia,* que se tornaria guardiã da memória de seu mais ilustre herói. Por longo tempo, a historiografia venezuelana utilizar-se-ia das análises sobre a emancipação e da figura de Simón Bolívar com o objetivo de colaborar com a manutenção da ordem, apelando para o controle das expectativas populares em nome da coesão nacional. Sem dúvida, o projeto que invocava a memória do ilustre caraquenho era oligárquico em sua essência (Harwich, 2003).

74 FABIANA DE SOUZA FREDRIGO

A chegada de uma nova centúria pouco mudaria o cenário historiográfico. Logo no início do século XX, em 1906, viria a público a *História Constitucional de Venezuela*, de José Gil Fortoul. Apesar de alguns avanços, a obra de Fortoul mantinha a orientação da leitura tradicional, que era bolivarista.[18] Quando da ditadura de Juan Vicente Gómez (1908-1935), os contornos conservadores do perfil do herói da independência foram exacerbados. Durante esse período, o banqueiro Vicente Lecuña (1870-1954) dedicou-se à organização do epistolário de Bolívar e, com a fundação da *Casa Natal do Libertador*, em Caracas, outro lugar de culto à memória ficava à disposição dos venezuelanos. Na mesma linha política, cujo alicerce era exaltar a coesão nacional, o sucessor de Vicente Gómez, Eleazar López Contreras (1935-1941), transformou a *Sociedad Bolivariana da Venezuela* em instituição pública nacional e patrocinou uma luta ideológica contra a "ideologia estrangeira" (o marxismo) em nome de uma ideologia estritamente nacional, o bolivarismo.

Em meio à Guerra Fria, a figura de Bolívar também entraria na disputa entre leste e oeste. Nesse contexto, a biografia de Bolívar escrita por um alemão, Gerhard Masur, fugido do nazismo e radicado nos Estados Unidos, apontava a independência hispano-americana como uma "empresa da liberdade" e Bolívar como seu maior defensor por sua liderança inata. Ainda, Emil Ludwig teceu um Bolívar idealista, romântico, exaltado e com desejos de justiça (conforme Harwich, na versão inglesa publicada em 1947, a biografia de Ludwig sobre Bolívar subintitulava-se "a vida de um idealista"). Waldo Frank, cientista político norte-americano, escrevendo em 1951, viu em Bolívar o homem criador de uma nova realidade, cultivador da democracia e da liberdade. A biografia que instalou polêmica abrasiva foi escrita por Salvador Madariaga e publicada em 1951. Tanto Lecuna como a Sociedade Bolivariana da Venezuela trataram de responder ao autor da biografia e reservar o lugar de proscrita para a obra de Salvador de

---

18 A contribuição de Fortoul esteve na análise mais crítica dos períodos constitucionais da Venezuela. Diferente de outros autores, o caráter bélico, embora fundamental, não foi tomado como pista única de investigação. (Carrera-Damas, 1976)

GUERRAS E ESCRITAS **75**

Madariaga. Dentre os "pecados históricos" cometidos por Madariaga estavam sua insinuação de que Bolívar ficou tentado pela monarquia, sua crítica às qualidades militares do general, a acusação de que a análise dos conflitos entre Bolívar e San Martín e entre Bolívar e Santander não fora feita com a devida imparcialidade pelos venezuelanos, a avaliação sobre a relação amorosa de Bolívar e Manuela e o papel mais que preponderante atribuído à amante do Libertador e, por fim, a anotação da resistência de Bolívar em receber os sacramentos em seu leito de morte (Harwich, 2003). Quatorze anos depois da condenação do livro, a Academia Nacional de História retratou-se em declaração pública.

Bolívar ainda adotaria outra face de acordo com a historiografia: a do homem indispensável à mudança. Nesta interpretação, a sua luta pela independência teve como princípio a transformação não só da estrutura política como da econômica. O marxista venezuelano J. R. Nuñez Tenório[19] daria a Bolívar o caráter mais bem acabado de questionador social por meio da obra *Bolívar y la guerra revolucionaria*, escrita em 1967 e publicada em 1969. A independência hispano-americana comandada por Bolívar havia sido revolucionária, no entender de Tenório, graças aos métodos adotados (a guerrilha) e ao seu intuito de liberação social. A partir daí, Bolívar, exatamente como ele mesmo havia escrito nas cartas, podia ser tomado como *o homem das dificuldades*, assumindo seu lado revolucionário e tendo seu nome adotado por umas das brigadas das Farc.

Os usos e abusos da figura de Bolívar não se deram apenas na Venezuela; na ex-URSS e na Itália fascista, Bolívar também foi fonte de inspiração. Não cabe aqui discorrer a este respeito.[20] Antes, cabe anotar a atualidade desse debate bem como a lenta mudança da historiografia venezuelana. Carrera-Damas, cujo texto foi publicado em 1969, não

---

19 Harwich informa que J. R. Tenório ocupa, contemporaneamente, o cargo de um dos ideólogos mais influentes do chavismo, sendo inspirador da "Revolução Chavista" e dos "Círculos Bolivarianos". (Harwich, 2003, p.20)

20 Mais detalhes podem ser encontrados no artigo de Nikita Harwich, no qual o autor disserta também sobre a imagem criada em torno de Bolívar fora das fronteiras venezuelanas.

acredita na possibilidade de que a historiografia limpe a poeira e assuma o dever da crítica; já Harwich, que teve seu texto em circulação mais recentemente, em 2003, termina-o em tom pessimista, apelando para a metáfora do labirinto, dessa vez, um labirinto historiográfico.

Esse painel historiográfico quer reforçar que muito foi dito e escrito sobre Bolívar e muito há o que dizer – sempre haverá. A angústia, causada pela extensa bibliografia sobre Simón Bolívar e pelas inúmeras e amplas interpretações, só traz a necessidade de confessar o incômodo com um objeto do qual tudo (ou quase tudo) pode ser dito. É indispensável lembrar e assumir que, a partir de então, Bolívar torna-se o *meu* personagem. Assumida essa apropriação, é cabível investigar o que sei dele, como posso alcançar seu passado, o que posso discutir a esse respeito. Por que Bolívar é importante ao presente? Quando ele escrevia cartas? Será que tinha um ritual para redigi-las, um horário preferido? Que sentido atribuía à importância da escrita? Em que medida seu discurso – é só o que tenho: cartas que, da minha perspectiva, configuram um projeto narrativo – me permite filtrar esse ambiente opaco do passado?

Nesse momento, um parêntese pode ser ilustrativo. Gabriel García Márquez (1989) anota que dois aspectos da vida de Bolívar tornaram-se lendários: o número de mulheres que encantou e o número de secretários dos quais dispôs.[21] Acredita-se que Bolívar ditava suas correspondências para mais de um secretário ao mesmo tempo. Lendas à parte, O'Leary em suas *Memórias* apresenta o perfil de Bolívar como o de um homem que pouco dormia e nunca descuidava dos informes:

> Estava acostumado a fazer muito exercício e poucos homens eram capazes de suportar tanta fadiga. Das vinte e quatro horas do dia, dormia seis. Era um cavaleiro muito audaz, mas não muito elegante.
> Se despachava assuntos civis, dos quais nunca se descuidava ainda que estivesse em campanha, era muito rápido. Sentado ou agitando-se na rede, escutava o secretário ler milhares de informes (que nunca faltavam) e, em

---

21 Uma pesquisa sobre os amanuenses de Simón Bolívar emprestaria complexidade à avaliação sobre o seu projeto narrativo. Não foi possível cuidar desse tema aqui, mas a sugestão dele para trabalhos futuros está devidamente anotada.

um instante, formulava seus ditados, em geral irrevogáveis. Fazia uma ou duas perguntas quando não estava a par da petição ou de seu demandante, coisa que era rara acontecer porque conhecia quase todo mundo no país e era dotado de uma memória extraordinária. Suas ordens eram às vezes originais [...]. (O'Leary apud Harvey, 2002, p.180)

Certamente, o passado vívido de Bolívar não é o que trago à luz. As dúvidas são maiores do que as certezas e, no interior da desconfiança e do ceticismo, foi preciso encontrar o que explorar. A universalidade da carga afetiva é o que aproxima o objeto. A paixão, o ressentimento, a sensação de abandono, a fragilidade enriquecem a avaliação histórica do ator que, em um percurso inexorável, tornou-se personagem. A esperança é de que o cruzamento entre o universal e o particular e entre a história e a memória possibilite refazer um pouco do caminho: assim, ao partir do personagem, quer se chegar ao ator, dessa vez, traduzindo sua voz à leitura contemporânea. Nos capítulos que seguem, partilha-se a aventura de *se perder no labirinto* construído por Simón Bolívar e, constantemente, redesenhado pela literatura e pela historiografia.

2
GUERRA, HONRA E GLÓRIA: ATOS E VALORES DO MUNDO DE SIMÓN BOLÍVAR

O verdadeiro guerreiro glorifica-se somente em vencer seus inimigos, mas não em destruí-los.

(Carta para Juan Bautista Pardo. Margarita, 17/05/1816. Tomo I, R. 171, p.276. Cópia)

O universo bolivariano e o sentido de comunidade: os princípios constitutivos da escrita epistolar

A correspondência de Simón Bolívar surpreende o leitor porque apresenta conflitos que a historiografia parecia ter resolvido em sua operação de limpeza e filtragem da fonte. A novidade oferecida pelas cartas abre perspectivas para reformular perguntas feitas quando do tratamento da independência na América do Sul, de colonização espanhola. A leitura do epistolário descortina mundos em conflito. E esse conflito não consegue ser reposto pela historiografia mais tradicional, que oscila entre duas abordagens: ora há um quadro distinto e distante revelado pela operação historiográfica, ora há um quadro próximo demais que não apresenta, contudo, a devida mediação crítica, a ser estabelecida por ocasião do contato entre o documento e a análise.

Dito isso, fundamental é admitir que a leitura da fonte e sua comparação com a análise historiográfica indicaram a impossibilidade de construir uma história da América do Sul na qual não se discorresse sobre a importância da figura de Bolívar. Nesse sentido, se, por um lado, a historiografia foi capturada pela narrativa bolivariana por meio de uma operação historiográfica que desconsiderou a crítica da fonte, por outro, não havia saída disponível capaz de apagar a centralidade da figura histórica de Bolívar. Entre uma leitura acrítica e uma leitura estrutural que privasse os atores históricos de um lugar – eram apenas parte de uma classe – interpunha-se um vazio explicativo. A centralidade da figura bolivariana na construção das independências não podia ser negada, pois definitivamente Simón Bolívar tornou-se um ator histórico referencial para o desvendamento desse processo. Todavia, a centralidade da figura de Bolívar não poderia impedir a crítica da fonte, mas foi essa a manobra que se configurou.

O desprezo à crítica também atendeu a interesses específicos. As narrativas históricas que cuidaram de fundar uma nacionalidade e uma nação desconsideraram na fonte o que não servia ao interesse explícito de forjar a coesão política à recém-nascida república – esse foi o caso da Venezuela. Entretanto, incômoda é a permanência de uma narrativa histórica que despreza a necessária crítica do documento. Como exposto no capítulo anterior, embora o culto criado em torno da figura de Bolívar não seja de responsabilidade exclusiva da historiografia venezuelana (Carrera-Damas, 1969), esse culto, analisado em 1969, ainda não foi superado, o que permite a Nikita Harwich (2003) discutir sobre um "labirinto historiográfico". A incapacidade da historiografia, especialmente a venezuelana, de fixar a crítica do documento como parte da operação historiográfica e de fugir do seu caráter testemunhal aponta para uma importante consideração: a história rendeu-se à memória do ator histórico.

É preciso entender a dificuldade em destrinchar o que Nikita Harwich (2003) vai denominar de "labirinto historiográfico". De um lado, há uma historiografia sobre Bolívar, dividida em duas tendências, no caso, uma leitura bolivariana e uma antibolivariana. Narrada assim, a história assumia a centralidade do personagem, ora para defendê-lo,

GUERRAS E ESCRITAS 81

ora para detratá-lo. No primeiro caso, as fontes foram apropriadas de modo testemunhal, portanto, não houve a mediação crítica. As ações de Bolívar foram justificadas pela fala do próprio ator histórico. No segundo caso, as fontes também não foram devidamente criticadas, mas instrumentalizadas para abastecer a figura do anti-herói. Diários, livros e anotações de opositores de Bolívar, como Hippisley[1] e Ducoudray-Holstein,[2] foram utilizados para contestar a narrativa bolivariana. Apesar desse uso, a historiografia bolivariana rebateu as críticas apoiadas nos relatos de Ducoudray e Hippisley, descaracterizando moralmente a validade de seus testemunhos. Essa atitude era considerada saudável e necessária pelos historiadores bolivarianos. Os testemunhos que serviam eram aqueles em concordância com o testemunho de Bolívar e, se assim não fosse, era preciso desqualificar o testemunho contrário antes de apresentá-lo publicamente. O historiador Mariano Picón-Salas, em um prefácio escrito em 1960 ao livro

---

1 Em 1817, Gustavus Mathias Hippisley (1776-1831), oficial do exército inglês, contatou Luís López Méndez para se alistar no exército patriota venezuelano. Suas inúmeras petições, dirigidas particularmente a Bolívar com o objetivo de alcançar ascensão na carreira militar, foram rechaçadas, o que impediu Hippisley de atingir postos hierarquicamente superiores em relação ao que já possuía na Inglaterra. Segundo os biógrafos de Simón Bolívar, os ressentimentos de Hippisley nasceriam da percepção de que fora lesado. Diante disso, depois de renunciar ao cargo que ocupava no *Húsares de Venezuela* e de embarcar para a Inglaterra, Hippisley daria início a uma contenda judicial contra Luís López Méndez, alegando o descumprimento de promessas feitas. Em seu retiro em Guernesey, escreveu o livro *A narrative of the expedition to the rivers Orinoco and Apure, in South America; which sailed from England in november 1817 and joined the patriotic forces in Venezuela and Caracas*, que foi publicado em 1819 por John Muray na imprensa londrina. (*Diccionario de História de Venezuela*. Disponível em: <http://www.bolivar.ula. ve/indihist.htm>. Acesso em: 28 dez. 2004)

2 Ducoudray-Holstein (Alemanha, 1772 - França, 1839) também se alistou no exército patriota, interessado nos oferecimentos rentáveis feitos aos soldados estrangeiros. O livro que escreveu e publicou em Boston, no ano de 1829, *Memoirs of Simón Bolívar*, logo foi catalogado entre as obras de detração da liderança da emancipação. Seu livro alcançou um grau de notoriedade porque serviu de base documental para Karl Marx que, do mesmo modo, redigiu artigos sobre a independência das nações sul-americanas, atribuindo a Simón Bolívar a característica de tirano. (*Diccionario de História de Venezuela*. Disponível em: <http://www. bolivar.ula.ve/indihist.htm>. Acesso em: 28 dez. 2004)

82 FABIANA DE SOUZA FREDRIGO

de Jose Luís Busaniche, *Bolívar visto por sus contemporaneos,* assim se referia à utilização de testemunhos:

> Busaniche reuniu em seu livro uma verdadeira antologia dos juízos sobre Bolívar entre os quais alguns comovedoramente humanos como os daqueles adolescentes – Carrasquilla, Ortiz, José María Espinoza – que o viram chegar em Bogotá em 1819, depois da derrota em Barreiro, e para os quais em sua imaginação juvenil o homem converte-se num quase fabuloso personagem de cavalaria, ou o daqueles outros colombianos – Posada Gutiérrez, Joaquín Mosquera – que dialogam com ele em alguns dos momentos mais trágicos e tormentosos de sua vida. Não falta, tampouco (porque o compilador quer ser estritamente objetivo), a opinião envenenada de um aventureiro de tão mau humor como o tristemente famoso Ducoudray-Holstein. Certo falso puritanismo ou pudicícia de alguns historiadores venezuelanos mantiveram proscritos esses documentos de perversa intenção. Mas em que pode afetar a grandeza de Bolívar o testemunho de um "condotieiro" disposto a vender-se ao melhor posto, como Ducoudray-Holstein? Psicanaliticamente, esse sujeito revela tudo o que guarda a caluniosa *Histoire de Bolívar.* Chegou à Venezuela, buscando rápido prestígio e fortuna, amparando-se em um estridente complexo de superioridade europeia. Para ele, a América do Sul desse momento não era senão uma aventura colonial daquelas que os soldados sem ofício e pagamento na Europa, em consequência da reacionária paz bourbônica, saíam para buscar em continentes distantes. Em lugar de ir à África ou à Índia atrás dos inumeráveis negócios que se ofereciam a todos os tratantes e contrabandistas, aparece nas costas venezuelanas. E recém-chegado para "prestar sua assistência técnica" (como diríamos no jargão atual), já pretende se converter em chefe de uma legião estrangeira a qual, segundo sua gana peregrina, deveriam submeter-se inclusive os próprios generais americanos. Quando quer dar conselhos militares a Bolívar, que já não suporta mais sua presunção e as contínuas exigências de dinheiro, o Libertador põe-se a falar de *La nouvelle Heloïse* ou dorme, muito *criollamente,* em sua rede. Chega, justiceiramente, o momento em que já não resta mais remédio para escapar da justa cólera bolivariana, que não se refugiar em uma das goletas ancoradas em Carúpano e passear com a sua frustração pelas Antilhas, enquanto chega o momento de publicar sua desventurada *Historie de Bolívar.* Mas, junto com Bolívar não caluniara também Sou-

blette, Anzoátegui, Galindo, Pedro Leon Torres, os homens mais leais do exército patriota em 1816? Se Busaniche cita Ducoudray-Holstein, o faz depois de contar seus sujos milagres, e porque também o testemunho de um adversário – na estranha lógica do absurdo – serve para completar o retrato histórico. Não faríamos com cada caluniador que nos provoca, o mesmo que a fórmula saudável de Bolívar: falar-lhes sobre a *La nueva Heloísa* ou recolher-nos na rede? (Picón-Salas, p.10)

Ao lado dessas tendências, há que se considerar a análise historiográfica sobre o processo de independência. Para essa historiografia, cujo tema era o processo de independência e não a figura de Simón Bolívar, igualmente, estabeleceram-se abordagens distintas. Há a historiografia patriótica, a que vai cuidar da fundação de uma nacionalidade. Na Venezuela, essa historiografia adotaria Bolívar como uma possibilidade de coesão por meio da construção de um herói. Em outros territórios, a historiografia patriótica estabeleceria heróis distintos, colocando-os em disputa com Simón Bolívar. Esse é o caso do combate entre a historiografia patriótica argentina e a venezuelana, pois, ao tratarem do processo de independência no Peru, elegem explicações divergentes sobre a retirada de San Martín do teatro de guerra peruano. Outrossim, há a historiografia que quer se distanciar do ator histórico e, para tanto, propõe explicações estruturais do processo. Nessa última, as explicações enumeram desde as necessidades impostas pelo capitalismo industrial até o lugar secundário concedido às elites *criollas* como "causas" do processo de independência. Nessa abordagem estrutural, a elite *criolla* era observada como a representação de uma classe, da qual não se discutia sequer a heterogeneidade.[3]

É sabido que, entre os vários interesses envolvidos, o processo de independência, e consequentemente a formação dos estados nacionais na América Latina, foi desencadeado por elites descontentes com a sua restrita participação no universo lucrativo da empresa colonial. Junto do anterior, as ideias iluministas, a Revolução Americana e a Revolução Francesa, considerando as críticas ponderadas à influência

---

3 Exemplos dessa historiografia podem ser encontrados em: Stein, 1976; Kaplan, 1974; Pomer, 1979.

das ideias no processo de independência latino-americano, tiveram sua parcela de responsabilidade na conformação de um ideário *criollo* revolucionário. Sobre essa influência, para o caso da historiografia venezuelana, Germán Carrera-Damas anota que a ausência de uma coerente história das ideias capaz de investigar o pensamento emancipacionista produziu, em fins da década de 1960, um quadro analítico no qual se contrapunham uma escola hispanista e uma escola patriótica. Para a primeira, a emancipação foi um feito espanhol e, para a segunda, a ideologia da emancipação e o pensamento de Bolívar encontravam-se em identidade harmônica. A despeito das divergências, ambas as escolas "se dedicam a caçar 'mostras da influência' das revoluções norte-americana e francesa" (Carrera-Damas, 1976, p.23).

O discurso pela independência incorporou as ideias liberais, o que, por sua vez, significou refletir (e defender) sobre os temas da liberdade, da igualdade jurídica, da defesa da propriedade privada, da soberania e da educação popular. Esse conjunto de transformações foi já avaliado pela historiografia. Mais recentemente, concluiu-se que as mudanças no século XIX indicavam a desestruturação do Antigo Regime, pese o fato de ter de se apreciar rupturas e continuidades como partes constitutivas desse processo. Para François-Xavier Guerra (1999), por exemplo, o processo iniciado na Espanha em 1808, que abriu as portas para a independência na América, foi uma conquista da modernidade política por parte das elites espanhola e americana. Desde os anos 1980, a historiografia em torno das independências discute com uma abordagem estrutural, nascida entre as décadas de 60 e 70 do século XX e que foi produzida, em sua maior parte, por economistas, cientistas políticos e sociólogos (Prado, 2001). Esse dado é importante: a divulgação de uma interpretação sobre a América, mais particularmente no Brasil, entre as décadas de 1960 e 1970, não coube aos historiadores – esses viriam mais tarde, na década de 1980, amparados pelo crescimento da produção historiográfica por conta da profissionalização e do fomento dos cursos de pós-graduação (Reichel, 2001).

A leitura apegada às estruturas apregoava que uma mudança política efetiva não tinha se configurado com a independência, haja vista a manutenção da dependência externa e de outras heranças coloniais.

Para essa matriz interpretativa, o processo de independência na América Latina não podia ser considerado como um processo político que conseguira romper com as amarras das arcaicas estruturas coloniais. Essa avaliação da independência hispano-americana permanecia mesmo quando, comparativamente, o Brasil entrava nas análises. Certo é que a ruptura esteve muito mais presente na América hispânica do que na portuguesa, considerando a longa e ininterrupta guerra pela independência nos territórios da Coroa Espanhola. Apesar disso, insistia-se em qualificar a independência, também na América do Sul de colonização espanhola, como um movimento de "troca de elites no poder", mantenedor da realidade de subserviência ao capital externo. Propositadamente, esse tipo de explicação buscou no processo de independência a comprovação que corroboraria com um discurso conservador, amplamente divulgado sobre a América Latina (Prado, 1981).

Tal discurso leria mais de quatrocentos anos de história a partir da chave única da espoliação externa e da vocação periférica. Essa é a crítica que deve ser feita a tais premissas analíticas. Dessa leitura, que certamente influenciou também alguns historiadores, puderam nascer os seguintes argumentos: 1) politicamente, a América Latina seria vista como um ambiente impróprio para as instituições democráticas, posto que a sua "tradição" apontava para a existência de chefias locais paternalistas e corruptas – os *caudilhos* de toda hora; 2) economicamente, a América Latina não se desvencilharia do capital externo, assim, o discurso sobre a expropriação da metrópole transformou-se e recebeu "ares de novidade" com o debate em torno do imperialismo – antes europeu, em tempos atuais, norte-americano. Enfim, a análise das estruturas teve sua importância na investigação das causas econômicas, políticas e sociais da independência na América, mas as permissivas e preconceituosas conclusões dela depreendidas devem ser anotadas e criticadas.

Diante do exposto, compreende-se ainda que se abster do tratamento da importância de Simón Bolívar para a explicação do processo de independência em parte da América do Sul também não produz uma análise historiográfica mais isenta ou mais apropriada. De qualquer modo, a historiografia recente, ao se preocupar, simultaneamente, com a análise da fonte, com a importância do indivíduo e com as armações estruturais, redimensiona o conhecimento histórico e ensina que, ao lado de causas econômicas e sociais, há projetos e anseios individuais e coletivos. Ambas as investigações são importantes para estabelecer uma escrita da história capaz de restabelecer o conflito.

Em síntese, o que se quer dizer é que, em boa medida, a produção histórica rendeu-se à memória bolivariana e capitulou de tal modo que a crítica viu-se suplantada pelo testemunho do próprio ator histórico. Assim, Simón Bolívar era o "homem das dificuldades e da guerra", era o "Libertador". Também era o "representante de uma classe, a elite *criolla*". Mais ou menos do que isso não era possível dizer ao seu respeito. O ator histórico estava pronto para assumir sua carga de herói quando renunciava à sua humanidade – fosse para ser visto como o representante primoroso de uma classe, fosse para ser visto como o homem das dificuldades. Em ambas as abordagens, era permitido ao ator histórico esconder seus conflitos, apesar de esses estarem vivos e abertos no ambiente da guerra. Pretende-se seguir na direção contrária: a intenção é repor os conflitos de Simón Bolívar, refletindo sobre o mundo desse homem, pautado e determinado por sua atuação na guerra.

O cotejamento entre a historiografia e o universo do epistolário apareceu desde o primeiro momento. Se à historiografia era caro estabelecer algum consenso acerca de causas e consequências do processo de independência, nas cartas, a discussão passava longe dessa análise. Certamente, o lugar e o tempo de produção afirmam a lógica diferenciada da narrativa: para a historiografia, atuando em posterioridade à produção e ao arquivamento do documento, importa a análise; para as cartas, expressão do momento de produção do documento, importava problematizar a vivência, externá-la, discuti-la com o outro, tendo em vista a adoção de uma atitude que, naquele contexto, parecia ser sempre premente.

Colocadas essas questões, é interessante o jogo que permite comparar os pilares da historiografia à narrativa construída nas cartas. Isso porque essa comparação demonstra que a composição de narrativas se dá por meio da *sobreposição* de histórias. O historiador, com o acesso à historiografia e à fonte, tem a possibilidade de estabelecer o que aproxima e o que separa o resultado e o documento no processo de produção historiográfica. Enfim, o instigante é pensar como composições narrativas diferenciadas dialogaram entre si e, por meio da *sobreposição*, construíram uma versão dos fatos que colonizaria o imaginário político das gerações futuras. No entanto, para este trabalho, interessa a fonte, é por meio dela que se iluminará a memória construída pelo ator histórico. A construção da memória de Simón Bolívar é o tema, o debate historiográfico será incorporado com o objetivo de apontar as possibilidades de aproximação e de distanciamento entre a fonte e a escrita da história.

A sensação que persegue o leitor das cartas de Simón Bolívar é a de um visitante indesejado, um intruso. Ler a correspondência bolivariana é ser perseguido pelo último pedido de Simón Bolívar, qual seja: o de que suas cartas fossem queimadas. Em seu testamento, no nono artigo, lê-se: "Ordeno: que os papéis que se encontram em poder do senhor Pavageau se queimem" (Tomo VII, p.624-627).[4] O senhor Pavageau deveria receber os baús de Bolívar, com seus documentos públicos e particulares, entre os quais constava a sua correspondência. Igualmente, no dia 4 de novembro de 1830, muito perto de seu falecimento, contudo antes de redigir seu testamento, o general pedia a Rafael Urdaneta que a correspondência daquele período fosse rasgada. Assim ele lhe escreve:

> Vou falar-lhe de um negócio muito delicado, porque me toca, como dizem, a delicadeza. O mau humor, a bílis que me devora, e a minha falta de esperança na salvação da pátria inspiram-me os pensamentos mais negros expressos de forma menos cortês. Direi, enfim, a palavra: eu desejo que o Senhor entregue todas as minhas cartas desta última época ao coronel Áustria, pois poderia ocorrer que, numa revolução, elas caíssem em mãos de meus inimigos que lhe dariam um sentido muito sinistro, ainda que em todas eu tenha renunciado mil e uma vezes ao poder supremo e declarei que não tomei parte nesta reação [o movimento que levou Urdaneta à

---

4 O testamento de Simón Bolívar é transcrito no último tomo das cartas e, em seguida, Vicente Lecuna apresenta o xerox do documento que se encontra no Arquivo do Libertador, em sua Casa Natal, na Seção O'Leary, v. 100, Tomo XLII.

presidência da Colômbia]. Áustria me mandará as cartas [depois] e, se o Senhor quiser, devolverei as suas ou as queimarei, ainda que as suas edifiquem [o espírito] pela piedade. Também rogo que rasgue logo depois [de ler] as cartas que escrevo, pois estou decidido a dizer-lhe algumas vezes o que penso, porque ninguém me tira da cabeça que os senhores correm de um furioso furacão e não deixo de me lastimar pelos bons e antigos companheiros. (Carta para Rafael Urdaneta. Soledad, 4/11/1830. Tomo VII, R. 2773, p.573-575. Original)

Ler a correspondência bolivariana é ser perturbado por sinais que foram pensados e emitidos para destinatários especiais: um nome, um lugar, um valor, um princípio; todos esses signos faziam sentido no universo que continha o remetente e seus destinatários. O desafio é decifrar tais sinais, mesmo sem ter sido escolhido como destinatário deles. Ainda mais: o instigante é decifrar tais sinais apostando na hipótese de que cada elemento ali colocado fora pensado como uma contribuição à memória do personagem que se esculpia por meio das missivas, considerando-se também a presença do involuntarismo nessa operação de escrita.

Apesar do encabulamento próprio a um visitante indesejado, um novo olhar sobre as cartas de Bolívar descortina um mundo imprevisto. Até então, avaliar o conteúdo de cartas servia apenas para "confirmar dados", tarefa bem a gosto de um tipo de historiografia que se preservava da função crítica porque "embora tal documentação sempre tenha sido usada como fonte, apenas mais recentemente foi considerada fonte privilegiada e, principalmente, tomada, ela mesma, objeto de pesquisa histórica" (Gomes, p.10). Para esse capítulo, interessa expor esse mundo diverso e seus códigos. Importa apresentar o universo particular captado na correspondência, um mundo que possui seu lugar, ou melhor, que possui "lugares". A correspondência bolivariana ocupou um lugar que a *constituiu* (o lugar contemporâneo ao sujeito que escreve, o missivista) bem como alcançou um lugar que a *instituiu*: a memória social e política da sociedade latino-americana. Especialmente porque ocupa um *lugar* que lhe concede *status* de fonte privilegiada, a correspondência de Simón Bolívar merece uma reavaliação que lide com a subjetividade do missivista, sem que para isso excedam-se os limites da história, com o risco de esbarrar no psicologismo estéril.

GUERRAS E ESCRITAS **89**

Parte-se do suposto de que é preciso reencontrar o lugar do indivíduo na história. O afastamento saudável das análises estruturais em demasia tem levado a história a redefinir os critérios para a avaliação do acontecimento: nesse sentido, consideram-se tanto vontades individuais quanto coletivas, em uma fórmula em que a importância dos protagonistas e de suas ações seja revista, entretanto, sem deixar esses mesmos protagonistas tornarem-se heróis ao molde do século XIX. Simón Bolívar e seu mundo aqui aparecerão sustentados por esse debate e as definições que dele resultaram, definições que permitem a concordância com Maria Lígia Prado, sobretudo, quando ela escreve:

> Nas décadas de 1960 e 1970, também se delineava outro embate com relação às interpretações sobre o tema. De um lado, a crítica àqueles que conferiram às ideias um lugar e um papel centrais como desencadeadoras do movimento de independência. Em oposição, os que privilegiavam as determinações estruturais – econômicas e sociais – como a base para a sua compreensão do movimento. A primeira perspectiva, que via particularmente nas ideias francesas uma das principais "causas" da emancipação, já foi amplamente criticada. Pensando na produção mais recente, é possível notar que revisões historiográficas distanciaram-se de uma aproximação exclusivamente estrutural de análise do processo de independência.
>
> [...]
>
> Penso que os protagonistas do movimento de independência tiveram que tomar decisões e propor soluções com um campo aberto à sua frente, pleno de probabilidades e imponderáveis diversos. Construíram seus destinos, trabalharam com sua criatividade e inventividade e estiveram limitados por imposições estruturais próprias de seu tempo e espaço. (Prado, 2003, p.16)

Simón Bolívar encaixa-se confortavelmente neste tipo de abordagem, a que sugere uma revisão quanto ao crédito a ser conferido às ações dos atores históricos. No epistolário, é recorrente a importância decisória atribuída por Bolívar a si e aos seus amigos. Em várias passagens, o missivista deixa entrever que a disputa política e a guerra foram resolvidas mediante atitudes de indivíduos especiais, ocupantes de lugares específicos por conta de sua capacidade e inventividade. Se, por um lado, tal discurso deve ser analisado sob a ótica do julgamento criterioso, por outro, não é possível desprezar a revelação presente nessa narrativa: responsabilizar-se por ações concretas que poderiam definir o "destino" da América e assim narrá-las demonstra a consciência dos atores históricos do novo papel que se atribuía ao indivíduo no século XIX. É a ciência dos acontecimentos, revelada pelos atores históricos, que instiga a revisão, sempre minuciosa, do papel do indivíduo na produção de acontecimentos e na construção de narrativas.

Nas cartas a seguir, guardiãs de argumentos distintos no que se refere à positividade ou não do amparo da lei para a ação política, o missivista permite analisar exemplos da importância creditada aos homens como fonte legítima de decisão. A primeira carta foi redigida após o término da rebelião em Valência, liderada por Páez,[5] e a segunda, datada do ano de 1828, marcaria o momento culminante da disputa entre centralistas e federalistas,[6] quando Bolívar foi acusado de ter planos monarquistas

---

5 Nem sempre foi possível a Bolívar contemporizar e sair ileso dos conflitos políticos. Em 1826, José António Páez lideraria um movimento, conhecido como *La Cosiata* ou *Rebelión de Valencia*, contrário à unidade da Grã-Colômbia, que se desintegraria em 1831. Questionado pelo Senado da República, Páez não se deteve e a rebelião alcançou várias municipalidades para além de Valência, de onde partia a base de apoio do movimento. Bolívar encontrava-se no Peru e, diante da opção de Santander em evitar o confronto direto com Páez, o retorno do General era o único meio de impor uma solução diplomática ao impasse. Bolívar propôs o seguinte acordo a Páez: dar-lhe-ia o perdão em troca do reconhecimento de sua autoridade suprema e do apoio à integridade da Grã-Colômbia. Em outros tempos, Bolívar agira de forma mais dura, como o exemplo da condenação à morte do general Piar, em 1817, não deixava engano. A ação de Simón Bolívar foi entendida por Santander e seu grupo como uma vacilação e provocou fissuras na relação de ambos. Como se não bastasse, estava em pauta a discussão para as reformas constitucionais e Santander e Bolívar colocavam-se em campos opostos. O principal desacordo devia-se à proposta de Bolívar de conceder vitaliciedade ao chefe do executivo bem como a prerrogativa de que esse pudesse nomear seu sucessor. Santander discordava abertamente dessa proposta e a situação entre ambos degringolou de tal modo que se tornaram inimigos políticos (Reinato, 2000, p.162-164).

6 Em linhas gerais, pode-se dizer que, diante das dificuldades enfrentadas no Peru e no Alto Peru e do quanto essas dificuldades contribuíam para a instabilidade da Grã-Colômbia, a saída encontrada por Bolívar foi o adiamento das reformas liberalizantes. Simón Bolívar queria fixar salvaguardas para a ordem nas recém-nascidas repúblicas. Para tanto, a partir de 1825, dedicou-se à redação da constituição boliviana que foi, concretamente, a expressão da combinação entre a "aparência e um certo conteúdo de republicanismo liberal com salvaguardas

GUERRAS E ESCRITAS **91**

para a América. A despeito das distintas conjunturas, o discurso assumido nas cartas coloca a ação individual como arma preponderante:

---

contra a disseminação da desordem que, em sua opinião, ameaçava as conquistas dos libertadores hispano-americanos" (Bushnell, p.174). Tal constituição devia funcionar como modelo para outras repúblicas da América do Sul. No interior deste debate, o federalismo era visto por Bolívar como uma plataforma política liberal, posto que toda sua defesa política partia da necessidade de corrigir os excessos do localismo em nome da estabilidade e da autoridade. Reforce-se que, desde a queda da Primeira República da Venezuela, Bolívar bradava contra o projeto federalista. Essas discussões o afastaram de Santander e o colocaram no centro de muitas críticas por parte dos liberais. Os pressupostos da constituição boliviana permitem compreender como o conflito entre federalistas e centralistas (bolivaristas) se instauraria: "Sua característica mais famigerada foi a vitaliciedade do presidente, com direito de nomear seu sucessor: um monarca constitucional em tudo, exceto no nome, com poderes legais rigorosamente definidos, mas com um fundo de influência pessoal. Essa invenção era complementada por um congresso complicado, constituído de três casas; uma delas – a Câmara dos Censores – era a ressurreição do 'poder moral' proposto por Bolívar em 1819, em Angostura; contudo não foi restabelecida a ideia do senado hereditário. O tom geral da constituição era uma mistura ligeiramente implausível do despotismo e da aristocracia. É bem possível que Bolívar estivesse certo em sua avaliação de que os criadores das primeiras instituições na América Latina independente eram muitas vezes induzidos ao erro pela obsessão com o liberalismo constitucional de origem francesa ou anglo-saxônica. O que ele nunca ofereceu foi uma alternativa satisfatória" (Bushnell, p.175). De um lado, a dura avaliação historiográfica de Bushnell reflete a fonte, posto que, não raro, Bolívar apresentava-se nas cartas muito ofendido por ter sido caracterizado por seus contemporâneos como um déspota, um tirano. De outro lado, há na avaliação historiográfica o julgamento que a distancia da fonte. Como já se disse, o distanciamento e a necessidade de análise produzem um filtro historiográfico compreensível, apesar de esse filtro provocar algum grau de apartamento com o documento. Quando se volta o olhar para a fonte, percebe-se que ela ajuda a compreender o desejo de ordem e estabilidade de Bolívar e, nesse sentido, as cartas (como não poderiam deixar de ser) foram mais brandas com a avaliação de seu personagem. Embora Bolívar fale sobre a constituição com os seus destinatários e demonstre todo o seu entusiasmo com a possibilidade de contribuir para a organização de uma ordem institucional, não há referências explícitas ao texto da constituição, portanto, não é possível avaliar sobre o projeto constitucional por meio das missivas. Além do mais, o objetivo de memória que permeava essa "escrita de si" faz com que as referências de Bolívar à sua constituição sejam sempre elogiosas, reportando-se inclusive aos comentários de outras pessoas que haviam lhe deixado satisfeito. Ao ler a fonte e refletir sobre a historiografia, evidencia-se o jogo de distanciamento e aproximação entre as pontas da operação historiográfica.

92 FABIANA DE SOUZA FREDRIGO

O fato é que ganhamos uma insigne vitória contra a desordem geral. A moderação do general Páez, que tem resistido com vigor aos maus conselhos e aos ataques da intriga, unida à massa de energia que opunha o povo à guerra civil, nos proporcionou uma vantagem verdadeiramente gloriosa. Agora se verá na Europa e na América que as leis não valem nada e que a autoridade verdadeira consiste nos homens. As leis e os legisladores nos perderam, entretanto eu e o general Páez salvamos a república. Queira Deus que este exemplo sirva de algo no espírito de nossos concidadãos. (Carta para Andrés de Santa Cruz.[7] Caracas, 16/01/1827. Tomo V, R. 1.619, p.348-349. Original)

Quando me falam de valor e audácia, sinto reviver todo o meu ser, e volto a nascer, por assim dizer, para a pátria e para a glória. Ah! Quão ditosos teríamos sido se nossa sabedoria se deixasse conduzir pela fortaleza! Então, eu ofereceria até o impossível: então, salvaria a Colômbia e o resto da América também. Que se unam, pois, todos os nossos amigos nesse sentimento, e se distanciem para sempre da minha boca essas indignas palavras de perigo e temor, que me mandem salvar a república, e eu salvo a América toda; que me mandem desterrar a anarquia e não ficará nem a sua memória. Quando a lei me autoriza, não conheço o impossível. Não são jactâncias nem presunções vãs essas ofertas de meu coração e de meu patriotismo: não, amigo, quem pôde presidir tantos prodígios, tem direito de esperar tudo. (Carta para J. M. Del Castillo.[8] Bucaramanga, 15/05/1828. Tomo VI, R. 2.086, p.304-305. Retirada de Blanco y Azpurua, XII, p.436.)

Ao apresentar o mundo do missivista, em consideração às "imposições estruturais próprias de seu tempo e espaço", será preciso expor também os limites de uma América que lidava com a falência institu-

---

7 General de confiança de Bolívar que atuou nas campanhas do Sul.
8 José Maria Del Castillo y Rada (1776-1833). Advogado e proprietário de terras, Rada participou do movimento pela independência em Cartagena. Em 1812, foi eleito deputado pelas Províncias Unidas da Nova Granada. Foi governador em Tunja, que aprovou sua independência em 10 de dezembro de 1813. Participou do Primeiro Triunvirato da Nova Granada, na suplência, junto com Joaquín Camacho e José Fernández Madrid. Depois do Congresso de Cúcuta, em 1821, José Maria Del Castillo y Rada foi designado vice-presidente da Colômbia (Antonio Narino havia renunciado) e, posteriormente, tornou-se ministro da fazenda da Grã-Colômbia (Nova Granada, Venezuela e Quito).

cional e financeira, com os conflitos étnicos, com a definição de uma "identidade nacional". Para tanto, o contexto histórico estabelecido, que trata desde as análises sobre as causas da emancipação até suas consequências políticas e econômicas, aparecerá com o objetivo de ser contraposto à narrativa de Simón Bolívar. É nesse jogo entre a fonte e a historiografia que se mostrará como ambas constroem narrativas ora convergentes, ora divergentes.

Antes de analisar como as questões próprias ao manejo do poder aparecem no epistolário – o que se fará em tempo certo, quando se tratar do que se denomina "discurso da renúncia" e "discurso do ressentimento" – entendeu-se que era fundamental apresentar o Bolívar missivista. É preciso entender o aposto: quer-se apresentar o sujeito-missivista. Nesse sentido, o objetivo é o de expor o homem que se constrói por meio das cartas. Apresenta-se esse sujeito-missivista por meio de seu mundo. Seu mundo é apenas parcialmente a primeira metade do século XIX, momento das independências na América. Parcialmente, porque quando se diz "primeira metade do século XIX" remete-se apenas aos acontecimentos datados, os quais a historiografia convencionou chamar de "contexto". Falta ainda perguntar sobre o contexto a ser depreendido da correspondência, uma vez que o que importa é apresentar o missivista. O trabalho com a correspondência exigiu garimpar, em meio à narrativa estabelecida pelo epistolário, as peças definidoras do mundo de Bolívar.

Conhecer como o homem que escreve apresenta-se aos seus contemporâneos e à posteridade era o mesmo que se perguntar acerca dos *valores* expressos e cultivados por meio da prática da correspondência. Esse mundo deveria nascer das cartas, seriam elas as corresponsáveis pela construção de um sentido que permitisse explorar a compreensão do missivista sobre a realidade circundante. É relevante reforçar: a compreensão do remetente sobre o seu mundo imediatamente se tornava coletiva, legitimada pela compreensão subjacente dos seus distintos e diversos destinatários. Colocada a necessidade de apresentar o mundo do missivista, foi preciso encontrar quais elementos funcionavam no epistolário como elementos ordenadores do mundo de Simón Bolívar e seus generais. Algum consenso foi alcançado, permitindo separar, mapear e analisar os elementos constitutivos do epistolário capazes de edificar uma "escala de valores" para o missivista e, consequentemente, para seus destinatários. Assim, definiu-se que apresentar o mundo de Bolívar era, primordialmente, discorrer sobre a guerra da perspectiva do missivista. A partir da guerra, o principal elemento capaz de desvendar o mundo epistolar bolivariano, outras questões imediatamente emergiram, tal como o discurso no qual Bolívar argumentava sobre as diferentes perspectivas anunciadas pela guerra interna e externa.

Atento aos problemas nada fáceis apresentados à América do Sul, de colonização espanhola, Bolívar sabia bem que os desentendimentos não terminariam com o estabelecimento da paz externa. Ao contrário, desentendimentos e desavenças seriam aprofundados a partir da inexistência da guerra externa, pois, no final das contas, ela concedia liga e coesão interna às distintas e famintas elites locais. O seu discurso sobre as diferentes perspectivas trazidas por essas também diferentes tipificações da guerra revela que a legitimidade que Bolívar buscava alcançar e conservar, além de estratégia necessária à sua sobrevivência política, era um meio de garantir estabilidade ao território americano. Ainda, do mesmo modo, era preciso considerar a guerra como importante mecanismo regulador das tensões étnicas e sociais da América. A miragem desses prismas revela a guerra como elemento central para desvendar o personagem-missivista, pois era por meio do conflito e da vitória que Bolívar equacionava sua prática, retirava sua autoridade e definia sua cosmogonia.

A partir dos anos de 1820, a guerra externa como fator de coesão e o medo do futuro tornaram-se preocupação constante de Bolívar. A década de 20 do século XIX marcaria a expansão do movimento de independência para o vice-reinado do Peru. Bolívar partiria com as suas tropas para, segundo ele, "auxiliar San Martín", que havia dado início à luta nesses territórios. É necessário ter claro que o apoio à causa da independência nas regiões da América do Sul foi heterogêneo, fosse da parte dos setores da elite *criolla*, fosse da parte da população. Como a historiografia mais recente demonstra, de início, o processo de emancipação não se fez contra o rei ou contra o antigo regime. Foi, exatamente, a sensação de orfandade dos súditos que aprofundou o "dever" da emancipação. Nesse sentido, as abdicações de 1808 definiriam a ação nas colônias: juntas provisórias seriam eleitas para governar em nome de Fernando VII (Guerra, 2000), não colocando em xeque o poder da Coroa Espanhola, apesar da presença de Napoleão no trono da metrópole. Em uma cronologia posterior, anos de guerra dividiram opiniões que, marcadas pelas dificuldades dos conflitos, eram profundamente voláteis. Vivas aos republicanos podiam se tornar vaias, dependendo da tropa que invadisse o território. Por um lado, a população queria sobreviver àqueles considerados tão opressores quanto os espanhóis, por outro, as elites, na iminência de rebeliões étnicas, recorriam à ordem realista, à qual creditavam o poder de controlar os rebeldes.

Especialmente no Peru, as dificuldades enfrentadas pelo exército patriota foram imensas. Bolívar não se cansou de sublinhar em suas missivas a "traição", segundo ele, dos peruanos à causa patriótica. No entendimento do general, os obstáculos impostos aos exércitos patriotas estiveram relacionados ao fato de seus exércitos serem sustentados pela Nova Granada, o que facultava a presença de um número excessivo de colombianos nas tropas. Evidente, a explicação de Bolívar é parcial. Se a resistência no Peru aos patriotas teve a ver com a fidelidade peruana aos realistas e com a identidade localista que os separava de venezuelanos e de colombianos, a disputa territorial, cuja pretensão era impedir a perda de espaço geográfico das antigas fronteiras, anteriores à edificação das repúblicas, também é um dado a ser considerado. A declaração de guerra à Espanha e a constituição de repúblicas resultaram para o Peru em perdas territoriais, daí as suas disputas constantes com a Grã-Colômbia.

Todavia, importante é reter que o apoio ao rompimento com a Espanha não fora conseguido de imediato e totalmente: segundo Garrido Alcázar (1995), o Peru é um caso singular, quando se trata do processo de emancipação. Nesse território, em 1820, os soldados de San Martín foram recebidos com indiferença e, mais adiante, a composição das tropas revelou o motivo da reclamação e do desespero de Simón Bolívar: as tropas realistas do Peru estavam formadas por oficiais peninsulares e *criollos*, com o grosso da força militar de índios e mestiços – os mesmos que se recusavam a lutar no exército patriótico.

96 FABIANA DE SOUZA FREDRIGO

Embora a presença de Bolívar provoque uma boa acolhida, "depois de sua partida, seu representante será expulso no início da declaração de guerra que o Peru fará à Colômbia bolivariana" (Garrido Alcázar, p.13). As cartas em sequência revelam a preocupação com o cenário exposto, exemplificando, conforme anotado, um discurso recorrente. Indubitavelmente, desde 1821, os territórios a serem libertados não tinham tanta certeza de quererem a liberdade:

> A América inteira está cheia de escravos e indígenas cativos: os poucos europeus que deixaram filhos neste solo dividido combinaram tanto sua raça que tudo é diferença, oposição e ódio. Nós mais do que os outros americanos padecemos dessas doenças e por isso mesmo devemos buscar algo específico [a cura] por meio de um medo externo. O remédio é custoso e talvez seja um cáustico cruel, mas ele evitará a gangrena que nos cobrirá dos pés à cabeça. O senhor pode consultar, meditar e aplicar essa interpretação, se for aprovada pelos conselheiros do governo. Também acrescento que a apresente como minha porque não acho inconveniente expressá-la publicamente.
>
> [...] A Inglaterra verá sempre a Espanha na América com ódio assim como os norte-americanos. Nós seremos mais fortes tanto quanto estejamos mais unidos, e esta união não nos virá nunca da satisfação que a independência e a confiança sem limites nos darão; porque, no dia em que nada temermos, começarão todos os perigos da Colômbia; nesse dia ressonarão as trombetas da guerra civil. Guarde esta carta e se puder mande gravá-la em bronze para que algum dia possa se comparar os fatos. (Carta para Francisco de Paula Santander. Quito, 30/01/1823. Tomo III, R. 918, p.344. Original)
>
> [...] Quanto mais penso em nossa situação, mais me persuado de que devemos ter vizinhos temíveis que nos obriguem a nos reunirmos e a nos concentrarmos em nossos próprios interesses. Quando nos dilatarmos pela expansão que nos proporcionará a liberdade, a paz e a segurança, nossos mais cruéis perigos se multiplicarão. Então, vamos experimentar a verdadeira guerra e a verdadeira anarquia reunidas em massa para nos arrebatar o triunfo da liberdade e os sacrifícios. Eu temo amigo, o futuro adiante: mais horrível me parece o porvir do que o passado. Invada-se desse sentimento doloroso que eu padeço com essa consideração, e

GUERRAS E ESCRITAS 97

evitaremos por essa antecipação alguma quantidade de agudos pesares. Ao menos, não seremos culpados pela não previsão. (Carta para Francisco de Paula Santander. Guayaquil, 14/02/1823. Tomo III, R. 920, p.350-351. Original)

Com muito cuidado, pontos importantes do epistolário transformaram-se em elementos basais, capazes de permitir a configuração do mundo do sujeito que escrevia. A guerra, a honra e a glória formaram uma tríade apropriada para desvendar o universo desse representante da elite *criolla*. Ressalte-se que essa mesma trilogia foi utilizada, exaustivamente, na composição de um tipo de história a qual se pode chamar de patriótica (Garrido Alcázar, 1995). No século XIX, era comum à escrita de histórias nacionais o cultivo de heróis, esses últimos responsáveis pela criação e fundação da identidade nacional e da Nação. Desse tipo de escrita de história, desprenderam-se argumentos amparados pela mesma base de elementos: nessa narrativa, a guerra vinha *sempre* associada à honra e à glória.

A guerra entre a colônia e a metrópole é o ponto que agrega a fonte (o epistolário) e a historiografia. Em ambas a guerra é um acontecimento que chama a atenção.[9] Todavia, nas mais recentes abordagens historiográficas, ela torna-se subalterna aos meandros da política e da economia, fosse da América, fosse da Europa – embora isso não queira dizer que a guerra desaparece completamente da fronteira explicativa da historiografia recente. Tanto Túlio Halperín Donghi

---

9 Como é extensa a produção bibliográfica sobre as independências, é importante especificar quais textos foram eleitos para contribuir com a reflexão sobre o panorama da América na primeira metade do século XIX. É fundamental frisar que, em virtude da inegável extensão do debate, qualquer *corpus* bibliográfico poderia, constantemente, sofrer acréscimos. Por esse motivo, de acordo com as pretensões deste trabalho, a bibliografia escolhida procurou anexar em seu *corpus* autores preocupados em apresentar o estado do debate sobre as independências na América e em indicar as possibilidades de consenso acerca das problemáticas mais relevantes para o tema em questão. Esse foi o meio encontrado para se ter uma visão panorâmica do processo de independência e das distintas interpretações a esse respeito. Seguem as referências: Halperín Donghi, 1975; Lynch, 2001; Guerra, 2000; Reinato, 2000; Prado, 1999; Garrido Alcázar, 1995; Prado, 2003; Bethell, 2001.

(1975) quanto François-Xavier Guerra (2000) apontam os efeitos devastadores da guerra como obstáculos para a lenta busca de novo equilíbrio na América. Em uma única frase, Halperín Donghi registra a importância desse elemento: "Em 1825, terminava a guerra de independência, deixando uma pesada herança em toda a América" (Halperín Donghi, 1975, p.81).

Na fonte, a guerra é a força motriz, ela permite a liga entre os contemporâneos. A guerra lhes dá um motivo, a guerra lhes estabelece honrarias, a guerra lhes forma a consciência, a guerra lhes apresenta dificuldades, ganhos e perdas. As dificuldades cotidianas da guerra e a visibilidade do inimigo, o espanhol, permitiram o estabelecimento de uma comunidade afetiva entre Simón Bolívar e os seus oficiais. Embora tivesse de ser educado para aceitar a simbologia e os valores republicanos, o "povo" se via excluído da comunidade de oficiais. Aliás, o "povo", no qual se incluíam as tropas compulsoriamente recrutadas, vez ou outra, expressava o seu descontentamento com a ordem republicana, expondo seu desejo de voltar a submeter-se à Espanha. Nesse momento, quando a guerra era uma necessidade a ser enfrentada, o código que unia os cidadãos fazia da morte uma experiência passível de ser suportada mediante a presença efetiva do morto na memória da posteridade. A carta escrita por Bolívar ao pai de um companheiro de armas que sucumbiu à guerra, ao lado do exército patriota, permite perceber como o general considerava a morte em combate uma honraria e, mais do que isso, como queria associar a morte às ações políticas no presente e à legitimidade futura:

> Cidadão Luís Girardot:
> Temeria causar-lhe a mais cruel dor ao participar a morte de seu ilustre filho, se eu não estivesse persuadido que o Senhor aprecia mais a glória que cobre as grandes ações de sua vida, do que uma frágil existência.
> É verdade que quanto mais a vida do coronel Atanásio Girardot tivesse prolongado, mais insígnias acrescentaria à sua glória, e mais benefícios à liberdade da pátria. Sua perda é daquelas pelas quais deve sempre se chorar. Mas a causa sagrada pela qual ele pereceu deve suspender a dor, tanto para pensar em seus grandes feitos, como em respeito que se deve às suas cinzas imortais.

GUERRAS E ESCRITAS **99**

Elas viverão no coração de todos os americanos, enquanto a honra nacional for a lei de seus sentimentos e enquanto a sólida glória tenha atrativo para as almas nobres. A carreira de Girardot e sua morte excitarão, ainda na posteridade mais remota, a emulação de todos os que aspirarem ao preço do valor, e sentirem em seu peito o fogo divino com que se busca a glória própria e de sua amada pátria.

As armas americanas devem honrar-se de que nelas tenha militado o virtuoso Girardot e a causa da liberdade pela qual os maiores homens têm combatido nunca foi sustentada com mais honra do que nos campos famosos onde Girardot triunfou sobre os tiranos. (Carta para Luís Girardot. Valência, 05/10/1813. Tomo I, R. 66, p.94-95. Retirado de *Gaceta de Caracas*, n. 8, quinta-feira, 14/10/1813)

Essa carta, além de enviada para o pai do coronel Girardot, foi publicada na *Gaceta de Caracas*, em uma quinta-feira, no dia 14 de outubro de 1813. Atanásio Girardot não era um representante dos *llaneros*, nem dos indígenas ou ex-escravos. Oficial colombiano, filho de um comerciante francês e de mãe nascida no departamento de Antióquia, Girardot morreu durante a Batalha de Bárbula, em Carabobo, no dia 30 de setembro de 1813. As ações de Bolívar, visando estabelecer o culto aos distintos patriotas e guardar a memória do referido coronel, merecem ser narradas. No mesmo dia da morte de Atanásio, Bolívar expediu, de seu quartel general em Valência, um decreto-lei para honrar a memória do oficial. No artigo terceiro vigia que "[...] seu coração seria levado em triunfo para a capital de Caracas, onde seria recebido pelos libertadores e depositado no mausoléu que se ergueria na Catedral Metropolitana [...]". Para cumprir essa disposição, uma procissão cívico-religiosa saiu de Valência no dia 10 de outubro de 1813. No trajeto, o cortejo interrompia a marcha quando chegava em algum departamento que possuísse uma capela e, então, iniciava-se uma missa. No dia 14 de outubro de 1813, a procissão chegou a Caracas. Bolívar tinha se adiantado à comitiva e já aguardava a entrega da urna com o coração de Girardot. De Antímano, um lugar muito próximo à Caracas, onde, na véspera, a urna tinha sido guardada, o cortejo seguiu para a Catedral. Na Catedral em Caracas, realizou-se um solene funeral e depositou-se temporariamente o coração de Girardot, pois era esperado o término da construção da Capela da Santíssima Trindade, lugar de devoção da família Bolívar.

A importância desse ato simbólico reforça-se no contexto do ano de 1813. Foi nesse ano que Bolívar declarou a "guerra de morte" aos espanhóis e, mais adiante, em maio de 1814, estabeleceu a "Ordem dos Libertadores". A adoção da "guerra de morte" exigiu que Bolívar criasse justificativas para tal ato e, a partir da assinatura do decreto, o documento cuidava de conceder visibilidade ao verdadeiro inimigo. Nesse documento, ainda mais do que as cartas pessoais, concedia-se visibilidade ao verdadeiro inimigo, o espanhol, utilizando-se dos elementos de uma antiga legenda espanhola. Nesse sentido, os espanhóis assumiram o signo da barbárie, ao passo que aqueles que lutavam pela causa da independência eram magnânimos por exercitar o perdão aos delitos cometidos pelos peninsulares. No decreto da guerra de morte, a caracterização de espanhóis e de americanos (a despeito de esses serem ou não patriotas) é conclusiva. Os primeiros eram os responsáveis pelo infortúnio da América enquanto os segundos, munidos de uma justa causa, dignavam-se a perdoar os espanhóis que adotassem como seu interesse a independência da América. Dispensado o perdão àqueles que o negassem, restava apenas a morte impiedosa, tal como se pode destacar de parte do decreto:

> Tocados por vossos infortúnios, não pudemos ver com indiferença as aflições que os faziam experimentar os bárbaros espanhóis, que os têm aniquilado com a rapina, e os têm destruído com a morte; que têm violado os sagrados direitos das gentes, que têm infringido as capitulações e os tratados mais solenes; e, enfim, têm cometido todos os crimes reduzindo a República da Venezuela a mais espantosa desolação. Assim, a justiça exige a vingança, e a necessidade nos obriga a usá-la. Que desapareçam para sempre do solo colombiano os monstros que o infestam e o têm coberto de sangue; que seu desengano seja igual à sua enorme perfídia, para lavar deste modo a mancha de nossa vergonha, e mostrar às nações do universo, que não se ofende impunemente os filhos da América.

Apesar de nossos justos ressentimentos contra os injustos espanhóis, nosso magnânimo coração digna-se, ainda, a abrir-lhes pela última vez uma via à conciliação e à amizade, ainda assim lhes convida a viver pacificamente entre nós, [isso] se detestando seus crimes, e convertendo-se de boa fé, cooperarem conosco para a destruição do governo intruso da Espanha, e para o restabelecimento da República da Venezuela.

Todo espanhol que não conspirar contra a tirania em favor da justa causa, pelos meios mais ativos e eficazes, será tido como inimigo e castigado como traidor da pátria e, por consequência, será imperdoavelmente executado. Ao contrário, concede-se um indulto geral e absoluto a todos os que passarem para o nosso exército com suas armas ou sem elas; [e] aos que prestarem auxílio aos bons cidadãos que se esforçam para sacudir o jugo da tirania. Serão conservados em seus empregos e ocupações os oficiais de guerra e magistrados civis que proclamarem o Governo da Venezuela, e se unirem a nós; em uma palavra, os espanhóis que prestarem os serviços assinalados ao Estado serão estimados e tratados como americanos.

E, vós, americanos, que o erro ou a perfídia têm extraviado dos caminhos da justiça, sabei que vossos irmãos os perdoam e lamentam sinceramente vossos desvios, na íntima persuasão de que vós não podeis ser culpados, e que só a cegueira e [a] ignorância em que os têm mantido até o presente os autores de vossos crimes, os têm induzido [a cometê-los]. Não temeis a espada que vem vingá-los e cortar os laços ignominiosos que ligam sua sorte aos vossos verdugos. Contai com uma imunidade absoluta em vossa honra, vida e propriedades; só o título de americanos será vossa garantia e salvaguarda. Nossas armas vêm protegê-los, e não serão empregadas jamais contra um só de nossos irmãos.

Esta anistia se estende até mesmo aos traidores que mais recentemente têm cometido atos de felonia; e será tão religiosamente cumprida que nenhuma razão, causa ou pretexto será suficiente para nos obrigar a quebrar nossa oferta, por maiores e extraordinários que sejam os motivos que nos deem para excitar nossa inimizade.

Espanhóis e Canários, contai com a morte, ainda que sejam indiferentes, se não trabalharem ativamente em obséquio da liberdade da América. Americanos, contai com a vida, ainda quando forem culpados. (Decreto de 1813. *Discursos y proclamas*. Disponível em <http://www.bolivar.ula.ve/indidoc.htm. Acesso em: 24 fev.2005)

102 FABIANA DE SOUZA FREDRIGO

Estabelecer o contato entre a população e os patriotas "honradamente" mortos em campo de batalha foi o meio simbólico escolhido para conferir a dose certa de teatralidade à política, o que poderia outorgar maior legitimidade e aceitação aos seus decretos. A morte aos espanhóis e realistas era justificada diante da morte dos filhos da América; os jovens, valorosos e honrados republicanos. Nesse sentido, fica evidente que o objetivo do cerimonial era o de aproximar a população da causa republicana, era o de convencer os diferentes grupos sociais da importância de seu apoio à empreitada da elite *criolla*. A necessidade de edificar valores republicanos entre a população para conseguir seu apoio ao exército patriota demonstra que a aprovação ao rompimento com a Espanha não foi conseguida imediata e integralmente.

Cerimônias oficiais, decretos, comemorações de vitórias tornaram-se rituais constantes nos lugares em que Bolívar passava. As cartas que seguem são ilustrativas do quanto essa constância, diante das dificuldades da guerra, tornou-se uma necessidade. Logo após a morte de Girardot, Bolívar escrevia para Antonio Narino, explicando-lhe que tinha instituído a Ordem dos Libertadores:

> Desejoso de distinguir àqueles militares que com sacrifícios e esforços extraordinários contribuíram muito para o feliz êxito da campanha que libertou a Venezuela, e que fariam a glória dos maiores heróis da terra, instituí a Ordem dos Libertadores. (Carta para Antonio Narino.[10] Caracas, 04/05/1814. Tomo I, R. 93, p.130. Cópia)

---

10 Antonio Narino ocupou o cargo de presidente do governo autônomo proclamado pelo Estado da Cundinamarca (que incluía Santa Fé de Bogotá) em oposição à constituição das Províncias Unidas de Nova Granada, criada em novembro de 1811. Após a destituição do vice-rei Antonio Amar y Bourbon e da formação da Junta do Reino de Nova Granada, discordâncias internas entre centralistas e federalistas levaram as regiões da Nova Granada a conflitos armados entre os anos de 1812 e 1813, o que fez com que esse período ficasse conhecido pelos historiadores como o da "Pátria Boba".

GUERRAS E ESCRITAS **103**

Em uma carta para Antonio Zea,[11] Simón Bolívar narrava sua recepção nas províncias que atravessava, após a vitória de Boyacá:

[...] Em seis jornadas cumpri o trajeto de Santa Fé até aqui. Tenho tido de me deter em alguns lugares mais do que eu pensava para satisfazer os desejos veementes dos povos. Posso dizer que da minha saída até aqui tenho vindo em triunfo. Não há testemunho de gratidão, de amor e de confiança que não me tenham dado esses povos com as expressões mais cordiais e mais sinceras de regozijo. Em todo o caminho, grupos de pessoas têm obstruído a passagem, e as mães com a oferta que têm feito de seus filhos à pátria, têm consagrado outras, tão naturais, tão calmas, que as tenho apreciado mais do que objetos de muito valor. Os arcos triunfais, as flores, as aclamações, os hinos, as coroas ofertadas e postas sob minha cabeça pelas mãos de belas jovens, os festins e mil demonstrações de contentamento são os menores dos presentes que tenho recebido; o maior e o mais grato a meu coração: as lágrimas mescladas com a alegria, com que tenho sido coberto, e os abraços com os quais tenho me visto a ser exposto e sufocado pela multidão. (Carta para Antonio Zea. Q. G. Puente Real, 26/09/1819. Tomo II, R. 494, p.208-209. Retirada de Yanes y Mendonza, II, p.93)

Com o mesmo objetivo de edificar uma pedagogia cívica por meio da memória, Bolívar acompanhava de perto a oferenda das recompensas honoríficas – era esse um assunto muito sério para o general. Em sua nada modesta opinião, não era qualquer soldado que merecia honrarias ou distinções, afinal, isso cabia à elite militar, representada pelos *criollos*. Dessa afirmação anterior, é possível antever que nem o tratamento destinado à tropa e nem o discurso sobre ela seriam muito lisonjeiros. Bolívar manifesta em suas missivas a defesa de si e, na medida em que

---

11 Francisco Antonio Zea (Medellín, Colômbia, 21/11/1766; Bath, Inglaterra, 28/11/1822). Atuou como naturalista, diplomata, político e jornalista. Concluiu seus estudos no Colégio de San Bartolomé, em Bogotá. Em Angostura, presidiu os trabalhos do Congresso. Desde 1819, tornou-se a autoridade legislativa mais importante da proclamada República da Grã-Colômbia, assumindo também o cargo de vice-presidente. Em 1821, viajou para Madri com o objetivo de, ao lado de José Rafael Revenga e Tibúrcio Echeverría, conseguir o reconhecimento, por parte do governo liberal espanhol, da independência das regiões da América. (Dados disponíveis em: <http://www.bolivar.ula.ve/indihist.htm>. Acesso em: 8 mar. 2005)

104 FABIANA DE SOUZA FREDRIGO

efetivava a prática da correspondência com um grupo particular, esse grupo era também defendido pelo missivista. Simón Bolívar queria, efetivamente, participar da escolha dos que seriam reverenciados junto dele. Atribuir a si a possibilidade de escolher com quem dividiria honras póstumas era demarcar um espaço de importância superior junto aos companheiros de armas. Enfim, no universo das honrarias, não cabiam representantes comuns, tal como se depreende da carta que segue:

> [...] O sucesso em Corral já tinha sido admirado como devia, mas dar o nome de homens comuns a navios da esquadrilha é retirar o mérito dos que merecem. Tenho visto na esquadrilha nomes tão retumbantes como "Intrépido Concha", e outros desse tipo, o que me tem lembrado da cavalaria do general Zaraza e da zombaria que fizeram os espanhóis. Há muitos dias, desejo dar o nome de Anzoátegui ao batalhão comandado por Briceño, e ainda não o fiz porque não me atrevi; e isso é assim com um morto. As recompensas honoríficas devem ser muito raras e muito justas. O senhor não tem visto como não repeti as honras que fiz a Girardot? A propósito, quero que se dê o nome de Girardot ao batalhão comandado por Ricaurte em Antioquia, para que a sua pátria contribua em algo com a sua glória. O nome "Cauca" se dará a algum batalhão de La Guardia, porque assim merece Cauca". (Carta para Santander. El Rosário, 12/07/1820. Tomo II, R. 606, p.380-381. Original)

A profissão de fé quixotesca alardeada por Bolívar e os elementos românticos[12] que se encontram atados à sua escrita possibilitariam às

---

12 Muito se escreveu sobre a influência do romantismo no século XIX, influência que ultrapassou as fronteiras da arte, da literatura e da história. No interior desse debate, a definição de romantismo foi exaustivamente procurada, não havendo consenso mínimo a este respeito. Para se ter uma ideia da dificuldade de definição, o romantismo fora definido tanto como "revolucionário" quanto como "contrarrevolucionário" – a definição, em última instância, dependia da tendência que analisava o movimento romântico. Para esse trabalho, esta definição não interessa, pois ela não explica por si o ambiente das cartas de Simón Bolívar. Melhor seria usar o termo "sensibilidade romântica" para compor o ambiente das missivas bolivarianas. Entende-se que no universo da "sensibilidade romântica" estariam imersos os "elementos românticos" detectados na narrativa epistolar. Desses elementos, podem ser destacados: a crença no heroísmo como uma virtude humana; as relações traçadas com a natureza, o pessimismo e a melancolia inerentes ao discurso.

GUERRAS E ESCRITAS **105**

análises futuras traçar a relação desse general *criollo* com um conhecido personagem literário, Dom Quixote. Miguel de Unamuno foi responsável por essa vinculação que, no entanto, se viu sugerida no epistolário do próprio Bolívar. Importa apontar essa análise de Unamuno porque o cultivo da honra, ação obsessiva do general explorada por meio da escrita, na interpretação do próprio Bolívar, lhe garantiria a imortalidade.

Ao resenhar o livro de Gil Fourtoul, *Historia Constitucional de Venezuela,* Miguel de Unamuno (1983) explica sua preferência por colocar no centro de suas análises o indivíduo. Atesta sua predileção pela psicologia à sociologia ou, então, pela biografia às obras de história geral. Dada a explicação, o autor busca as possíveis comparações entre Simón Bolívar e Dom Quixote. Para justificar de imediato tal comparação, utiliza-se de uma fala do próprio Simón Bolívar:

> Sim, espanhol e quixotesco, Bolívar foi um dos mais fiéis adeptos do quixotismo. É conhecida a anedota que li em Ricardo Palma (*Mis ultimas tradiciones peruanas y cachivacherías,* Barcelona, 1906) sobre a frase de Bolívar, quando este, em seus últimos dias, perguntou ao seu médico se ele suspeitava quais teriam sido os três mais representativos néscios do mundo, e ao lhe dizer o médico que não sabia, contestou-lhe o Libertador: 'Os três grandes néscios foram Jesus Cristo, Dom Quixote e eu'. (Unamuno, p.134)

Em sequência, Unamuno (1983) apresenta as bases para a comparação entre Bolívar e Dom Quixote a partir dos seguintes eventos: a perda da esposa, María Teresa Rodríguez Del Toro, pois, com a morte, ela se convertera na Dulcinéia de Bolívar; a atitude heroica e enérgica de Simón, quando um terremoto atingiu Caracas em 26 de março de 1821. Para reforçar seu argumento, o autor cita o próprio Bolívar: "Se a Natureza se opõe a nós, lutaremos contra ela e faremos com que ela nos obedeça"; a disposição do general em enfrentar os exércitos espanhóis para a libertação de Cuba e Porto Rico e, por fim, a capacidade filosófica de Bolívar.

Para além da questão da honra, o desejo e o cultivo da imortalidade ficaram patentes também no registro de variadas comparações discursivas tecidas por Bolívar em suas cartas. Dom Quixote não foi o único

106 FABIANA DE SOUZA FREDRIGO

personagem a ser sugerido no epistolário do general. Figuras como as de Jesus Cristo e de Napoleão também foram utilizadas em suas cartas. Em algumas sentenças, Bolívar comparou-se a essas personalidades. Em seus momentos de desencanto, a sugestão do sentimento quixotesco aparece evidente nas missivas. Nessas circunstâncias, Bolívar colocava-se como um homem só contra o mundo (e seus moinhos). A carta que segue, escrita para José Fernández Madrid, foi fiel a este tipo de construção retórica:

> Todas as nações americanas estão em marcha para a ruína, segundo as notícias que vêm de todas as partes. A federação não funciona, Buenos Aires prova isso; Chile, Guatemala e México estão perdidos. Se a Europa não pensar em nós, Deus sabe o que acontecerá. Um homem só contra todos não pode conseguir nada; e este mundo é muito vasto. (Carta para José Fernández Madrid. Bogotá, 07/02/1828. Tomo VI, R. 1.973, p.175-176. Cópia)

A figura de Napoleão apareceria em 1828, quando escrevia para Pedro Briceño Méndez:

> O Senhor diz a O'Leary como é possível que eu não trabalhe conforme a minha firmeza inexorável? E você crê que eu poderia tê-la abandonado? Não, meu querido Briceño, sou o mesmo dos anos passados e não creio que mudarei nunca porque resiste na medula de meus ossos o fundamento de meu caráter. Eu sinto que a energia de minha alma se eleva, dilata-se e se iguala sempre à magnitude dos perigos. Meu médico me diz que a minha alma precisa alimentar-se do perigo para que eu mantenha o juízo, de maneira que ao criar-me Deus, permitiu esta tempestuosa revolução para que eu pudesse viver ocupado de um destino especial. Se Madame Stael me emprestasse sua escrita, diria com ela, que sou o gênio da tempestade, como aplicou essa frase a Napoleão. Enfim, vocês colocaram-me de volta à atividade e, por conseguinte, não devem temer que eu os abandone como você chegou a suspeitar. Cumpram, pois, com o seu dever, que eu farei o meu. (Carta para Pedro Briceño Méndez. Buca, 04/06/1828. Tomo VI, R. 2.113, p.336-337. Original)

Em outra carta, tomado pelo pessimismo dos últimos anos de vida e magoado com artigos que foram publicados a seu respeito na imprensa estadunidense e na londrina, nos quais era cunhado de tirano e ditador, Bolívar escrevia uma sugestiva passagem para José Manuel Restrepo:

> Eu lhe disse do horrível ataque que sofri, pois, meu amigo, posso assegurar-lhe que veio um grito simultâneo contra mim, de um e outro polo; e o que quer o senhor? Que eu continue a fazer o papel de Jesus Cristo sem ser Deus? Isso é muito duro, meu amigo. Isso supera as minhas forças. (Carta para Manuel Restrepo. Guayaquil, 20/08/1829. Tomo VII, R. 2.538, p.277-278. Microfilme)

A aproximação entre fonte e historiografia aponta para um universo complexo e assim o demonstram as leituras que foram feitas sobre Bolívar. Unamuno não era historiador, mas sim filósofo, autor teatral e crítico literário. De qualquer modo, sua análise reforçou uma imagem presente na fonte que, não por acaso, foi criada pelo ator histórico. Assim como Unamuno, também Gabriel García Márquez tomou uma imagem construída por Bolívar e evidenciada no epistolário: a de um general perdido em seu labirinto.

Da mesma forma, no campo da História, fica evidente que, em alguns momentos, a historiografia funciona como um filtro que modifica o teor e a consistência de sua substância (a fonte) e, em outros, ela atua como o recipiente que preserva essa substância. A distância e a distinção entre a fonte e a historiografia, bem como seus pontos discursivos eleitos, não constituem o problema em si. Aqui se quer apenas, primeiro, constatar a ocorrência compreensível dessa distância e distinção, e, depois, buscar uma análise que aproxime esses pontos equidistantes da produção historiográfica (o documento e a sua análise historiográfica).

Para o que interessa a esta discussão, a *guerra de independência* foi preservada como um *ponto nevrálgico* para a historiografia, mas, ao mesmo tempo, transformou-se em fato e perdeu parte de sua força. De um lado, embora esteja presente em avaliações mais recentes, não consegue guardar o mesmo viço da fonte. De outro, em um tipo específico de história, a patriótica, a guerra ganhou inúmeras páginas, sem, contudo, iluminar o processo de independência na América.

108 FABIANA DE SOUZA FREDRIGO

Em síntese, nenhuma dessas "escritas da história", com atenção detalhada ou não à guerra, explicou sozinha o processo de independência, mas em ambas "escritas da história" o tema da guerra permaneceu como uma necessidade unânime à análise.

Propõe-se a junção e a sobreposição dessas escritas para que a história a ser produzida trabalhe com a subjetividade e com a importância dessa subjetividade na composição do jogo político. Interessa demonstrar como Bolívar, por meio de seu epistolário, participou da sua escolha para herói representativo de uma história que extrapola as fronteiras nacionais. Em outras palavras: o ator histórico colaborou com a construção de seu culto. Apesar de ter morrido desprezado, com poucos amigos, Bolívar deixava em suas cartas o testemunho de que se sabia um homem importante. No entanto, é preciso esclarecer distinções: a historiografia reconhecer nesses homens a sua importância não tem o mesmo significado que Bolívar ou seus homens apostarem em sua importância e construírem uma memória que assim lhes permitisse ser avaliados. Esses dois processos são independentes, a despeito de sua resultante ser o culto, mediador das histórias patrióticas. No caso de Bolívar, a historiografia, particularmente a venezuelana, congelou a fonte, tomou-a sem estabelecer nenhum ponto de mediação, o que deveria ser feito por meio da crítica ao documento. Mesmo assim, o que interessa não é por que Bolívar foi escolhido como representante máximo dos heróis da independência, mas como o general participou e engendrou sua escolha. Simón Bolívar acreditou que ele podia ser o homem a realizar um grande feito – a independência da América. Além de acreditar, por meio das cartas convenceu seus interlocutores e sagrou sua memória para a posteridade. O objetivo que queria alcançar – a imortalidade e a sagração de seus contemporâneos e futuras gerações – parece evidente quando Bolívar assim escreve:

> V.E. por seu traço de rara generosidade colocou-me à cabeça do exército que deveria libertar a Venezuela. Este exército, digno dos mais altos olhares, me fez triunfar por seu heroísmo na causa da liberdade.
> [...]

GUERRAS E ESCRITAS **109**

V.E. propõe-me a admiração da posteridade. Sem dúvida, esses títulos imortais devem recompensar os benfeitores de sua pátria: aí estão as cinzas de Girardot preservadas do esquecimento. O herói que pereceu no princípio de sua carreira ilustre deixou de existir tão cedo entre nós para conseguir uma vida mais duradoura na posteridade. Aí estão o excelentíssimo senhor general de divisão José Félix Ribas, o general de brigada Rafael Urdaneta, o comandante D'Elhuyar, o comandante Elias, o capitão Planes, todo esse exército de granadinos e venezuelanos, que, derramando seu sangue para romper as cadeias da opressão, têm feito suas virtudes eternas nas memórias da independência americana. (Carta para o Presidente de Nova Granada, Camilo Torres.[13] Q. G. de Puerto Cabello, 01/02/1814. Tomo I, R. 88, p.124. Copia)

Tenha o Senhor a bondade de fazer com que o general Robira e o coronel Santander persuadam-se da pureza de minhas intenções, e do alto apreço que tenho quanto às suas virtudes e talentos, sem que eu pretenda de modo algum privá-los de nenhuma das atribuições que lhes correspondem; que, pelo contrário, de minha parte, estou disposto a ceder, enquanto assim exija a saúde pública, até o ponto de servir como soldado e obedecer a quem quer que seja, porque eu cifro a minha glória em servir bem e não em mandar, em vencer os inimigos, e em ceder totalmente aos meus concidadãos. (Carta para Rafael Urdaneta. Ocaña, 27/10/1814. Tomo I, R. 105, p.143. Original)

Os heróis, assim nomeados na carta endereçada a Camilo Torres, foram mortos em combate. Quando Bolívar os nomeia, também fala de si: as qualidades que atribuiu aos heróis que elegeu, na realidade, eram qualidades que esperava de seus companheiros de armas e, mais, eram qualidades que Bolívar não tinha dúvidas de possuir. A morte durante uma batalha realizaria seu desejo de glória, pois lhe facultaria a admiração da posteridade, impedindo o esquecimento. O panteão de heróis, sugestão de Bolívar, tinha por objetivo cultivar a memória dos que derramaram seu sangue "para romper as cadeias da opressão". A glória, objeto de argumentação da segunda carta, residia em saber servir mais do que em mandar. A imagem construída é sempre a do homem

---

13 Presidente das Províncias Livres de Nova Granada, unidade federativa proclamada em 1811.

110 FABIANA DE SOUZA FREDRIGO

em ação, robusto e providencialmente protegido. Morrer ou vencer não faria grande diferença, pois, em ambas as opções, a glória estaria reservada ao general, bem como a honra e a memória da posteridade. A condição *sine qua non* para o reconhecimento futuro era uma morte digna, preferencialmente uma morte na guerra. Simón Bolívar não morreu na guerra, mas protegeu-se do esquecimento pela invencibilidade em muitas batalhas, invencibilidade essa que lhe concedeu ar providencial: era o homem certo, no lugar e hora exatos. Bolívar assim se apresentava em suas missivas, como o homem destemido que, ao enfrentar a morte, colecionava glórias para a edificação de sua honra e memória futuras:

> Nossos destinos nos chamam às extremidades do mundo americano. Para homens tão valorosos, fiéis e constantes nada é impossível. Que o universo nos contemple com admiração, tanto por nossos desastres como por nosso heroísmo! A fortuna não deve lutar vencedora contra quem a morte não intimida; e a vida não tem preço se no entanto é gloriosa. (Carta para Pedro Briceño Méndez. Barcelona, 01/01/1817. Tomo I, R. 228, p.352. Cópia)

A propósito da situação no Peru e seus inimigos, Bolívar chamava a atenção para a proteção especial que recebia, o que lhe permitia ser o guerreiro invencível e coroado de glória e honra:

> [...] Dê inteiro crédito a tudo o que disse a O'Leary, e ele deve ter repetido ao Senhor sobre as notícias do Sul. Tudo está saindo certo, tanto o [que é] favorável quanto o [que é] adverso, mas não é preciso cuidado, porque o favorável é superior a tudo, e além disso os meus inimigos são uns pobres loucos. La Mar perdeu inteiramente o juízo; dizem que está delirando; Foley morreu louco; e todos ficam loucos quando querem fazer a guerra contra mim, porque se vê que há uma Providência especial para mim. (Carta para Rafael Urdaneta. Quito, 11/05/1829. Tomo VII, R. 2.441, p.144-145. Original)

Em uma carta de anos antes, a ideia de uma providência especial para si mesmo foi expressa por Bolívar. Assim, confirma-se, por meio da repetição, uma convicção íntima do general. Melhor: mais do que uma convicção, confirma-se um argumento retórico para convencer o seu grupo de que lado ele deveria se manter, isso se quisesse vencer e angariar glória e honra. Era o ano de 1826, quando Bolívar interveio nos rumos da guerra civil na Venezuela, ameaçada pela rebelião liderada por Páez. No trecho que segue, Bolívar conclamava Páez a seguir os ditames da concórdia. Embora não se afigure aqui a ideia do guerreiro, fica patente a sua capacidade de definir os rumos da luta representacional[14] que, sem dúvida, seria encaminhada pela posteridade:

> Eu tenho vindo à Colômbia para salvá-lo e salvar a pátria de maiores calamidades, nenhuma ambição me conduziu até aqui. Consequentemente, não sei o porquê, podem me atribuir desejos de outra espécie. Tenho lhe dito desde Bogotá, sob minha assinatura, que tem servido à Venezuela, à Colômbia, ao Peru e à Bolívia, quando salvou Caracas dos males que a afligem, e que eu não quero mandar nem em Caracas, nem na Venezuela nem na Colômbia nem na América inteira. Assim, anseio demais a tranquilidade da Venezuela para que possa abandonar o mando; mas antes devemos afirmar o destino da pátria sem sangue nem combates.
>
> [...]
>
> Rogo-lhe, meu querido general, que não deixe de ouvir as palavras de concórdia, essas palavras de saúde, que se envolvem no sangue de nossos cidadãos e nos destinos de nossos filhos. Deixe de lado os que outra coisa o aconselham. Comigo tem vencido, comigo tem tido glória e fortuna; e comigo deve esperar tudo. Pelo contrário, contra mim o general Castillo se perdeu; contra mim o general Piar se perdeu; contra mim o general Mariño se perdeu; contra mim o general Riva Aguero se perdeu e contra mim se perdeu o general Torre Tagle. Parece que a providência condena à perdição os meus amigos pessoais, sejam americanos ou espanhóis; e veja você até onde têm se elevado os generais Sucre, Santander e Santa Cruz. (Carta para José António Páez. San José de Cúcuta, 11/12/1826. Tomo V, R. 1.589, p.308-311. Original)

---

14 No campo da representação, imagens simbólicas (que se afirmam por meio das artes, da literatura e mesmo da história) são construídas de acordo com determinados interesses de grupos e, embora aspirem à universalidade, tendem a estabelecer uma competição com outras imagens, posto que os grupos sociais são diversos e heterogêneos em composição e interesses. Assim, antes de definir uma única imagem para representar uma ideia ou um projeto político, aquela imagem enfrentou uma luta representacional com outras que se colocaram em seu caminho por conta de uma disputa pelo poder. (Chartier, 1990, p.17)

112 FABIANA DE SOUZA FREDRIGO

Assumida sua importância, a guerra deixa de ser um elemento puramente causal, uma vez que isso lhe reduz a possibilidade explicativa. Nesse sentido, é preciso tomar a guerra e os valores dela depreendidos como os elementos ordenadores e disciplinadores do mundo do missivista, caso se queira revelar o universo particular constituído pela correspondência e pelas ações nas batalhas em favor da independência. Junto do anterior, faz-se necessário ter em vista a construção da memória que o narrador epistolar fará de si, especialmente quando expuser, analisar e justificar sua atuação no campo de batalha. Imediatamente decorrente dessa questão, emergiu a importância de se codificar os desígnios de honra e glória atribuídos pelo missivista na construção de sua *persona*. Atribuir a si glória e honra só era possível mediante uma avaliação positiva de sua atuação na guerra. Mais do que uma avaliação positiva, associar sua *persona* à glória e à honra e conceder-lhe lugar diferenciado era também labutar por um espaço simbólico, no qual outros generais poderiam caber, instituindo certa "competição". A escolha ou a exclusão da *persona* que Bolívar estabelecia nas missivas dependeria de sua capacidade de convencimento alusiva ao fato de ser ele o general superior a todos os outros.

Dessa maneira, cada detalhe, de cada escrito, deveria considerar e explicitar a magnanimidade do general Simón Bolívar em relação aos seus interlocutores. Essa magnanimidade era exercida sempre no campo de batalha, desse lugar brotava seu vigor e sua respeitabilidade. Assim posto, Bolívar podia partilhar a vitória com os seus amigos generais, desde que fosse explícita a indispensabilidade de sua intervenção na guerra. Sem ele ou sem suas instruções, as batalhas decisórias não teriam se resolvido. Consciente ou não, fato é que, ao fazer isso, Bolívar concedia aos seus futuros leitores (biógrafos, historiadores, entre outros) a possibilidade de resolver as lutas de representação. Para herói guerreiro não haveria figura melhor e para uma historiografia iniciante, fundada com o objetivo de explicar e explicitar o rompimento com a ex-metrópole, tornara-se coerente a adoção da narrativa construída pelo personagem. É sabido que, uma vez escolhido o caminho da independência, nada demonstrava melhor o desejo de ruptura do que a guerra:

GUERRAS E ESCRITAS **113**

O sucesso coroará nossos esforços; porque o destino da América está fixado irrevogavelmente; o laço que a unia à Espanha está irrevogavelmente cortado: a opinião era toda sua força, por ela se estreitavam mutuamente as partes daquela imensa monarquia: o que antes as enlaçava já as divide: é maior o ódio que nos tem inspirado a península do que o mar que dela nos separa: é mais fácil unir os dois continentes, do que reconciliar os espíritos de ambos os países. (Carta da Jamaica. Kingston, 06/09/1815. Tomo I, R. 143, p.215-236. Cópia)

Acrescente-se ao anterior uma discussão essencial: é certo que Bolívar consagrou-se como *herói americano*. Nessa perspectiva, o general ultrapassou as fronteiras da Venezuela, sendo o personagem mais lembrado e associado à defesa e à vitória da independência na América hispânica. Inclusive no Brasil, Bolívar conseguiu reconhecimento, o que não ocorreu, em mesmo grau, com Sucre, Páez, Santander, San Martín, Miranda – homens que também fizeram do rompimento das colônias hispânicas com a Espanha seu projeto de vida. A propósito de seu reconhecimento no Brasil, um parêntese é ilustrativo. Moacir Werneck de Castro publicava em 1989, pela Editora Rocco, a segunda edição de uma biografia de Bolívar, intitulada *O Libertador: a vida de Simón Bolívar*. Duas passagens de sua apresentação merecem ser comentadas. A primeira passagem, apesar de insinuar que Brasil e América Hispânica encontram-se de costas um para o outro, marca o fim da década de 80 do século passado como um momento diferenciado, posto que a busca pela integração latino-americana passa a permitir que Bolívar seja visto pelos brasileiros como um objeto de estudo interessante. A segunda passagem, ainda mais importante, apresenta as referências bibliográficas brasileiras sobre Bolívar. A despeito da escassez, tais referências indicam o interesse brasileiro por essa liderança da independência na América do Sul, de colonização espanhola. Particularmente sobre as referências brasileiras, foram enumeradas:

[...] o *Resumen histórico* de José Inácio de Abreu e Lima, publicado pela primeira vez em 1922. Oliveira Lima tratou lucidamente do Libertador no contexto pan-americano, em confronto com James Monroe e Theodore

Roosevelt. José Veríssimo escreveu um artigo, "Bolívar, professor de energia", transcrito entre os principais trabalhos sobre o Libertador na importante coletânea publicada pela Biblioteca Ayacucho, de Caracas. Sílvio Júlio e Matos Peixoto compuseram biografias cujo mérito foi levar a figura de Bolívar ao conhecimento do leitor brasileiro, a par de poucas traduções. Os diplomatas Argeu Guimarães, Arnaldo Vieira de Melo e Nestor dos Santos Lima realizaram um valioso trabalho de pesquisa sobre Bolívar e o Brasil. Mais recente é o livro de Vamireh Chacon sobre Abreu e Lima, que destaca a presença desse patriota brasileiro na luta pela libertação da América Espanhola. (Castro, p.12)

Ainda como uma demonstração da ultrapassagem de fronteiras, no epistolário, depara-se com inúmeras passagens em que Bolívar deixava claro o desejo de estabelecer um projeto para a América, apesar de se referir à Venezuela como o solo nativo. O solo nativo devia vir antes dos outros, mas é preciso atentar para o fato de que, ainda afirmando isso, Bolívar não perdia de vista que a independência devia ser uma obra conjunta. Em meio à rebelião em Valência, *La Cosiata,* ele escrevia para o general peruano, Andrés de Santa Cruz:

> Persuada-se general da íntima ingenuidade de meu coração, e da pureza com que professo esses sentimentos verdadeiramente filhos de minha consciência, de meu cálculo e de minha glória. Eu vou fazer todo o bem que puder a Venezuela sem atender a mais nada. Façam os Senhores outro tanto ao Peru. Já que não posso prestar-lhes auxílio de tão longe, quero ao menos oferecer-lhes um bom conselho e um exemplo laudável. Primeiro o solo nativo que nada: ele tem formado com seus elementos o nosso ser; nossa vida não é outra coisa que a essência de nosso pobre país; ali se encontram os testemunhos de nosso nascimento, os criadores de nossa existência e os que nos têm dado a alma pela educação; os sepulcros de nossos pais jazem ali e nos reclamam segurança e repouso; tudo nos lembra um dever, tudo nos excita sentimentos ternos e memórias deliciosas; ali foi o teatro de nossa inocência, de nossos primeiros amores, de nossas primeiras sensações e de tudo o que nos tem formado. Que títulos mais sagrados ao amor e à consagração? (Carta para o General Andrés de Santa Cruz. Popayán, 26/10/1826. Tomo V, R. 1.565, p.281-283. Original)

GUERRAS E ESCRITAS **115**

É importante não perder de vista o contexto, afinal, a situação dificílima da Venezuela levou Bolívar a pronunciar-se desse modo. Em 1826, o apoio de Bolívar a Páez só foi possível mediante o juramento de Páez de que ele apoiaria e respeitaria a integridade da Grã-Colômbia. A visão "americanista" de Bolívar não foi questionada nem no final da vida, mesmo quando a desintegração tornava-se certa. Na realidade, o general foi vencido pelos conflitos cotidianos, sem se afastar do desejo de constituir uma "América grande e segura". Então, no projeto bolivariano, foram consideradas a unidade territorial e política das repúblicas hispano-americanas e a confederação entre os países recém-independentes como instrumentos para a defesa frente às ameaças externas.

Particularmente a confederação, tal como a pensava Bolívar, contava, sobretudo, com os territórios da América Espanhola. Seus planos de unidade, como a Grã-Colômbia e a Confederação dos Andes, deviam cuidar dos territórios nos quais o general tinha se movimentado no decorrer das lutas de independência. A esse respeito, Madariaga, um de seus biógrafos, sentenciou: "Mais, em sua política federativa, Bolívar não pensava no continente, nem sequer no ibero-americano, como hoje se diz, ele pensava na América antes espanhola. Não fazia mais do que procurar restabelecer com cimento republicano e estilo federativo o antigo edifício espanhol cuja empresa demolira com suas políticas explosivas" (Tomo II, 1954, p.290). A concepção e a organização do Congresso do Panamá representam uma emblemática iniciativa da unidade americana no século XIX. Foram convidados para a Assembleia os governos da Colômbia, México, América Central, Províncias Unidas do Rio da Prata, Chile e Brasil. Ainda, observadores da Inglaterra e da Holanda teriam assento no Congresso que se realizou em 1826. Todavia, por motivos diferentes, os representantes de Brasil, do Chile e das Províncias Unidas do Rio da Prata não compareceram ao evento (Santos, 2004, p.78-85).

Embora as propostas de unidade e confederação fossem distintas, ambas apontavam para o norte que orientou a opção política de Simón Bolívar: a centralização republicana. Luís Cláudio Santos (2004) utiliza o termo "interamericanismo" para explicar as diversas, e às vezes

116 FABIANA DE SOUZA FREDRIGO

divergentes, formas que a unidade (política e/ou territorial) assumiu, relacionando-se inevitavelmente com os nacionalismos presentes na América do século XIX. Como Bolívar aludia recorrentemente à ideia de um projeto para a "América", decidiu-se usar o termo americanismo. Ainda assim, embora o interamericanismo não seja uma denominação usada por Simón Bolívar, pode explicar as premissas do projeto do general venezuelano, tal como se observa na análise a seguir:

> Por um lado, o interamericanismo pode ser lido como uma tentativa de criação de um vínculo que reuniria todos os povos americanos em uma nação de dimensões continentais e a fragmentação da América em Estados independentes seria um atestado do fracasso desse projeto. Nessa óptica, os diversos nacionalismos americanos seriam a comprovação do fracasso da ideia interamericana. Por outro, o interamericanismo pode, também, ser entendido como um projeto de cooperação e apoio mútuo entre as diversas nações americanas, em especial em face das ameaças extracontinentais, sendo assim um ponto de suporte para cada um dos projetos nacionais particulares.
>
> Na verdade, a ideia interamericana foi, e continua sendo, apropriada e moldada de acordo com as necessidades de seus promotores em cada momento histórico. Desde as visões de Bolívar e Monroe, a ideia interamericana foi trabalhada de diversos modos e aproveitada em iniciativas que obedeceram a causas imediatas particulares, traduzindo-se em diferentes conceitos de América – a qual ora se restringia aos países hispânicos (ou parte deles) ora incluía também os Estados Unidos e o Império Brasileiro. (idem, p.31-32)

Então, interessa guardar que nos planos de Bolívar estiveram presentes partes de ambos os projetos "interamericanos", quais sejam: a possibilidade de construir uma nação de dimensões continentais para fazer frente às ameaças externas; a efetivação de uma confederação, tal como a proposta no Congresso do Panamá, que viabilizasse o apoio mútuo entre as nascentes repúblicas da América, fosse para organizar esses Estados, fosse para também fazer frente às intimidações estrangeiras. Contudo, em ambas as propostas, o fundamental, na opinião de Simón Bolívar, era manter um centro forte que instalasse a coesão administrativa, política, econômica e fiscal entre as várias regiões.

GUERRAS E ESCRITAS **117**

O americanismo de Simón Bolívar, que poderia parecer deslocado na América, era devedor dos parâmetros românticos e liberais europeus. Apesar de se reconhecer a vinculação de Bolívar com o liberalismo e o romantismo europeus, não se considera o projeto de unidade uma ideia fora do lugar, como se ela fosse inadecuada à América. Discorda-se dessa posição defendida por aqueles que associam diretamente a impossibilidade do projeto de unidade à desintegração da Grã-Colômbia, em 1831. Na sequência dessa interpretação, a falência do projeto de unidade bolivariano evidenciaria o desconhecimento de Bolívar de sua América. Seria ele a representação de uma elite que tinha os pés na América e a cabeça na Europa e que, portanto, não podia compreender os homens de seu "solo nativo". Bolívar e os outros generais que defenderam a unidade da Grã-Colômbia conheciam as dificuldades a serem enfrentadas e sabiam das diferenças existentes entre Nova Granada, Venezuela e Quito. Todavia, a unidade nasceria como um projeto do vazio de poder decorrente do processo de separação da Espanha, assim:

> Toda tentativa de estabelecimento de um projeto político tinha como pressuposto a superação desse vácuo. Visando superar essa crise de poder, por vezes denunciada nos discursos de vários políticos da época, Bolívar denunciava a problemática da presença espanhola em terras americanas, o perigo de persistência de um inimigo externo, bem como o perigo da anarquia interna.
> Dessa forma, é possível percebermos duas tendências no ideário utópico sobre a unidade da América. A primeira se circunscrevia à necessidade de conjugar interesses e alianças em um organismo único e vigoroso, capaz de fazer frente às nações de poder econômico e militar. A segunda marcava a importância da atuação no controle das diversidades internas da formação americana. (Reinato, 2000, p.115)

Tanto o federalismo quanto a unidade tinham a sua razão de existir no contexto das independências, do mesmo modo como a unidade e a defesa de um executivo forte completavam-se no interior do ideário bolivariano. Se o federalismo podia parecer menos artificial porque as regiões internas à América historicamente tiveram como centro a distante coroa espanhola e pouco estabeleceram contato entre si, desenvolvendo certo localismo, a unidade era formulada como uma política necessária que respondia às urgências da guerra e das ameaças externas. É certo que as diversidades regionais, que afetavam desde um centro menor como Caracas até um centro maior como Nova Granada, refletiam o quanto a unidade era um desafio. Na Venezuela, as divergências regionais eram reforçadas pela organização econômica e social. Em torno de Caracas, o cinturão de agricultura tropical dependia da existência e da manutenção do trabalho escravo. Também fazia parte da Venezuela a região vasta, aberta e escassamente povoada da Bacia do Orinoco, onde se localizavam os *llanos*. Ainda, os planaltos do oeste viam-se muito ligados à Nova Granada andina. Em Nova Granada, os contrastes sociais e culturais eram ainda mais acentuados do que na Venezuela. A relação com Panamá, Cartagena, Quito e Guayaquil não se efetivava como algo constante e benéfico (Bushnell, p.136-138).

Desde 1811, a Confederação das Províncias Unidas da Nova Granada aceitou o federalismo como forma de governo. As bases que o sustentavam eram: o respeito e a soberania das regiões, a definição das províncias como portadoras de direitos iguais e autonomia no que se referia à administração e à arrecadação de impostos. Ao Congresso Nacional caberia a defesa externa, a arrecadação fiscal para a guerra e as relações internacionais. Admirado por Bolívar e, simultaneamente, considerado impróprio à situação política das repúblicas sul-americanas, o modelo federalista norte-americano foi adotado na sua Constituição de 1787 e objetivava substituir os artigos da Confederação firmados em 1781. A dificuldade prática para os federalistas norte-americanos foi a de como fazer cumprir as leis sancionadas, o que exigiu o fortalecimento do governo federal. Nesse caso, o governo federalista na América do Norte surgiu como uma resposta alternativa à confederação, permitindo o relacionamento entre um governo federal forte e governos estaduais igualmente fortes e soberanos (Dolhnikoff, p.67-68). No caso norte-americano, a situação após a guerra de independência levou a um compromisso político que equilibrou a soberania estadual e a legitimidade da União. No caso da América hispânica, desfeita a ligação com um centro distante,

GUERRAS E ESCRITAS **119**

mas efetivamente definido, como era o caso da Coroa Espanhola, restou a nostalgia do centro oposta à força das elites locais que, mais do que soberania, queriam governar sem prestar contas a nenhum governo, mesmo se esse fosse um governo federal. Aí reside a defesa de um federalismo diferenciado, ou melhor, um federalismo conceitualmente modificado: na realidade, o pacto federal não significaria – e não significou na primeira experiência histórica da República da Venezuela – a inter-relação entre um governo federal forte e estados também fortalecidos, mas sim o domínio de elites locais que não patrocinaram as vinculações políticas entre o centro e as regiões que o circundavam. Por esse motivo, eram constantes as defesas de Simón Bolívar de um governo central rigidamente fortalecido que inibisse a prática do federalismo nas províncias americanas.

Um outro projeto de Bolívar, a Confederação dos Andes (que devia reunir Bolívia, Peru e Grã-Colômbia), foi abandonado porque não teve eco entre seus contemporâneos. Dessa maneira, embora se compreenda que a unidade era um projeto de difícil alcance, merece crítica o argumento que usa da dificuldade de estabelecimento do projeto de unidade e do desmembramento da Grã-Colômbia, ocorrido em 1831, como premissas sustentadoras de um discurso que aponta Simón Bolívar como um homem de corte europeu, desconhecedor da América. Os homens que, ao lado de Bolívar, sustentaram o projeto de unidade estavam imbuídos da certeza quanto à necessidade de defesa e, como não poderia deixar de ser, também acreditavam e desejavam que a unidade transformasse a América em um respeitável continente frente ao concerto europeu. Se é certo admitir que o projeto de unidade, avaliado *a posteriori*, deriva de um desejo de centralidade que escapava às possibilidade da época, também é certo que esse desejo de centralidade não pode ser tomado como um elemento esdrúxulo ao cálculo político daquele momento. O sentimento de abandono provocado pela invasão napoleônica, pelas abdicações reais e pela opção de rompimento com a Espanha, as guerras, a insegurança física e a instabilidade exigiram que a unidade fosse considerada como um elemento capaz de tornar as repúblicas hispano-americanas um agrupamento estável e governável.

120 FABIANA DE SOUZA FREDRIGO

Dessa maneira, é preciso atribuir a devida complexidade ao debate sobre a unidade, fosse ela associada a um projeto de confederação, fosse ela associada a um centro único de comando para regiões diversas. Ao matizar esse debate, evidencia-se que dizer que o "americanismo" bolivariano é devedor dos parâmetros românticos e liberais europeus não é o mesmo que atribuir a Bolívar o desconhecimento da América. Pelo contrário, ao traduzir tais parâmetros pelos quais se vê definitivamente influenciado, o general os reinventa e demonstra que o "desconhecido" em relação ao seu continente é de seu interesse desvendar. As missivas possibilitam acompanhar a lucidez de Bolívar quanto à questão da unidade. Como se sabe, o projeto da Grã-Colômbia pertencia a Bolívar e nada prezava mais do que essa unidade. Todavia, suas interpretações indicavam a clareza quanto aos problemas que dificultavam a continuidade dessa união. Em uma longa carta a O'Leary, escrita em 1829, Bolívar defendia suas opiniões e demonstrava-se capaz de avaliá-las e modificá-las diante de uma realidade desordenada:

O atual governo da Colômbia não é suficiente para ordenar e administrar suas extensas províncias. O centro se encontra muito distante de suas extremidades. Neste trânsito debilita-se a força e a administração central carece de meios proporcionais à atenção de que necessitam suas zonas remotas. Eu observo isso a cada instante. Não há prefeito, não há governador que deixe de se revestir de autoridade suprema e, na maior parte das vezes, por necessidades urgentes. Poderia se dizer que cada departamento é um governo diferente do nacional, modificado pelas localidades e pelas circunstâncias particulares do país, ou de caráter pessoal. Tudo isso depende de um todo que não é compacto. A relação estabelecida por nosso laço social está muito longe de uniformizar, estreitar e unir as partes distintas do estado. Sofremos com ele, sem poder remediá-lo, o desconcerto, e sem uma nova organização o mal fará progressos perigosos.

O Congresso Constituinte terá que eleger uma das resoluções, as únicas que lhe restam neste estado de coisas:

1. A divisão da Nova Granada e Venezuela;

2. A criação de um governo vitalício e forte.

No primeiro caso a divisão destes países deve ser perfeita, justa e pacífica. Assim que for declarada, cada parte se reorganizará a seu modo e tratará separadamente dos interesses comuns e das relações mútuas. Eu creio que a Nova Granada deve ficar íntegra, para que possa se defender ao Sul dos peruanos e para que Pasto não venha a ser seu câncer. Venezuela deve ficar igualmente íntegra, tal como se encontrava antes da união.

Por mais que se queira evitar este evento, tudo conspira para cumpri-lo. Muitos inconvenientes ele tem em si mesmo, mas quem pode resistir ao império das paixões e dos interesses mais imediatos? Eu não vejo maneira de suavizar as antipatias locais e de abreviar as distâncias enormes. Em meu conceito, são esses os grandes obstáculos que se opõem à formação de um governo e um estado só. Sempre cairemos neste obstáculo, e toca a nosso valor franquear-lhe alguma resolução. Forme-se dois governos ligados contra os inimigos comuns, e conclua-se um pacto internacional que garanta as relações recíprocas: o demais virá com o tempo, que é pródigo em recursos.

Enquanto tínhamos de manter a guerra, parecia e quase pode-se dizer que foi conveniente a criação da república da Colômbia. Sucedida a paz doméstica e com ela novas relações, nos desiludimos deste laudável projeto, ou melhor deste ensaio, [pois ele] não promete as esperanças que havíamos imaginado. Os homens e as coisas gritam pela separação, porque a falta de razão de cada um compõe a inquietude geral. Ultimamente mesmo a Espanha deixou de nos ameaçar, o que confirma mais e mais que a união não é necessária, uma vez que esta tinha outro fim que era a concentração de forças contra a metrópole. (Carta para Daniel F. O'Leary. Guayaquil, 13/09/1829. Tomo VII, R. 2.563, p.310-316. Retirada de Blanco y Azpurua, XIII, p.629)

Encampada como um projeto, a unidade permitiria a Bolívar decifrar a "sua" América. Dessa perspectiva, pode-se tomar a defesa da unidade como um dos meios para estabelecer um conhecimento verificável e útil ao projeto de poder. A um homem que atravessou três vezes os Andes, e refletiu até mesmo sobre as ferraduras apropriadas aos cavalos para essa difícil travessia, não é possível acusar de desconhecimento e de europeísmo, por mais que essa última característica faça parte de sua visão de mundo.

Visto desse outro ângulo, pode-se dizer que Bolívar queria fazer frente às forças centrífugas que colocavam em xeque o lugar da América no concerto das nações. A escolha de Bolívar pela unidade e pela centralização nasceu de sua experiência na guerra e não de suas reflexões acerca do romantismo e do liberalismo europeus, por mais que o romantismo e o liberalismo lhe fornecessem elementos para avaliar a realidade. Parece um falso problema se o olhar da elite *criolla* estava ou não voltado para a Europa. Afinal, para ex-colônias, que levavam consigo a marca da conquista e da colonização, o parâmetro de comparação não podia ser outro. Por escolha ou não, a América do Sul, por longos três séculos, foi filha do Ocidente europeu e, portanto, tinha de ter em seu horizonte a divisa desse continente. Foi essa a marca que deu complexidade à organização social e política americana. As identidades culturais tiveram de ser construídas nesse "Novo Mundo" levando em consideração a diversidade, pois, nesse mosaico, o urgente era "unir, em uma mesma comunidade de afiliação, os descendentes dos conquistadores aos descendentes dos conquistados, assim como os diversos grupos étnicos provenientes da mescla entre europeus, indígenas e africanos" (Guerra apud Santos, 2004, p.39-40).

Simón Bolívar entendia que não poderia haver paz e estabilidade política enquanto os territórios próximos à Nova Granada e ao Peru estivessem convulsionados. Nessa compreensão, a resolução das guerras, a sujeição das elites locais, a unidade e a confederação permitiriam a entrada triunfante da América no "mundo ocidental civilizado". Era esse o objetivo norteador de Bolívar, e sua execução, evidentemente, dependia do conhecimento do território, das gentes e da alma americana.

Ainda que ciente da força das elites locais e da acomodação das populações nativas às mesmas, Bolívar não deixou que a concepção de pátria como lugar de nascimento lhe turvasse o foco, fato que lhe permitiu conceber a Grã-Colômbia como um projeto viável. Sem dúvida, o anterior colaborou para que ele fosse visto como um herói capaz de ultrapassar as fronteiras de sua terra natal. É conveniente, também, anotar que a trajetória das lideranças do movimento pela independência demonstra que as ações bélicas e políticas não obedeciam necessariamente aos limites geopolíticos definidos posteriormente às guerras de independência (Prado, 2003).

Bolívar cruzou os Andes mais de uma vez e liderou tropas no território que compreendia os antigos vice-reinados da Nova Granada e do Peru. As fronteiras eram móveis e elásticas e, em alguma medida, influenciaram na ação dos homens da independência. Desejosos de uma América livre, esses generais identificavam-se sim com a qualidade de "americanos". A nacionalidade de Bolívar não era puramente localista, embora compreendesse a lógica local e a considerasse (não havia como não considerá-la diante da diversidade étnica das tropas e dos problemas políticos decorrentes dessa diversidade), motivo que o levava a escrever para Sucre:

> Eu sou todo, todo o mal. E logo depois querem que eu continue governando. Sempre seremos de um nascimento punível: brancos e venezuelanos! Com esses delitos não se pode andar por essas regiões [Peru e Alto Peru]. (Carta para Sucre. Babahoyo, 28/09/1829. Tomo VII, R. 2.585, p.342. Original)

Em suas avaliações sobre a guerra, Bolívar demonstrava saber que a paz e o futuro de Nova Granada dependiam da bonança em outros lugares da América. Desse modo, seus projetos de unidade que, em uma primeira leitura, poderiam parecer deslocados, na realidade, mostravam-se como condição para a sobrevivência política das ex-colônias espanholas. Essa condição o obriga a participar e liderar a guerra de independência no vice-reinado do Peru, ao menos, assim ele se justifica:

> Tenho além disso a apreensão íntima de que a minha marcha a Lima possa ser vista por meus inimigos com maus olhos. Houve um Bonaparte, e nossa própria América teve três césares. Esses perniciosos exemplos prejudicam a opinião atual sobre meu respeito, pois ninguém se convence de que tendo seguido a carreira militar como eles, não me encontre animado por sua odiosa ambição. Já os meus três colegas San Martín, O'Higgins e Iturbide têm provado sua má sorte por não ter amado a liberdade e, por isso mesmo, não quero que uma leve suspeita me faça padecer como eles. O desejo de terminar a guerra na América me impele para o Peru, e me rechaça, ao mesmo tempo, o amor à minha reputação; por sorte que flutuo e não decido nada, porque os dois motivos opostos me combatem com igual força. Entretanto, me inclino a pensar

124 FABIANA DE SOUZA FREDRIGO

que, se é indispensável, o *amor à pátria vencerá*, como dizem os antigos. (Grifo de Bolívar. Carta para Riva Agüero. Guayaquil, 13/04/18223. Tomo III, R. 929, p.366. Original)

Suponho que pense que nos retirar do Peru é coisa fácil e sem perigo; minha resposta é a mesma de sempre: ao perder-se o Peru, se perde todo o sul da Colômbia, e receberemos os inimigos nos *llanos* de Neiva, se pudermos. Este refrão eu repito mil vezes, porque mil vezes ao dia recebo novas provas de minha convicção. No Peru, uma vitória põe fim à guerra na América, e na Colômbia nem quatro [vitórias alcançam o mesmo objetivo]. (Carta para Santander. Trujillo, 16/03/1824. Tomo IV, R. 1.076. Original)

Além de Libertador, Simón Bolívar pretendia ser o grande decifrador da América. Se, de um lado, o desconhecimento era um dado, pois lhe era impossível conhecer tudo, do outro, a ambição de conhecer, classificar e ordenar fazia parte de seu projeto de poder. As referências à unidade americana e às guerras de independência necessariamente evocam Bolívar; o posto de herói continental é facilmente atrelado à figura do general. A evocação recorrente a Bolívar, a ponto de ele alcançar *status* de herói latino-americano, está vinculada à vitória de seu discurso epistolar, entre outros. Em particular, nas cartas, Bolívar aparecia como a liderança maior, mesmo quando, humildemente, oferecia-se como soldado. Algumas passagens do epistolário demonstram como a intenção de se colocar acima dos que lhe podiam fazer frente tornou-se o meio de patrocinar uma vitória na luta representacional, a ocorrer na posteridade:

De todos os modos teremos tropas suficientes para destruir os godos.[15] Desde então, eu nada creio em seus reforços, seus movimentos, mas seja o que for, eu estou pronto para tudo. Nada me fará parar até que eu me encontre com eles, pois estou animado pelo demônio da guerra e em curso para acabar com essa luta de um modo ou de outro. Parece que o gênio da América e o do meu destino meteram-se em minha cabeça. Por outro

---

15 Referência linguística comum à época para denominar os espanhóis na América.

lado, estou cheio das esperanças mais lisonjeiras, porque até agora tudo se realiza conforme meus desejos. (Carta para Sucre. Huaráz, 09/06/1824. Tomo IV, R. 1.105, p.162-165, Retirada de Blanco y Azpurua)

A sua glória e a de Sucre são imensas. Se eu conhecesse a inveja, os invejaria. Eu sou o homem das dificuldades, o senhor, o homem das leis e Sucre o homem da guerra. Creio que cada um deve estar contente com o seu lote, e a Colômbia com os três. Feliz da mãe que não deixa de ter um filho que lhe sirva de apoio, ainda que o mais velho a abandone como sua ingratidão o aconselha: a ingratidão de filho se entende. (Carta a Santander. Lima, 09/02/1825. Tomo IV, R. 1.167, p.251-253. Original)

Eu sou o homem das dificuldades e não mais: não estou bem senão entre os perigos combinados com as armadilhas; mas não no tribunal e nem na tribuna; que me deixem seguir a minha diabólica inclinação e no fim terei feito o bem que posso. (Carta a Santander. La Paz, 08/09/1825. Tomo IV, R. 1.274, p.436-437. Original)

Tinha pensado em não escrever ao Senhor senão de Pasto, ou de outro mundo, se as plumas não se queimassem; mas estando em Pasto tomo a pluma e lhe escrevo cheio de gozo, porque na verdade terminamos a guerra com os espanhóis e asseguramos para sempre a sorte da república. Em primeiro lugar, a capitulação de Pasto é uma obra extraordinariamente afortunada para nós, porque estes homens são os mais tenazes, os mais obstinados, e o pior é que seu país é uma cadeia de precipícios de onde não se pode dar um passo sem cair. Cada posição é um castelo inexpugnável, e a vontade do povo está contra nós, que tendo lido a eles publicamente minha terrível intimação, exclamaram que poderiam passar sobre seus cadáveres, que os espanhóis poderiam entregá-los e que preferiam morrer a ceder. Isso eu sei até pelos nossos soldados que estão aqui enfermos. Ao bispo receberam com tiros porque lhes aconselhava a capitulação. O coronel Garcia teve de sair da cidade fugindo da mesma perseguição. Nossa divisão está aqui e não faz nem uma hora que me pediram uma guarda da Colômbia por temor dos pastusos.

[...]

Pasto era um sepulcro nato para nossas tropas. Eu estava desesperado para triunfar e só por honra retornei a esta campanha. Tenha entendido que foi a minha intimação que produziu a capitulação, pois nada se sabia nem se podia saber sobre a batalha de Sucre, nem se tem sabido até o [dia] 1º. Por isso mesmo, não quero que atribuam a Sucre o sucesso de minha capitulação: primeiro porque bastante glória lhe resta, e segundo, porque é verdade e muito verdade que estavam resolutos a entregar-se sem nada saber de Sucre; e me parece que será muito oportuno que se faça na *Gaceta* um preâmbulo de nossas glórias respectivas. Sucre tinha um maior número de tropas do que eu, e um menor número de inimigos, o país lhe era muito favorável por seus habitantes e pela natureza do terreno, nós, pelo contrário, estávamos no inferno lidando com os demônios. A vitória de Bomboná é muito mais bela que a de Pichincha. A perda de ambos tem sido igual e o caráter dos chefes inimigos muito desigual. O general Sucre, no dia da ação, não conseguiu maiores vantagens do que eu, e sua capitulação não tem lhe dado muito mais vantagens do que a minha, porque, para dizer a verdade, temos nos tornado o baluarte do Sul e ele tem colhido a Cápua de nossas conquistas. Eu creio que com um pouco de delicadeza se pode fazer muita honra a Guardia sem diminuir a divisão de Sucre.

[...]

Espero que o Senhor encha a *Gaceta* de belas coisas, porque, ao fim, a liberdade do Sul inteiro vale muito mais do que aquele que se inspirou no "filho primogênito da glória". Assim se entende o que se refere a Pasto, que era o [elemento] terrível e difícil desta campanha. Não pode você imaginar o que é este país e o que eram esses homens, todos estamos aturdidos com eles. Creio que se tivessem tido chefes numantinos, Pasto teria sido outra Numância, e com isso, adeus, até Quito. (Carta para Santander. Pasto, 08/06/1822. Tomo III, R. 845, p.208-209. Original)

As cartas anteriores evidenciam a luta representacional da persona-missivista com Sucre, especialmente. Antes de comentar a narrativa, alguns esclarecimentos sobre as batalhas nomeadas na quarta carta (Pichincha e Bombona) fazem-se necessários. Simón Bolívar designara Sucre para iniciar a campanha do Sul, após a reconquista da Venezuela em 1821. Desse modo, Sucre chegou antes de Bolívar a Guayaquil, território a ser incorporado à Nova Granada. Entre agosto e novembro de 1821, Sucre empreendeu, com o apoio da "Legião Albión", a defesa da área contra os realistas. Em maio de 1822, a Batalha de Pichincha, vencida por Sucre, retirava do território de Guayaquil as tropas realistas, que foram se alocar em Quito. Em dezembro de 1821, Bolívar saíra de Bogotá para ir ao Peru, com o objetivo de conquistar o Sul por meio de uma campanha em duas frentes. Quito, Lima e Pasto, regiões a serem libertadas, possuíam muitos contingentes realistas, inclusive a população apoiava esses exércitos. De início, a entrada de Bolívar foi relativamente tranquila, pois Sucre havia retirado da região muitas tropas realistas. A Batalha de Bombona (nos vales de Bombona, na Cordilheira Ocidental, próximos à região de Pasto) deu-se neste contexto: Bolívar cuidava da região de Pasto, enquanto Sucre tentava libertar Quito. As tropas espanholas encaminharam-se para Quito, sitiada por Sucre, facilitando o trabalho de Bolívar em Pasto. Ao saber que Quito havia se rendido a Sucre, o comandante espanhol em Pasto, García, também se rendeu a Bolívar e, imediatamente, o vice-rei, Aymerich, entregou-lhe todo o território. A conquista de Pasto se deu e era inegável que os movimentos de Sucre muito contribuíram para a vitória de Bolívar, que chegou a Quito em 16 de junho de 1822, celebrando a vitória com mais uma de suas entradas triunfais. Nas cartas anteriores, embora reconheça a importância de Sucre, Bolívar, comparativamente, se coloca como figura indispensável para a libertação do Sul. Quando ele anota que a "Batalha de Bombona é muito mais bela que a de Pichincha", explicita o temor quanto à consagração de Sucre e a necessidade de construir sua própria consagração.

Mais uma vez, as missivas apresentam caminhos para a futura composição dos lugares que cada um desses homens-personagens deveriam ocupar na memória de gerações vindouras. Bolívar divisava Sucre como seu sucessor, há nas cartas menções a este desejo, no entanto, isso não o impedia de ver em Sucre um férreo competidor por glórias e honra. Visto dessa maneira, Sucre poderia retirar de Bolívar o posto central no panteão dos heróis da independência. Os fragmentos apresentados manifestam a ocorrência efetiva da disputa.

Como se desenvolveu linhas atrás, Bolívar exigia ser visto como o general líder, aquele que estava acima de todos os outros homens de comando da independência. Tal desejo seria afirmado em construções historiográficas que tenderiam a encarar os homens da independência a partir dos adjetivos que Bolívar lhes concedera. Dessa maneira, a primeira imagem que se formaria das lideranças do processo de emancipação estaria vinculada à construção de personagens afinadas com o tom que Bolívar lhes dera em sua vasta documentação (Carrera-Damas, 1969). Nesse universo, cultivado ainda no decorrer das lutas de independência, Miranda afirmar-se-ia como o precursor; Santander, como o senhor das leis; Páez, como a liderança *llanera*; Sucre, como o sucessor; e Bolívar, acima dos anteriores, como o Libertador (Reinato, 2000, p.38).

A segunda carta, escrita em 1825 e endereçada a Santander, apresentava, se não uma novidade, uma construção retórica diferenciada: Bolívar dava a si mesmo o adjetivo de "homem das dificuldades" e a Sucre facultava a qualificação de "homem da guerra". Em muitas outras passagens das missivas, Bolívar atribuía-se a qualificação que havia dado a Sucre, qual seja, a de "homem da guerra". Na carta citada, Bolívar colocava-se como alguém tomado pelo "demônio da guerra", uma guerra que deveria ser resolvida para que o general seguisse seu destino, caso contrário, o "gênio da América" não lhe abandonaria. Então, está claro que, apenas por conta da comparação, houve a necessidade da distinção: o general ficava com o posto de "homem das dificuldades" e Sucre, seu competidor que devia ser subordinado, aparecia como o "homem da guerra". Fundamental é perceber que um "homem das dificuldades" caberia em qualquer lugar, embora, em outras cartas, Bolívar afirmasse que o seu lugar estava eleito entre "os perigos" advindos da ação, ação sempre associada ao campo de batalha, à guerra. Todavia, comparativamente, o "homem das dificuldades" tinha atribuições e qualitativos superiores, servia a inúmeras tarefas: resolvia as intrigas entre companheiros, podia ser o presidente de distintas repúblicas, mesmo que efetivamente não fosse afeiçoado à prática administrativa, e comandava importantes e decisivas batalhas. Assim, o "homem das dificuldades", indubitavelmente, superava o "homem da guerra", ou melhor, o justapunha. Bolívar enquadrava em seu perfil todos os outros, daí a expressão que utilizava. Importante guardar que tais diferenças aparecem apenas por meio da comparação, uma vez que a guerra era o que definia o cotidiano dos atores históricos e, portanto, era o fundamento a ordenar ações e posições dos homens nela envolvidos.

Interessante é cotejar as cartas de 1822 e 1825, escritas para Santander, com uma outra carta, dessa vez, escrita para o próprio Sucre. A comparação continua sendo a base da narrativa epistolar. Bolívar equipara-se, inicialmente, em glórias com Sucre para, mais ao final da carta, chamar a atenção ao fato de que a ambição de Sucre devia ser ainda maior, isso se ele quisesse alcançar ou superar o mestre, no caso, o missivista. Ao tecer elogios a Sucre e compará-lo a si, Bolívar efetiva um argumento retórico no qual é ele o soberano vitorioso. Ainda, é fundamental perceber que o código de valores usado para medir a importância desses homens, mais uma vez, considera a glória e a honra. Iturbide e San Martín eram, nessa leitura, os anti-heróis, um por ter se coroado e o outro por ter defendido a monarquia. Ambos não eram dignos da glória e da consagração, essas caberiam aos republicanos. Se Bolívar assim escrevia para Sucre era porque o companheiro de armas entendia o apelo feito ao heroísmo:

> Parece que vejo o Senhor se impacientar e se irritar com todos esses temores, atrasos e operações futuras. Mas, amigo, não devemos deixar nada por fazer enquanto possamos fazer nobre e justamente. Sejamos benfeitores e fundadores de três grandes estados, façamo-nos dignos da fortuna que nos cabe; mostraremos a Europa que há homens na América capazes de competir em glória com os heróis do mundo antigo. Meu querido general, preencha o seu destino, ceda à fortuna que o persegue, não se deixe parecer com San Martín e Iturbide que deixaram de lado a glória que os buscava. O Senhor é capaz de tudo e não deve vacilar um momento em deixar-se arrastar pela fortuna que o chama. O Senhor é jovem, ativo, valente, capaz de tudo, o que mais quer? Uma vida passiva e inativa é a imagem da morte, é o abandono da vida, é antecipar o nada antes que ele chegue. Eu sou ambicioso, mas vejo que deve sê-lo um pouco mais para alcançar-me ou superar-me. Lembre-se de que tem um pai vivo que sempre se alegrará da glória do filho. (Carta para António José de Sucre. Lima, 20/01/1825. Tomo IV, R. 1.161, p.243. Retirada de Blanco y Azpurua, IX, p.520)

A guerra caracterizou e deu visibilidade ao processo de independência na América. Não há como duvidar dessa premissa. Primeiro,

130 FABIANA DE SOUZA FREDRIGO

a elite *criolla* descobriu a possibilidade de utilizar a guerra como um elemento de união interna e, segundo, percebeu que poderia usar sua experiência como um meio capaz de encaminhar a América rumo ao Ocidente. Ambos os processos ocorreram em uma sequência com objetivo de garantir a ordem frente aos conflitos étnicos e políticos bem como de estabelecer uma imagem da América que fosse confiável e promissora, tanto interna quanto externamente. Nem mesmo no fim da vida, Simón Bolívar desistiu de encarar a força – e, portanto, a guerra que lhe dava expressão – como meio importante para a produção de acontecimentos políticos favoráveis. O exército continuava sendo seu castelo inexpugnável e a solidez de um governo devia atrelar-se à atitude belicosa. Mesmo sem estar animado do espírito da conquista, a atitude belicosa era o seu elemento definidor:

> Eu não estou animado do espírito de conquista. Trato de conservar o exército, porque sem ele não poderei obter paz honrosa e duradoura. Não duvide de que a medida de enviar ministros às cortes estrangeiras é por si só insuficiente quando se trata de obter o reconhecimento da independência. Só a estrutura e a solidez do governo e sua atitude belicosa podem arrancar o reconhecimento de nossa soberania das potências de primeira e segunda ordem. A Espanha só cede à força. (Carta para Estanislao Vergara, ministro das Relações Exteriores. Popayán, 06/02/1829. Tomo VII, R. 2.378, p.66-67. Original)

Heroísmo, glória, honra e virtude, alcançados por meio da morte no campo de batalha ou pela invencibilidade nesse mesmo local, eram elementos valorativos europeus, inundados pelo romantismo e utilizados nas cartas de Bolívar como um meio para construir sua memória e para proteger a si e a seus homens da traição política de outros setores, particularmente dos que defendiam os realistas. Menos por serem elementos do imaginário romântico europeu e mais por serem a possibilidade de coesão intraelite, glória e honra foram necessárias à narrativa de Simón Bolívar. Evidente que esses mesmos elementos valorativos não foram divididos com as tropas, daí a afirmação de que a tríade eleita fora vista como uma fórmula de coesão intraelite.

Ao estabelecer a referida tríade para sustentar a análise discursiva do epistolário bolivariano, as pistas fornecidas por Lucien Febvre muito colaboraram para a compreensão histórica desse universo de valores. O interessante livro *Honra e Pátria*, organizado por Thérese Charmassón e Brigitte Mazon, veio trazer a público as anotações de aula de Lucien Febvre para um curso que foi ministrado no *Collége de France* entre 1945 e 1946. Sob o impacto da Segunda Guerra Mundial, dos acontecimentos militares e da onda de patriotismo que assolou a Europa, Febvre resolveu montar um curso, no qual pudesse explicar a gênese do sentimento de honra e da identificação de pátria. Algumas de suas anotações são muito sugestivas, pois permitem compreender que a sensibilidade que coloca a honra em ação, indubitavelmente, dita comportamentos e estabelece valores. Nesse sentido, "a honra [é] o resultado de uma pressão, aceita, do grupo, da coletividade sobre uma ou várias consciências individuais" (Febvre, p.65). De acordo com Lucien Febvre, tal sentimento estava universalmente diluído no imaginário europeu desde os tempos medievais, quando a honra era a base da relação de vassalagem e obrigava à coesão de um grupo. Além de a análise permitir perceber na honra um sentimento muito antigo, capaz de possibilitar a liga entre os grupos que o detêm, a leitura de Febvre aponta para a peculiaridade do mundo ibérico. Segundo o autor, há uma *honra à espanhola*, muito bem representada pela figura teatral de El Cid, o herói espanhol. Europeia, e mais particularmente ibérica, a descrição desse sentimento de honra se encaixa perfeitamente ao universo do missivista Simón Bolívar:

> [...] na base [encontra-se] o orgulho, esse sentimento exagerado [do próprio] valor e [da própria] dignidade pessoal; esse amor quase exacerbado que, desde sempre, é característica do espanhol. O orgulho e a vaidade, essa parenta pobre do orgulho. [Há] muita vaidade no esforço do *caballero*, do fidalgo para embelezar a imagem de si mesmo que oferece ao público. No teatro espanhol, [isso] degenera numa impiedosa lei a qual o fidalgo tudo sacrifica: parentes, amigos, presente, futuro. (idem, p.133-134)

Mais adiante, a honra, com *El Cid*, criação de 1634, do dramaturgo francês Pierre Corneille, passaria a associar-se ao dever: "Este dever é atingido por um ato de vontade de uma força incomparável. Uma peça como *El Cid* não glorifica a honra. Ela, finalmente, glorifica a vontade. [...] Os heróis cornelianos encontram prazer em demonstrar o poder turvo de sua vontade, de sua energia" (idem, p.138-139). Segundo Febvre, os franceses buscariam inspiração nos heróis espanhóis e na honra à espanhola para a construção de modelos heróicos para a sua própria sociedade.

Seguindo Febvre e alcançando François-Xavier Guerra (2000), é possível registrar que esse último autor, ao avaliar o imaginário presente na Espanha e na América em 1808, apresenta uma interessante pista. Segundo Guerra (2000), a chegada de Napoleão na Espanha e as abdicações da Coroa provocariam distintas reações. Tais reações (ao que seria encarado ora como acefalia, ora como orfandade) indicavam a relação estabelecida entre o rei e a população. Ao mapear essa relação, o autor aponta para a presença explícita de um imaginário sustentador da vassalagem. Como tal, esse imaginário – presente na Espanha e na América – traduzia a relação entre o rei e seus reinos, apoiando-se nos seguintes sentimentos: dever, honra, fidelidade e lealdade. Nesse ponto, as análises de Febvre e de Guerra convergem: no centro da relação de vassalagem (palavra muito empregada em 1808, a despeito do seu caráter anacrônico), pode-se encontrar a explicação para o cultivo de sentimentos tais como os já nomeados. Dessa maneira, esses sentimentos estavam vivos e atuantes, às vésperas da independência hispano-americana, de um lado e de outro do Atlântico. Com todas as mutações apresentadas pelo século XIX americano, ainda assim, a *honra à espanhola*, identificada e adjetivada por Febvre e traduzida por François-Xavier Guerra a partir dos imaginários espanhol e americano, contribui para desvendar ou, no mínimo, emprestar maior complexidade à análise do universo de valores sustentados na correspondência bolivariana.

Assim, expostos à guerra, os generais cuidavam para que algo lhes desse sentido à vida, uma vez que os percalços em combate podiam turvar a sua utopia de uma América independente, aceita como filha legítima do Ocidente e, ainda, civilizada e próspera. O que poderia conferir sentido à vida e ao mundo desses homens, de sua própria perspectiva, era a vitória, coroada por glórias e honras. Por esse motivo,

Bolívar confidenciava essas como sendo as suas fraquezas, que não foram abandonadas nem mesmo por conta do desengano provocado pela impossibilidade da "perfeição social". Mesmo em um momento em que suas missivas já tinham sido tomadas por um tom pessimista e desolador, o general apossava-se do tom ardente de outros tempos, quando o tema era a honra e a glória:

> O Senhor sabe que a guerra e a honra são as minhas fraquezas e por isso mesmo não duvidará de que farei todos os meus esforços para que o amor da pátria e o desejo das vitórias ocupem o vazio que nos deixará a bela quimera da perfeição social. Essa quimera, disse-me, é muito sedutora, mas o doloroso quadro de nossos desenganos vale também mais que uma quimera e mil esperanças. A história do mundo nos diz que a comoção dos povos submete-se a uma ordem forte e estável. O Senhor viu essa revolução da França, a maior coisa que a vida humana presenciou, esse colosso das mais sedutoras ilusões, pois tudo isso caiu ao término de oito anos de experiências dolorosas. (Carta para Rafael Arboleda. Bogotá, 29/07/1828. Tomo VI, R. 2.159, p.391-392. Cópia)

As comemorações das grandes batalhas (Boyacá, Pichincha, Ayacucho), as procissões cívico-religiosas, os decretos que estabeleciam a memória e o culto aos mortos ilustres representavam a delicada construção de um universo que possibilitasse aos homens dedicados a tal empresa conferir sentido às suas vidas e à sua obra. Evidente que havia nessas escolhas mais do que altruísmo. Não era possível negar a realidade cruel e negativa da guerra, era possível apenas diminuir seu impacto, invertendo seu simbolismo: ao invés da devastação, dádivas oferecidas em batalha, dádivas como a honra e a glória, canais dignos para uma consagração eterna. Esse subterfúgio era fácil de ser construído pela elite, o mesmo não ocorria entre a população, daí decorre o esforço cívico-pedagógico dos republicanos para edificar seus valores entre os "incivilizados".

De qualquer modo, a estratégia da elite era astuciosa: por meio de marcos valorativos simbólicos, organizava-se a ação. No aguardo de ser banhada pela honra e pela glória, a elite podia ver a guerra tornar-se palatável e apresentar-se como uma promessa para o alcance da independência. Assim era preciso que a guerra fosse avaliada para que esse projeto de poder alcançasse também a legitimidade popular. Nessa construção, há o esforço de duplo convencimento: primeiro, do grupo militar e, depois, da população. Em suas missivas, Bolívar não deixava de indicar aos seus companheiros de armas o quão era essencial construir uma narrativa, na qual o vínculo entre a ação *criolla* e os cidadãos comuns fosse sempre reforçado:

> Exmo. Senhor:
> Como a Nova Granada fixou sua confiança no exército que V.E. dignou-se a encarregar-me, e como a heroica Venezuela excedia-se em esforços inauditos para destruir seus carrascos, na esperança de seus libertadores, eu separado do exército e do país em que devíamos triunfar ou morrer, é meu dever apresentar a V.E. um quadro fiel dos sucessos que têm frustrado os planos sublimes que V.E. concebeu para salvar ambas [Venezuela e Nova Granada].
> V.E. sabe que ao desaparecer nossa república, ofereci de novo a nossos concidadãos voltar para Nova Granada. Não faltei a minha promessa; e o lugar de nossos primeiros libertadores foi, uma segunda vez, meu asilo, e pela segunda vez achei nela tanta amizade e proteção, quanto estava em suas faculdades conceder-me.
> As relíquias do exército venezuelano, sob as ordens do bravo general Urdaneta, vieram à província de Pamplona, para receber ajuda dos irmãos granadinos. Não os receberam então, mas sim os colocaram à sua disposição, que lhes ordenou a marchar para Cundinamarca para reduzir à ordem constitucional aquela província que, dissidente, recusava-se a participar da confederação. Santafé viu em seu recinto seus vencedores, irmãos e amigos; e, para o complemento de sua glória e prosperidade, recebeu em seu seio o governo geral da Nova Granada.
> Os povos acolheram os soldados venezuelanos com admiração e ternura, contemplando, naqueles preciosos restos de nosso solo pátrio, alguns heróis, que através de uns cem combates, tinham preservado sua honra, sua vida e sua liberdade para salvar a honra, a vida e a liberdade de seus concidadãos. Essas relíquias formaram um respeitável corpo com generosos auxílios que nos foram dados pela Cundinamarca: seus filhos engrossaram nossas fileiras; seus tesouros encheram nossas caixas militares, e os ricos uniformes vestiram nossos soldados. (Carta para Camilo

Torres. Kingston, 10/07/1815. Tomo I, R. 138, p.191-203. Retirada de Blanco y Azpurua, V, p.297)

Nessa carta redigida para Camilo Torres, chama a atenção a última parte, que demonstra um estilo narrativo adotado com frequência por Bolívar. Escrita do exílio, após a segunda queda da Venezuela, a missiva objetivou narrar os motivos que frustraram a independência desse território, o que levou Bolívar à Jamaica. Aqui interessa perceber como Bolívar vincula o destino dos heróis ao do povo e, nessa construção, a preservação da vida, da honra e da liberdade desses homens só serviria para a mesma honra, liberdade e vida de seus concidadãos, os venezuelanos. Ao aproximar os soldados heróis ao povo, a mensagem é clara: "a minha honra e a minha glória também são de vocês". Construído dessa maneira, o argumento reforça o desejo de edificar uma comunidade que, ao compartilhar dos mesmos valores, esteja unida pelo interesse comum. Apesar desse esforço, a tríade continuou sendo uma tríade de elite, o que não desestimulou Bolívar a perseguir o coletivo em suas missivas, mesmo esclarecendo que seus interlocutores privilegiados eram as lideranças do exército patriota.

Diante da resistência encontrada pelas autoridades de Cartagena, mais adiante, nessa mesma longa carta, Bolívar continua a explanar sobre a impossibilidade da vitória dos patriotas, se ele se mantivesse conduzindo o exército. Praticamente, no decorrer da missiva, justifica-se de sua opção pelo exílio e revela que, nessas condições, sua glória e sua honra pagariam por tal sacrifício:

A fortuna na campanha ainda estava incerta, os Senhores vão terminá-la nos campos inimigos, disputando os triunfos contra os tiranos. Ditosos são os senhores, que vão empregar seus dias pela liberdade da pátria! Infeliz de mim que não posso acompanhá-los, e vou morrer distante da Venezuela em climas remotos, para que fiquem em paz com vossos compatriotas! Granadinos, venezuelanos, que foram meus companheiros em tantas vicissitudes e combates, de vós me aparto para viver na inação, e já não mais morrer pela pátria. Julgai a minha dor, e decidi se faço um sacrifício de meu coração, de minha fortuna e de minha glória renunciando à glória de guiá-los à vitória. A salvação do exército me impôs essa lei; não vacilei:

vossa existência e a minha eram incompatíveis, preferi a vossa. Vossa saúde é a minha, a de meus irmãos, a de meus amigos, a de todos enfim, porque de vós depende a república.

Estes são os acontecimentos, esta é a verdade, Exmo. Senhor. Os documentos que a comprovam existem nas secretarias de V.E. ou foram interceptados por nossos inimigos internos. Conservo os originais para publicá-los, e satisfazer os meus concidadãos, que têm o direito incontestável de julgar minha conduta, e serão bastante imparciais para não me condenar. Se o fizerem, me submeterei com resignação ao seu juízo, mas eu não o temo. Estou tranquilo com a minha consciência; em meu conceito preenchi o meu dever, procurei o bem; fugi da guerra doméstica, da qual apenas me defendi, e sacrifiquei tudo pela paz. Não para oprimir a república, mas para combater os tiranos, para impedir a devastação que ameaça a Nova Granada, e para restabelecer a Venezuela, eu solicitei armas. Este tem sido o meu constante projeto, como a aprovação de V.E. [é] toda a minha esperança, e a liberdade de meus concidadãos a minha única ambição. (Carta para Camilo Torres. Kingston, 10/07/1815. Tomo I, R. 138, p.191-203. Retirada de Blanco y Azpurua, V, p.297)

Enfim, compreende-se que a guerra estabeleceu uma conduta para a elite *criolla*. Não poderia ser diferente e importa demonstrar como essa conduta afirmou-se discursivamente, tendo como elementos basais a honra e a glória. Ao partir dessa demonstração, é fundamental perceber em que medida esses elementos permitiram eleger aqueles que seriam reconhecidos entre seus pares,[16] tendo posteriormente a memória

---

16 Ainda em tempo, é bom chamar a atenção para o fato de que entre os pares de Bolívar também reinava certa heterogeneidade formativa. Talvez, Páez fosse a representação mais efetiva dessa heterogeneidade. Filho de comerciantes, que conseguiram o "certificado de brancura do sangue", José Antônio Páez veio de uma família modesta e, segundo seus biógrafos, aos dezessete anos foi viver nos *Llanos* de Apure, uma região de difícil acesso, na Bacia do Orenoco. A sobrevivência dos homens que ali viviam dependia do comércio e da criação de gado (Reinato, 2000). O meio era hostil e os homens dos *llanos*, tal como os gaúchos dos pampas, enfrentavam dificuldades que, com certeza, lhes impediam de cultivar os modos da elite *criolla*. Em sua maioria, os *llaneros* eram índios ou mestiços, que se tornaram caçadores, pescadores e pastores. Em muitas de suas cartas, Bolívar discorreu sobre o contato com *llaneros* e demonstrou a particularidade do tratamento dispensado a Páez. Esse último destacou-se, durante a guerra, por sua

estabelecida por meio das histórias de cunho patriótico – apoiadas, de um lado, na valorização e enaltecimento de alguns homens tornados heróis e, de outro, na legenda espanhola[17] responsável pela detração da ex-metrópole. A esse respeito, é importante compreender que definir o inimigo era também lhe conceder visibilidade. Simón Bolívar

---

liderança entre os *llaneros*. Páez era o chefe que esses homens respeitavam e Bolívar respeitava isso, apesar de saber da necessidade de controle desse poder local. O importante é destacar que, apesar da diferença formativa evidente entre Páez e Bolívar, havia, no líder *llanero*, adjetivos que permitiam que a sua inclusão fosse mais aceitável do que a de um *llanero* comum: primeiro, a legitimidade e o respeito que Páez conseguira entre seus homens e a diferença que esses homens fizeram para a vitória na Campanha de Nova Granada e, segundo, e muito importante, o seu desejo de se civilizar. Páez aspirava à aproximação com a elite *criolla* e seu estilo de vida. Assim, mesmo que se demarque tal diferença formativa, é fundamental considerar que Páez pôde compartilhar com Bolívar os valores da elite porque assim se dispunha. Apesar de encarar a guerra de uma perspectiva prática – era o que lhe permitia a ascensão ao poder – isso não impediu Páez de dividir com Bolívar o cotidiano do combate e portar-se como um destinatário compreensivo diante de seu código de valores. Acrescente-se ao anterior que os *criollos* não conseguiram, dado o longo tempo das guerras, suprir o contingente dos oficiais. Diante disso, muitos mestiços puderam alcançar postos na hierarquia militar por conta da sua capacidade e da necessidade de homens para o comando.

17 A legenda espanhola não era nova, apenas ganhou um reforço com a opção política das colônias hispânicas pela independência na América, sendo devidamente explorada nos discursos da elite *criolla*. Os missionários que vieram à América, em sua maior parte pertencentes às ordens mendicantes (franciscanos, dominicanos e agostinianos), produziram vasta literatura com objetivo de conhecer os habitantes do Novo Mundo e sua cultura com o objetivo de evangelizá-los e convertê-los ao catolicismo, extirpando assim suas crenças ancestrais. A literatura produzida por esses evangelizadores cuidou da relação do nativo com o seu povo e com a natureza, preocupou-se em decifrar as distintas línguas indígenas e em sumariar usos e costumes nativos. O dominicano Frei Bartolomé de Las Casas, que aportou em Santo Domingo, foi capelão militar em Cuba e, depois bispo em Chiapas, tornou-se um grande produtor de textos (apologias) que, diferente dos produzidos por colonizadores, discutia a situação dos indígenas frente à crueldade dos primeiros conquistadores e dos *encomenderos*. No século XVI, Las Casas, diante do uso do trabalho nativo e da consequente queda demográfica, denunciava a exploração dos índios e responsabilizava os *encomenderos* pela decadente situação dos nativos. É consenso que da extensa literatura produzida por Bartolomé de Las Casas, na qual se encontra a famosa "Brevíssima relação da destruição das Índias", inaugurou-se a legenda espanhola. Sobre esse assunto, ver: Bruit, 1995 e Lafaye, 1999.

não hesitou em levar adiante essa tarefa. Para tanto, os espanhóis apareceriam em suas missivas como os responsáveis pelas mazelas americanas. Em uma conhecida carta para o editor de *The Royal Gazette*, o missivista, em várias passagens, ocupou-se em construir a ponte entre a crueldade da conquista e a que se repetia em tempos de luta pela independência:

> Quanto sofre a humanidade ao ler as últimas relações dos assassinatos que têm lugar em Cartagena! Semelhantes atos afligem aos mais duros, e excitam justa execração contra aqueles que os têm perpetrado. Mas esses fatos, por mais abomináveis que sejam, não causam senão ligeira impressão comparados com o grande número de fatos semelhantes que, para a desonra do gênero humano, com tanta frequência se repetiram durante a época do descobrimento e da dominação espanhola na América do Sul e que, desde então, têm continuado até nossos dias, com tanta inconcebível crueldade. [...] Não tem sido somente a guerra de morte a que os espanhóis têm declarado contra aquele opulento império, mas sim uma guerra de extermínio, que as tropas espanholas fazem com ferocidade; sem quartel para o vencido, exercendo sua vingança contra as populações inofensivas de todas as classes e passando ao fio da espada, não só os prisioneiros mas também os civis, os anciãos e os enfermos, as mulheres e as crianças; saqueando e destruindo cidades e aldeias e a propriedade em geral sem deixar sequer os animais. [...] A pluma resiste a descrever as execráveis atrocidades do arquimonstro Boves, o devastador da Venezuela; mais de oitenta mil almas têm baixado silenciosas à sepultura por suas ordens, por seu meio e ainda pelas mãos deste canibal, e o belo sexo tem sido desonrado e destruído pelos meios mais abomináveis e de maneira mais antinatural e horrenda. Os anciãos e as crianças têm perecido ao lado dos combatentes. Nada tem escapado à fúria desapiedada deste tigre. [...] Nossos inimigos têm colocado tanto o México quanto a Venezuela a terrível alternativa de combater pela vida ou perdê-la em tormento. Submeter-se é selar nossa sorte com uma morte vergonhosa, capitular é render-se à deserção, servir-lhes é alimentar víboras em nosso seio. Não nos resta nenhuma escolha. Devemos combater com desespero e estar preparados para morrer, para que, se no fim triunfarmos, possamos contar com a nossa existência. (Carta para *The Royal Gazette*. Tomo I, R. 141, p.206-211. Retirada (e traduzida) do *The Royal Gazette*, v. XXXVII, n. 32, p.12-19, August, 1815)

Para as tropas,[18] excetuando-se delas a participação *criolla*, a realidade apresentava-se de modo distinto: honra e glória pouco importavam diante de uma terra arrasada, da ausência do soldo, da destruição dos vínculos sociais e econômicos e da possibilidade de morte, aqui vista de outra perspectiva – fosse lenta, pela fome ou pelas epidemias; fosse rápida, como um corretivo exemplar e poderoso, regularmente aplicado contra as deserções e o apoio aos realistas. Sobre essas questões, é possível retirar do epistolário riqueza de detalhes que permite entrever o cotidiano da guerra, ainda que seja do ponto de vista de um representante da elite. Por ser o missivista o representante de um grupo específico, os valores nascidos da guerra – a honra e a glória – seriam guardados para as patentes superiores. As tropas, compostas em sua maioria por mestiços, índios e ex-escravos, estariam identificadas por meio da incivilidade e da necessidade de castigo e disciplina. Uma vez analisada a escala de valores da elite, que aspirou a um projeto pedagógico, é chegado o momento de acompanhar os conflitos estabelecidos a partir da lide com os soldados, hierarquicamente inferiores e afeitos a outro universo.

---

18 Também as tropas estiveram marcadas por certa heterogeneidade formativa. É preciso que se destaque a presença de legiões estrangeiras entre as tropas que lutaram pela independência na América. Com o término da campanha napoleônica, em sua maioria, foram os ingleses que atenderam à convocação para a luta na América, animados por promessas de bom soldo e promoções de grau, tentadoras e rentáveis se comparadas às opções que tinham em seus países. López Méndez foi o oficial encarregado de recrutar esses soldados ingleses, em 1818. Hippisley, oficial inglês que logo se desentenderia com Bolívar, propôs-se a colaborar. Assim Madariarga descreve o esforço desse oficial: "Nada mais divertido do que as páginas nas quais com delicioso isolamento trata Hippisley de organizar um regimento britânico com seu espírito coletivo, seus modos, seu quarto de bandeiras, suas tradições, para servirem em circunstâncias tão adversas das inglesas. Seus uniformes de gala e os diários, suas magníficas selas de montar e correias, suas armas e bagagens luxuosas para servir junto a *llaneros* acostumados a montar em lombos e quase tão desnudos quanto os seus cavalos, a brigar com lança, a comer carne assada sem sal e a dormir no chão ..." (Madariaga, tomo II, 1953, p.610).

A borda narrativa: os conflitos entre os *criollos* e os soldados recrutados para a guerra

O conflito entre os *criollos* e o restante das tropas representa apenas parte do que vai determinar o cotidiano da guerra, apesar dessa relação ser essencial para a existência e a manutenção do exército. Antes de chegar ao discurso que permitirá compreender o conflito no interior das tropas, é preciso passar por algumas outras discussões. A primeira delas deve contemplar a formação das tropas, atentando particularmente para o recrutamento e a composição das mesmas. Avaliar como Bolívar narra as dificuldades para recrutar seus homens e montar um exército autorizará compreender como o general associaria tais dificuldades ao olhar dirigido para o soldado. Do mesmo modo, a realidade da guerra definia um cotidiano marcado pela deserção, pelas rebeliões, pela doença e pela morte. É interessante acompanhar como esses elementos consentiram à narrativa de Simón Bolívar, a despeito da incivilidade costumeiramente associada ao soldado comum, refletir sobre a humanidade desses soldados. Se a elite era retratada por meio do heroísmo, às tropas Bolívar atribuía uma humanidade selvagem: eram homens de carne e osso, com desejos básicos a serem satisfeitos. Os homens da elite também eram de carne osso, mas seus desejos não eram tão primários nem a sua urgência de realização tão necessária e desastrosa. Enfim, todos eram homens, uns heróis e outros selvagens, diferenciava-os a qualidade de seus desejos. Ponto também importante refere-se aos recursos para a guerra, isso determinava a existência e a viabilidade do exército. O constante combate entre Santander e Bolívar impôs-se justamente neste campo: o primeiro tinha de administrar um tesouro falido e explicar-se aos legisladores, o segundo tinha de se responsabilizar pela sobrevivência física de seus homens em meio às duras caminhadas pelos Andes. Para um e para outro, o dinheiro era primordial, mas como usá-lo fazia toda a diferença. Diferença que, inclusive, determinava olhares distintos à configuração e ao uso das instituições políticas e administrativas à disposição dos governantes.[19]

---

19 Sobre a existência de instituições na América, algumas ressalvas devem ser feitas. No momento das guerras de independência, entre as recentes repúblicas só se pode

Ao contemplar distintas problemáticas, a composição desse item deverá demonstrar a complexidade das construções do missivista. As incongruências, as contradições, os desvios, os escorregões saltam da narrativa epistolar, afinal, apesar de ter ciência de que construía uma memória ao narrar suas histórias, Bolívar não podia ter completo domínio de si ou do que escrevia. O desejo de construir uma memória e

---

aludir a estados em formação. Assim, política e administrativamente, cabia à elite *criolla* reconstruir as instituições na América, destruídas pela guerra e afetadas em decorrência da ruptura com a Coroa Espanhola. Até 1820, as instituições da república submetiam-se ao cotidiano da guerra, o que equivale dizer que os conflitos entre realistas e patriotas não permitiam estabelecer limites territoriais precisos. Somente após a Campanha de Nova Granada estabeleceu-se um centro administrativo regional que ficou, na maior parte do tempo (entre os anos de 1821 e 1826), sob a direção de Francisco de Paula Santander. Atente-se para o fato de que esse centro administrativo era regional, pois parte da Venezuela e o Peru ainda estavam nas mãos dos realistas. Nem a vitória de Boyacá nem o Congresso de Angostura foram suficientes para estabelecer uma organização estatal que governasse toda a Grã-Colômbia, o vice-reinado Peru e o Alto Peru. Com mais frequência, a partir de 1825, quando as ameaças externas extinguiram-se, Bolívar exporia seus pensamentos acerca do ordenamento nas regiões da América do Sul. Para esse ordenamento, não dispensaria as reformas e refletiria sobre a própria administração espanhola. A carta que segue, endereçada ao general Andrés de Santa Cruz, quando Bolívar dirigia-se à Venezuela para pôr fim à rebelião comandada por Páez, é ilustrativa desse tipo de ponderação: "Tenho recebido uma carta do vice-presidente com três páginas, na qual ele pinta o estado da Colômbia como muito confuso; mas assim que eu chegar à capital tudo se acertará, e eu darei uma vez ali as melhores ideias sobre o estado das coisas. De Páez não sei nada novo, nem de O'Leary tampouco, que está na Venezuela. Logo teremos notícias de todos, e sem dúvida, satisfatórias, porque O'Leary foi em missão pacífica, ao encontro daquele general [Páez], de minha parte e de meu governo; por isso lisonjeio-me de bons resultados. Os colombianos têm inveja do Peru porque veem que ele marcha em ordem e com meios suficientes para a sua existência. Tudo isso se deve à unidade de ação e à reforma contra o que é inútil. Sigam esse caminho e manterão sua saúde. Deus não permita que os Senhores se organizem como a Colômbia: este é um edifício semelhante ao Diabo, que arde por todos os lados. Nada de aumento, nada de reformas quixotescas que se chamam liberais; marchemos à [moda] antiga espanhola, lentamente, e vendo primeiro o que fazemos. O absurdo de instituições e leis que encontro na Colômbia, tem me aturdido de tal modo, que chego a temer a verificação do projeto de união. Isso tem se decomposto por esses malditos congressos de tontos pedantes". (Carta para Andrés de Santa Cruz. Pasto, 14/10/1826. Tomo V, R. 1562, p.274-276. Original)

de edificar valores no interior de um grupo viu-se acossado por certos limites, próprios à dimensão humana do missivista. A ciência de si e de sua importância não deve ser equiparada à onisciência. A memória sistematizada não é uma construção linear, sem atropelos, dela depende também o involuntarismo. Além de permitir demonstrar como Bolívar se concebe por meio de suas missivas, o epistolário permite acompanhar e compreender a tentativa frustrada do missivista no que se refere à ilusão biográfica (Bourdieu, 1996).

Por meio dos desvios e dos escorregões, depara-se com a narrativa que explicita a ocorrência do conflito entre as tropas e a elite. Ainda mais: os desvios possibilitam mapear o olhar eivado de contradições dirigido também às tropas. As contradições são inerentes à vida que Bolívar levava, pois sua ambientação era dupla: sentia-se bem entre a elite, era um membro dela e com ela dividia seus valores e instituía pactos. Contudo, nas campanhas, nas extenuantes caminhadas pelos Andes, nas noites de vigília, tomava contato com as tropas e nelas via a mesma humanidade que a sua. As fadigas provocadas pelo clima e por outros incidentes não poupavam os militares melhor treinados, como se soubessem que eles eram seres especiais porque donos de uma patente superior. No cotidiano da guerra, embora a hierarquia fosse um valor indispensável para a manutenção da disciplina,[20] as agruras e os limites físicos dos combatentes faziam com que Bolívar, ao menos, refletisse sobre a humanidade daqueles que, em sua opinião, eram os que contavam, os que estavam no exército, no campo de batalha, os que enfrentavam a morte, mesmo que nem sempre espontaneamente e com a mesma disposição.

---

20 A propósito de hierarquia e disciplina, em 1819, Bolívar escrevia para Santander (o grifo no texto é do missivista): "Encarrego-lhe particularmente que faça observar a mais rigorosa disciplina, mantendo sempre vigilante um conselho permanente, composto [pelos homens] do mesmo batalhão, para que castigue severamente todas as desordens e delitos que forem cometidas pelos indivíduos que fazem parte deste corpo. *Eu quero que a mais exata disciplina reine entre as tropas da República, pois sem ela perderemos de vez o amor dos povos e o moral de soldados*". (Carta para Santander. Quartel General de Pamplona, 21/10/1819. Tomo II, R. 499, p.213-215. Original)

A carta que segue é sugestiva porque indica que, para Bolívar, os cidadãos a serem considerados estavam no exército e deviam ser reconhecidos como cidadãos ativos e republicanos. Se, de um lado, a ligação entre o povo e o exército configura-se em um ardil discursivo para o convencimento do leitor, do outro, é patente a crença de Bolívar no fato de que aqueles que estavam fora do exército eram mesmo cidadãos de segunda categoria. Em sua compreensão, os que tinham valor e edificavam a república encontravam-se no exército, por isso deviam ser satisfeitos preferencial e imediatamente em suas necessidades de sobrevivência. Em comparação com os legisladores, os *llaneros*[21] aparecem na missiva inocentados do extermínio na Colômbia. Impressiona a afirmação de Bolívar sobre os homens em inércia, os que vegetam. Esses não constituíam o povo colombiano, estavam apartados do povo porque se encontravam excluídos do exército:

> Por aqui pouco se sabe sobre o congresso e Cúcuta:[22] diz-se que muitos na Cundinamarca querem federação, mas me consola que nem o Senhor, nem Nariño, nem Zea, nem eu, nem Páez, nem muitas outras autoridades veneráveis que tem o exército libertador gostam de semelhante delírio. Por fim, por fim, farão tanto os letrados que a república da Colômbia os proscreverá, como fez Platão com os poetas da sua. Esses senhores pensam que a vontade do povo é a opinião deles, sem saber que na Colômbia o povo está no exército, porque realmente está, e porque [o exército] tem conquistado esse povo da mão dos tiranos; porque além disso é o povo que quer, o povo que trabalha e o povo que pode; todos os demais são gente que vegeta com mais ou menos maldade, com mais ou menos patriotismo, mas todos sem nenhum direito a não ser outra coisa que cidadãos passivos.

---

21 Os *llaneros* estiveram presentes nas lutas de independência tanto do lado dos realistas, comandados por José Tomás Rodrigues Boves, quanto do lado dos patriotas, liderados por José António Páez. Pela leitura dessa carta especificamente, a vinculação dos *llaneros* à prática de extermínio, mesmo que fosse para liberá-los por conta da comparação com os legisladores que se encontravam reunidos em Cúcuta, indica que Bolívar referia-se aos *llaneros* que fizeram parte das tropas espanholas.

22 O Congresso de Cúcuta, que se seguiu ao de Angostura (1819), foi realizado em 1821. Depois de intensos debates e do conflito com os federalistas, como a carta mesmo indica, o referido congresso aprovou uma constituição republicana e elegeu Bolívar o primeiro presidente da República da Grã-Colômbia.

[...]

Não lhe parece, meu querido Santander, que esses legisladores, mais ignorantes do que maus, e mais presunçosos do que ambiciosos, vão nos conduzir à anarquia, e depois à tirania, mas sempre à ruína? Eu acredito que sim e estou certo disso. Por sorte não são os *llaneros* que completam o nosso extermínio, serão os suaves filósofos da legitimada Colômbia. Os que se acreditam Licurgos, Numas, Franklins, e Camilos Torres e Roscios, e Uztáris e Robiras, e outras deidades que o céu enviou à terra para que acelerassem a marcha à eternidade, não para dar-lhes repúblicas como as gregas, romana e americana, mas sim para amontoar escombros de fábricas monstruosas. (Carta para Santander. San Carlos, 13/06/1821. Tomo III, R. 730, p.77-78. Original)

Em 1820, em uma outra carta a Santander, o argumento sobre a consideração para com os que compunham o exército repetia-se e vinha associado à exigência de alocação de recursos para o pagamento desses homens. A despeito da exigência de recursos para o funcionamento de outras áreas do Estado e da existência de parcos pecúlios, Bolívar defendia a urgência em se atender àqueles homens entregues à morte e à miséria. Não eram quaisquer homens entregues à miséria e à morte, mas os membros do exército patriota. Como era comum em sua construção retórica, o missivista dividiu o argumento para melhor desenvolvê-lo. Assim, cuidar do pagamento do exército era uma questão de justiça e de interesse.

De um lado, a justiça era legitimada diante da dedução lógica sobre o serviço honrado prestado pelos soldados e os dissabores que enfrentavam. Do outro, o argumento sobre o interesse era forte e eficaz: o homem que o exército patriota perdia, certamente, seria tomado pelas forças inimigas. Daí, embora isso não seja dito explicitamente, deduz-se que o vínculo estabelecido pelos soldados com o exército patriota vinha demarcado pelas possibilidades de sobrevivência cotidiana; e, portanto, a independência e a edificação da república não eram causas nobres devidamente contabilizadas no universo dessas tropas. No entendimento de Bolívar, esses homens serviriam tranquilamente a outro exército, defensor de outra causa. Se isso ocorresse, a perda de cada patriota poderia ser multiplicada por quatro, afinal, o soldado perdido levaria consigo informações estratégicas primordiais. No que se referia à guerra de informações, muito pouco podia ser feito; com a perda de um homem, a informação ia junto e a batalha para impedir o repasse de informes sigilosos era inglória. Para Bolívar, a surpresa ao inimigo era um elemento tático indispensável, por isso o vazamento de informações era considerado fator complicador.

Mais uma vez, os valores da elite não couberam nesse outro mundo, o das tropas. Todavia, apesar de não caberem completamente nesse cosmo, tais valores o perpassavam com modicidade. Ainda nessa carta de 1820, destinada a Santander, é significativo reparar que Bolívar referiu-se ao "exército veterano", o que sugere pensar em soldados com mais treino e disciplina, por isso Bolívar se permitiu, mais comodamente, chamar a atenção para a prestação de um serviço honrado. Sua narrativa reportou-se aos oficiais de elite e às tropas veteranas. Não obstante, essas últimas, embora tivessem mérito, não se equiparavam aos generais e coronéis *criollos*. Os soldados veteranos estavam no limbo. Certamente, não eram elementos de elite, afinal, não lutavam por honra e glória; muitas vezes não era essa a causa a mobilizá-los, interessava-lhes mais o soldo. Igualmente, não eram as tropas mestiças e índias, das quais se teria notícia no Peru, nem os habitantes rudes dos *llanos*, mobilizados à custa do poder pessoal de um chefe. Implícita à narrativa, é essa premissa, a que concede às tropas veteranas um lugar no limbo, que possibilitou a Bolívar sugerir, também implicitamente, o mercenarismo das tropas e o seu desapego aos valores da elite. Segue a reprodução de parte dessa importante carta endereçada a Santander:

> Sobre o pagamento desse exército direi que ainda que fosse um frade e anacoreta sempre pensaria do seguinte modo: se alguns homens merecem o soldo são de preferência os libertadores e defensores do país, e os que estão consagrados por uma morte prematura em busca da liberdade, da honra e da conservação da vida e dos bens de seus concidadãos, a maioria destes homens morrerá no ano que vem, não é justo deixá-los morrer este ano na miséria. Esta parte é da justiça, observemos agora a do interesse e importância: este é o único exército veterano que temos; cada veterano que perdemos, o inimigo o adquire, e essa perda multiplica-se por quatro;

se [esse exército] dissolve-se ou diminui consideravelmente por causa da miséria, o inimigo entrará e esgotará [as opções para] nosso mal, porque não temos tocado em nada para o nosso bem. Assim, é de maior importância e do interesse da Cundinamarca sustentar este exército a todo custo. (Carta para Santander. El Rosário de Cúcuta, 09/05/1820. Tomo II, R. 578, p.324-326. Original)

Em 1819, Bolívar cuidava da campanha de libertação da Nova Granada, sendo muitos os combates nos Andes, e, por meio da vitória em Boyacá, entraria triunfante em Bogotá no dia 10 de agosto de 1819. Em 1820, em virtude da Revolução Liberal na Espanha, a intervenção europeia na guerra americana sofreu certo decréscimo, sem, contudo, minguar de vez. Esse decréscimo demarcou algumas vitórias para os exércitos patriotas. Em junho de 1821, na Batalha de Carabobo, definiu-se a independência da Venezuela e, em maio de 1822, na Batalha de Pichincha, foi a vez do Equador. A partir de então, a década de 1820 marcaria os trabalhos de Bolívar e Sucre no Peru e no Alto Peru. Externamente, a situação sofreria nova mudança. O Congresso de Verona, que reuniu representantes dos governos europeus, propôs a recolonização da América. A resposta norte-americana foi a Doutrina Monroe, apresentada ao congresso estadunidense em 1823. Nesse contexto, Bolívar enfrentaria a guerra no Peru que, entre os vice-reinados americanos, era o que guardava maior número de partidários aos realistas.

As diferenças, produzidas pelo contexto, quanto à montagem dos exércitos e à lide com as tropas ficam evidentes na leitura das cartas de Bolívar. Montar os exércitos entre 1819 e 1820, quando da campanha da Nova Granada, não era o mesmo que montar exércitos a partir de 1822 para lutar no Peru e no Alto Peru. Se o processo de recrutamento e montagem não é o mesmo, o tratamento dispensado a esses soldados também não seria. Simón Bolívar já havia lidado com os *llaneros*, liderados por Páez. O general tinha uma opinião sobre os *llaneros*: eram homens incivilizados, embora fossem extremamente valorosos para a vitória nas batalhas. Mesmo assim, nada pareceu igualar-se à surpresa que lhe causaram as tropas com as quais tomou contato na campanha no Sul. Os argumentos quanto à diversidade dessas tropas e quanto ao fato de que venezuelanos e colombianos eram malvistos entre elas, o que facilitava a traição e a rebelião, apareceriam de forma recorrente na narrativa epistolar.

Em 1820, após a criação da Grã-Colômbia, as tropas realistas não tinham sido completamente varridas desse território. Com a chegada de La Torre, em La Grita, região na Cordilheira de Mérida, Bolívar narrava para Santander as dificuldades enfrentadas ao lado das tropas patriotas. Atente-se para a maneira a qual o general referia-se às tropas cundinamarquesas (colombianas) e venezuelanas para que, mais adiante, perceba-se a diferença de sua avaliação, expressa no tom narrativo e nos adjetivos usados, quando a referência for às tropas peruanas. Na carta a seguir, as tropas são "boas tropas", mesmo que, anotada a ausência de soldo, não esteja excluída a possibilidade de deserção. De um lado, quando se tratava de avaliar as dificuldades da guerra e anunciar as longas e tortuosas distâncias geográficas a serem percorridas, a narrativa epistolar encontra-se com algum grau de equiparação, ou seja, essas eram agruras enfrentadas por todos os soldados, a despeito de sua "nacionalidade". Nessa circunstância, desconsiderava-se a composição das tropas – apenas nessa circunstância. De outro lado, não é incomum captar, na leitura do epistolário, a diferença que se estabeleceu entre venezuelanos, colombianos e peruanos. Nessa carta de maio de 1820, Bolívar ainda não tinha tomado contato com os soldados do sul. É preciso acompanhar a narrativa e guardar as referências feitas às tropas que lutaram na Nova Granada:

> Nossa situação nesses vales é muito embaraçosa, nossa cavalaria está a pé porque os animais morrem depois de nos terem custado sua manutenção. O dinheiro e o gado que temos não conseguem atender mais do que os hospitais, os treinamentos e as tropas disponíveis de La Guardia. Por falta de víveres e de dinheiro não podemos aumentar as forças dessa fronteira, e eu não quero expor nossas boas tropas sem ter uma vantagem conhecida sobre o inimigo. Se pudéssemos manter aqui a coluna de Briceño, já poderíamos contar com mais meios e muito mais segurança por essas partes. Mas isso se torna cada vez mais impossível em virtude da falta de gado, que no fim desse mês vai ser quase absoluta, pois Rangel já

tem vindo com sua tropa, trazendo umas trezentas reses das mais de mil que vieram pela montanha, e é isso o que pôde sair. Em geral, o gado nos sai muito caro, tanto o introduzido pelo estado, quanto o comprado em Cúcuta, porque em geral um terço dele é perdido, além do que se empregam muitos peões, ao valor de 16 pesos cada um por viagem; acrescente-se que o gado que vem por intermédio do estado é o pior.

Enfim, amigo, de junho em diante, esta divisão perece se não tiver o soldo que lhe compete, e a tempo, porque a situação destes países é esta: todo mundo é inimigo, ninguém quer servir e nem se apresentar; tudo é caríssimo e não querem nem receber a nossa moeda.

[...]

Se à falta de víveres acrescentarmos a de socorro, acabam [os soldados] por ficar mais desgostosos do que já estão. Quase todos os soldados cundinamarqueses retornaram às suas casas, os venezuelanos querem voltar às suas, de modo que nunca faltam deserções. Com isso espero que me envie o contingente mensal, retirando-lhe de onde puder. Se não, terei que empreender operações nesse exército para que ele não se dissolva; pois é a mesma situação de estar em guarnição em um país inimigo, e sem Páez poder trabalhar ativamente, como não poderá no inverno, qualquer operação se torna muito arriscada.

Os indultos e as ordens do congresso não podem ser levados a efeito rigorosamente, porque aqueles senhores estão em paz e nós em guerra. Concederam-me faculdades ilimitadas, e este é um caso para que eu as utilize. (Carta para Santander. Rosário de Cúcuta, 07/05/1820. Tomo II, R. 577. p.321-324. Original)

Também em 1820, os ex-escravos, diante da dificuldade de convencer a população ativa e livre a servir no exército, vieram somar-se às tropas. Em duas cartas a Santander, Bolívar não só pediu por esses homens como explicou seu pedido e vinculou a alforria concedida aos escravos à necessidade de guerra:

O Senhor pedirá às províncias de Antióquia, Chocó e Popayán 3.000 escravos às duas primeiras, e 2.000 à última, que sejam todos solteiros, se possível. Oferecerá a eles a liberdade assim que saiam de seu país, e dois anos depois de terem servido, lhes dará licença absoluta para que gozem de sua plena liberdade. Envie comissionados muito zelosos e ativos para

GUERRAS E ESCRITAS **149**

buscar esses homens no sul, e se tiverem boa vontade, que venham quantos queiram vir, sob as mesmas ofertas. Sobre este particular, o Senhor fará um decreto fundando-o nas razões de humanidade, política e interesse militar. Esse decreto deve ser impresso e publicado nas ditas províncias. (Carta para Santander. San Cristóbal, 08/02/1820. Tomo II, R. 537, p.273-274. Original)

As razões militares e políticas que me levaram a ordenar a vinda de uma leva de escravos são óbvias. Necessitamos de homens robustos e fortes acostumados à inclemência e às fadigas, de homens que abracem a causa e a carreira com entusiasmo, de homens que vejam identificada a sua causa com a causa pública e de homens para os quais o valor de sua morte seja um pouco menor do que o da sua vida.

As razões políticas são ainda mais poderosas. Declarou-se a liberdade dos escravos de direito e de fato. O Congresso tem presente o que disse Montesquieu: *nos governos moderados a liberdade política torna preciosa a liberdade civil; e aquele que está privado desta última também está privado da outra; vê uma sociedade feliz da qual ainda não faz parte, encontra a segurança estabelecida para os outros e não para ele. Nada os aproxima mais da condição de bestas do que ver outros homens livres e não sê-lo. Tais povos são inimigos da sociedade e seu número é perigoso. Não se deve admirar que nos governos moderados o estado tenha sido invadido pela rebelião de escravos, e que isso tenha ocorrido raramente em estados despóticos* (grifo do autor).

Está, então, demonstrado pelas máximas da política, retirado dos exemplos da história, que todo governo livre que comete o abuso de manter a escravidão é castigado pela rebelião e algumas vezes pelo extermínio, como no Haiti.

Com efeito, a lei do congresso é sábia em vários sentidos. Qual o meio mais adequado e mais legítimo de conseguir a liberdade do que lutando por ela? Seria justo morrerem somente os homens livres para então emancipar os escravos? Não seria útil que esses adquirissem seus direitos no campo de batalha, e que se diminua seu perigoso número por um meio poderoso e legítimo?

Temos visto morrer na Venezuela toda a população livre e restar a cativa; não sei se isso é política, mas sei que se na Cundinamarca não empregarmos os escravos ocorrerá outro tanto. (Carta para Santander. San Cristóbal, 20/04/1820. Tomo II, R. 568, p.308-309. Cópia)

150 FABIANA DE SOUZA FREDRIGO

Comece-se a análise da carta pelo grifo de Bolívar, quando da referência a Montesquieu.[23] Curiosa é a comparação que pode nascer dessa citação. A citação de Montesquieu e os argumentos de ordem política apresentados por Bolívar, embora se associem à conjuntura específica da América espanhola, possibilitam comparação com argumentos presentes na América portuguesa. A rebelião de escravos no Haiti, em fins do século XVIII, cujas exigências foram a independência de Santo Domingo e a abolição da escravatura, permitiu que o medo das inquietudes étnicas alcançassem outros recantos da América, alterando o discurso e a prática das elites. O haitianismo incomodou também à elite luso-brasileira e argumentos civilizadores, assim como os de Bolívar, estiveram presentes nos discursos de um importante ilustrado brasileiro, que se envolveu no processo de independência. Trata-se de José Bonifácio Andrada e Silva. Como se sabe, assim como Bolívar para a América hispânica, José Bonifácio esteve presente nas análises sobre o processo de independência no Brasil. A extensão bibliográfica alcança igualmente esse tema (o das independências) na historiografia brasileira. Outrossim, a figura de Bonifácio foi em tal grau apropriada pelos seus contemporâneos e pelos que lhes seguiram que Emília Viotti (1999) entendeu ser importante investigar a "lenda Andradina".

Apesar do choque da elite imperial, Bonifácio não poupou seus discursos de temas candentes para as primeiras décadas do século XIX, tais como: a civilização dos índios, a abolição gradual da escravatura[24],

---

23 Catalogado entre os pensadores iluministas, Montesquieu (1689-1755) foi escritor, jurista e colaborador da *Encyclopédie*, publicada por Diderot em Paris entre os anos de 1751 e 1772. Entre suas obras de maior interesse, deve-se destacar *O espírito das leis*, de 1748, na qual analisava as formas de governo (monarquia, república e despotismo). Bolívar manteve bibliotecas em vários lugares, algumas coleções eram itinerantes como ele. Pérez Vila localizou oito listas de livros nas diversas bibliotecas formadas por Simón Bolívar. Das obras encontradas na sua residência em La Magdalena, próxima a Lima, entre outros nomes iluministas, Vila listou a presença de Montesquieu e um exemplar de *Espíritu de las leyes* (Belloto; Corrêa, 1983).

24 É sabido que houve concessões de terras às tropas e tentativas de abolição da escravatura na Grã-Colômbia. Sobre esses pontos, alguns comentários são importantes. Primeiro, as concessões de terras às tropas não foram significativas. Segundo, a escravidão não foi abolida de uma só vez, mas o recrutamento dos negros para o exército, o fim do tráfico de escravos e a emancipação limitada pelo

o fim do latifúndio improdutivo. Homem que professava os ideais da Ilustração, não qualquer Ilustração, mas a de matriz pombalina,[25] Bonifácio não pensava, com toda certeza, em nenhuma revolução, mas sim em possíveis *reformas* que permitissem a manutenção do *status quo* brasileiro como Reino Unido a Portugal e Algarves. Nesse sentido, seus projetos sociais incômodos visavam, exclusivamente, a modernização das arcaicas estruturas econômicas luso-brasileiras. Todas essas reformas estiveram anunciadas e analisadas nos escritos políticos de José Bonifácio, desde que ocupou o cargo de vice-presidente da Junta Provisória de São Paulo. Esse breve registro da possibilidade da comparação confirma a circulação de ideias. Nesse sentido, há no epistolário manifestações individuais, mas que, indubitavelmente, estão associadas a um coletivo.

Ao retornar para a análise da carta, o primeiro alerta refere-se às opções de alforria: embora a libertação dos escravos obedecesse às razões de ordem militar e política, Bolívar não deixou de avisar a Santander sobre a importância de expor as razões humanitárias no decreto. Da mesma forma, não deixou de citar Montesquieu, quando comentou as decisões legislativas. Na ordem de prioridades para a confecção do decreto, as razões humanitárias apareceram

---

Congresso de Cúcuta minaram esse tipo de relação de trabalho. O número de escravos decresce, mas é preciso ter em conta o caráter gradual das medidas para a abolição da escravatura. Segundo Malcom Deas: "Destituída de importância durante muito tempo no Equador, seu papel em diversas tarefas na Venezuela e na Colômbia tinha sido maior do que sugerem os números – 42 mil e 45 mil escravos, respectivamente por volta de 1830. Mas nenhuma atividade com base na mão de obra escrava foi iniciada em qualquer das repúblicas e, em muitas regiões, a antiga autoridade nunca foi realmente restabelecida" (Deas, 2001, p.513).

25 Diferente do que vicejou em solo francês, o iluminismo ibérico teria caráter pragmático e reformista, depurado do que se considerava como exagero revolucionário. O iluminismo pombalino (1750-1777) tinha objetivo claro: reformar o estado português, alcançando maior racionalidade administrativa, o que poderia significar obter do mundo colonial maior produtividade e dividendos econômicos. Desde a crise de meados do século XVII, Portugal se obrigava a pensar em uma saída honrosa da difícil situação política e econômica em que se encontrava; o restrito iluminismo do Marquês de Pombal veio servir a esses objetivos, o que ressalta seu caráter instrumental em favor do Estado (Silva, 1999, p.138).

em primeiro lugar. Simón Bolívar guardava a postura de estadista e cuidava de sua imagem de homem público, mesmo usando de sinceridade ao discorrer sobre as razões políticas e militares para a convocação de escravos. No que toca a essas razões últimas, o general manifestou argumentos representativos de toda a elite: o medo às rebeliões étnicas e o controle demográfico dessa população. A necessidade da guerra tornava legítima e urgente a utilização de tais homens nas tropas. A esses homens não caberia honra ou glória, mas a luta por sua liberdade. Considerando o fato de a liberdade condicionar-se à capacidade de sobrevivência na guerra, ainda assim, ela foi o motor de convencimento para que os escravos compusessem as tropas patriotas.

Para a expedição no Peru, ficam evidentes as dificuldades de recrutamento e a mudança do tom narrativo de Simón Bolívar. Na missiva a seguir, encontram-se as referências ao recrutamento nas regiões de Quito e Guayaquil, pertencentes à Nova Granada:

> Temos feito gastos infinitos e temos chamado inúmeros recrutas para poder mandar 6.000 homens ao Peru. Só deixamos 1.000 homens de infantaria e cavalaria e 200 artilheiros. Cuido para formar três batalhões de gente do país, mas para nada servirão porque, ao mover um corpo de um lugar a outro, todos desertam, assim foi quando de 10.000 recrutas conservamos 1.000. A maior parte dos recrutas que enviamos a Lima é casada e tem filho, porque se casam muito cedo os homens desse país, por isso não se pode contar com os solteiros. Direi ao Senhor, imediatamente, que esgotei o manancial de meu rigor para juntar os homens e o dinheiro para a expedição no Peru. Tudo tem sido violência sobre violência. Os campos, as cidades têm ficado vazias sem ter como retirar dali 3.000 homens e conseguir duzentos mil pesos. Eu sei melhor do que ninguém até onde pode ir a violência, e ela tem sido empregada em plenitude. Em Quito e Guayaquil tem-se tomado todos os homens, em todos os tempos e em todas as ruas para conseguir recrutas. O dinheiro tem sido conseguido à força da baioneta. A causa de tudo isso é que esta gente não está acostumada a fazer sacrifícios, e o inimigo está a 300 léguas daqui. Eu lhe digo isso para que saiba que jamais tenho deixado de fazer tudo o que é possível, sem deter-me por nada, e que quando recorro ao governo é

GUERRAS E ESCRITAS **153**

porque não há outro remédio. Este país é o mais caro e a tropa não recebe nem um peso ao mês. Todo mundo recebeu a metade do pagamento e o exército recebeu apenas um terço. (Carta para Santander. Guayaquil, 15/04/1823. Tomo III, R. 934, p.371-373. Original)

A carta não diz aberta e claramente, mas nela está presente a resistência dos homens comuns em se mobilizar para a guerra. Não tinham muito a ganhar com o combate e, como sugerido, o código de valores que unia a elite não era suficiente para convencer a população a enfrentar a disciplina militar. Dever, liberdade e ordem não pareciam princípios capazes de persuadir os homens. Restava a violência e, assim mesmo, a violência e a vigília dos oficiais superiores não impediam as deserções nem as rebeliões, em um pior contexto. O tom adotado por Bolívar – e a mudança de tom é visível, se comparada às missivas anteriores – tinha um objetivo: convencer Santander da necessidade da intervenção do governo da Nova Granada, especialmente enviando capital. Mesmo considerando o objetivo de convencimento, expresso ao final da carta, quando Bolívar explicava que "quando recorro ao governo é porque não há outro remédio", não é apenas o desejo de convencimento o único responsável pela mudança de tom. O emprego da violência e o confisco das rendas, tal como narrados na epístola, registram a atuação de Simón Bolívar e de seu exército – atuação sem novidade, mas que, nesse momento, tinha seu grau aprofundado.

O recrutamento necessariamente utilizou a violência, não houve outro meio. Em sua maioria, os recrutas enviados, segundo informe do missivista, foram homens casados, pouquíssimo afeitos à instabilidade da vida militar. A destruição das famílias, dos campos e das cidades também ficou validada na carta. Dessa forma, a narrativa possibilita concluir que, embora alguns exageros possam ser atribuídos ao anseio de convencimento, outros mesmos exageros não eram medidas de exceção ou de persuasão, mas sim ações cotidianas no teatro da guerra.

Especificamente sobre os soldados peruanos, a narrativa de Bolívar tornava ainda mais ostensiva sua irritação na lide com esses homens. Os sacrifícios, fáceis de exigir de militares treinados, sequiosos por honras a creditar em seus currículos, não eram o costume "dessa gente":

Esse país pode manter por um ano um exército de 8.000 homens, se coberta toda a serra do Baixo Peru, mas sem dinheiro não há soldados contentes, nem descontentes tampouco; porque sem o que é preciso não há existência possível.

A gente desse país é muito saudável, mas muito inimiga do serviço, e assim será muito difícil formar um exército em todo o Baixo Peru. Esses homens estão como no princípio do mundo. Em San Marcos, as mulheres tomaram os homens que levávamos como recrutas. (Carta para Tomás de Heres. Cajamarca, 14/12/1823. Tomo III, R. 1.019, p.519-521. Cópia)

Diante desse panorama, o recrutamento sem violência redundaria em fracasso, uma vez que nem pagamento o exército conseguia mais receber. Tarefa urgente e indispensável, a composição das tropas lidou com um elemento desagregador: a ausência de vontade de lutar daqueles homens despossuídos, inclusive de formação militar. Não haveria catequese intensiva capaz de convencer as populações sobre o fato de que a separação da Espanha lhes permitiria uma vida melhor – havia um contraste com o que viam, um panorama de destruição e morte. As tropas precisavam ser muitas e não havia homens em grande número dispostos para tal tarefa.[26] Sua diversidade, devido ao recrutamento compulsório e apressado, e a falta de recursos foram temas que invadiram as cartas de Bolívar no cenário de guerra peruano:

O campo de batalha é a América meridional; nossos inimigos são todas as coisas; e nossos soldados são homens de todos os partidos, e de todos os países, cada um tem uma língua, sua cor, sua lei e seu interesse a parte. Só a Providência pode ordenar este caos com o seu dedo onipotente, e até que eu não veja isso não acredito em milagre. (Carta para Tomás de Heres. Cajamarca, 14/12/1823. Tomo III, R. 1.019, p.519-521. Cópia)

---

26 Segundo Heraclio Bonilla (2001, p.541), apoiado no *Guía de Forasteros* publicado em 1828, o Peru contava à época de sua independência com uma população de aproximadamente 1,25 milhão de habitantes. O número de habitantes por departamento esteve assim definido: Arequipa, 136.812; Ayacucho, 159.608; Cuzco, 216.382; Junín, 200.839; La Libertad, 230.970; Lima 148.112; Puno, 156.000.

O negócio da guerra no Peru requer uma contração imensa e recursos inesgotáveis. Não é possível executá-la sem uma grande massa de tropas: para essas tropas não creio que os recursos sejam proporcionais, a menos que os reunamos todos com muita antecipação, muita proporção e muita inteligência. Necessitamos, antes de tudo, de conhecer o país e contar com os meios: depois, colocar esses meios à disposição, empregá-los. Sobre tudo isso, eu rogo-lhe, meu querido general, que me ajude, com toda a sua alma, a formular e a levar este plano a cabo. Se não for o Senhor não terei ninguém que possa me auxiliar intelectualmente. Pelo contrário, reina um deslocamento de coisas, homens e princípios, que me desconcerta a cada instante: isso chegou a desanimar-me várias vezes. Só o amor à pátria me devolve o brio, que perco ao contemplar os obstáculos.

[...]

Com tudo isso, estamos sem dinheiro, apesar das belas esperanças que tínhamos; tampouco temos notícia da expedição do Panamá, não podemos contar com mais de 2.000 homens das tropas de Riva Agüero; o país é patriota, mas não quer o serviço militar; é bom, mas apático, tem víveres, equipamento militar, mas não os quer disponibilizar, ainda que possam ser tomados à força. (Carta para António José de Sucre. Cajamarca, 14/12/1823. Tomo III, R. 1.020, p.521-523. Retirada de Blanco y Azpurua, IX, p.183)

A carta endereçada a Heres expunha a diversidade da composição das tropas e o aturdimento que essa mesma diversidade causava ao missivista, a ponto de ele creditar apenas à Providência uma solução e um ordenamento possíveis. Para Sucre, Bolívar narrava as dificuldades que viriam ao assumir as operações de guerra no Peru. O tom da carta, apesar de aflito, não tem o desejo de convencimento, como as que eram enviadas a Santander. Na missiva destinada a Sucre, o tom usado era o de um pedido urgente de ajuda, que incluía reconhecer o território e angariar recursos. Desse discurso, se desprende que, de acordo com Bolívar, os recursos, todos os que fossem conseguidos, deviam voltar-se para a organização da guerra.

Essas primeiras cartas, escritas quando do preparo para a guerra no Peru, evidenciam a resistência encontrada entre os homens da região, fossem elementos da elite, fossem da tropa. A ausência de um exército disciplinado para a guerra fica patente quando Bolívar refere-se ao fato de os homens não quererem o serviço militar. Com exceção de parte dos soldados que viriam da Colômbia e da Venezuela, reinava entre a tropa o despreparo, o descontentamento e o "deslocamento de princípios".

Em novembro de 1823, em outra carta para Tomás de Heres, Bolívar, já em campanha no vice-reinado do Peru, comentava sobre a reação dos habitantes. A missiva evidencia a resistência da população em facultar seu apoio ao exército patriota. Diante da escassez de recursos humanos, essa mesma população, mais especialmente homens, deveria compor os exércitos. Com esse dado, torna-se compreensível a dificuldade de recrutamento e explica-se, embora sem justificar, o uso indiscriminado e arbitrário da violência, o que se resumia em um serviço militar compulsório:

> Necessitamos de muita política e muita moderação para que este povo não se faça inteiramente realista. Por isso mesmo, o dinheiro é necessário para suprir as contribuições que não podemos nem devemos deixar a estes desgraçados homens, pois aqui a época da pátria tem sido a época do crime e do saque. Candidamente, os habitantes têm me confessado que eram mais bem tratados pelos espanhóis; assim voltariam com gosto para seu jugo.
>
> [...]
>
> Muito tem sofrido a tropa nesta marcha, alguns membros do batalhão peruano desertam, e mais de 3.000 colombianos ficaram doentes. O coronel Otero com seu batalhão marcha para Huánuco para submeter o congresso das províncias de Conchucos, Huamalíes e Huánuco; nossa cavalaria marchou para Caraz e nossa infantaria seguirá, dentro de quatro dias, para Trujillo. O país nos recebe com entusiasmo, mas nos dá muito pouco ou nada. (Carta para Tomás de Heres. Huaraz, 25/11/1823. Tomo III, R. 1.011, p.503-505. Cópia)

Nas cartas seguintes, a tendência seria a descrição de um panorama ainda pior, marcado por rebeliões internas às tropas e conflitos com os chefes locais peruanos:

> Amigo: este mundo está desmoronando. Não conte mais com o Peru para o teatro de operações militares da Colômbia. Tudo está perdido de fato: Lima, Callao, marinha e províncias do Norte, por consequência de

uma série de faltas e de crimes imperdoáveis. Este país está contaminado pela peste moral. Nos cinco meses em que eu tenho estado aqui, tenho visto em cada um cinco prodígios de maldade. O primeiro foi a divisão de Santa Cruz e a de Sucre não se reunirem, resultando na perda do exército, em uma simples marcha. Segundo, a guerra de Riva Agüero contra nós e sua traição em favor dos espanhóis. Terceiro, a falta dos chilenos e sua deserção do exército unido contra as minhas ordens e as de seu governo. A quarta, o levante da esquadra do Peru contra o seu governo, as violências praticadas pela divisão do Chile, e as leis que nos impuseram nas costas de Trujillo. Por último, o levante de soldados e sargentos dos corpos do Rio da Prata, que faziam a guarnição de Callao, contra seus oficiais e chefes para entregar as chaves do Peru aos espanhóis para que esses tomassem a real posse.

Eu temo, diante do aspecto de enormes atentados, por nossas tropas colombianas, pois este contágio é mais poderoso do que muitos elementos físicos e morais que podem influenciar nas ações humanas. O último, sobretudo, tem uma influência imediata sobre o soldado pobre, faminto e despido, o qual muito há de ser temido na presente situação das coisas. O governo e os civis não querem acreditar que o exército se compõe de homens de carne e osso, que necessitam de tudo e têm paixões que devem ser satisfeitas. Cada canalha quer ser soberano; cada canalha defende a fogo e sangue o que tem, sem fazer o menor sacrifício. Isso eu digo em relação ao Peru e à Colômbia, e mais ainda em relação a Quito, que é o espelho do egoísmo.

Não tenho que lhe acrescentar nenhuma palavra sobre o que tenho lhe dito o ano passado; só me resta advertir que chegou o tempo das calamidades que previ e avisei, e estou decidido a não ser instrumento nem espectador dessas calamidades: porque eu não quero ser vítima de ninguém, por nada. Cansei-me de predicar a este governo e ao da Colômbia: não tenho conseguido nada; e isso é ainda pior em relação ao povo que é mais surdo do que os governos. Tudo o que comporta à minha honra, eu já fiz pela saúde da pátria: é impossível sacrificar-me mais a ponto de meter-me a Nero para o bem dos outros, e outros que não querem ser simples cidadãos. Eu irei para Bogotá e isso se perderá absolutamente e se perderá o Sul da Colômbia, sem que haja poder humano que o evite. Duvido que Sucre queira se encarregar do mando, porque ele prevê, assim como eu, que vai ser envolto numa ruína comum. Por suposto, as desobediências, as insurreições, e as divisões se multiplicarão ao infinito, isso no que diz respeito a nós, porque em relação aos aliados tudo será traição, e quando

158 FABIANA DE SOUZA FREDRIGO

menos deserções. Não duvide, meu querido general, que aquele que se encarregar do mando desse exército será sacrificado. (Carta para Santander. Pativilca, 10/02/1824. Tomo IV, R. 1.067, p.79. Original)

Essa longa missiva, endereçada a Santander, sintetiza os pontos discutidos neste capítulo. Imediatamente, fica demonstrado o desconforto de Bolívar com as operações de guerra no Peru, país, segundo ele, contaminado pela peste moral. A aceitação de sua liderança nesse território não foi tranquila e o general sabia disso. Diferente da Colômbia e da Venezuela, alcançar consenso no Peru, mesmo entre parte da elite que defendia o rompimento com a Espanha, foi tarefa árdua, ainda mais porque, no interior dessa elite, Bolívar tinha de lidar com a sombra de San Martín. Não por acaso, esse general "argentino" adentraria no universo das missivas bolivarianas como o anti-herói, o exemplo do que não devia ser seguido. O descontentamento de Simón Bolívar viu-se delimitado por seu desentendimento em dois campos: com as tropas, desentendia-se porque não se conformava com sua diferença; com a elite, desentendia-se porque se sentia ameaçado, posto que a sua não aceitação – expressa, entre outros atos, no tratamento dispensado aos seus aliados – deixava-lhe alerta às possíveis traições. A percepção quanto à diferença das tropas peruanas só era possível porque Simón Bolívar possuía como referencial outras tropas, compostas por venezuelanos e colombianos. A diferença que pôde ser captada não tinha a ver apenas com a capacidade de obediência ao comando e com preparo e disciplina para o trabalho por parte das tropas. Na narrativa de Bolívar, fica patente o desconforto com a diversidade étnica. Seus argumentos vinham recheados de avaliações preconcebidas, balizadas pela desconfiança na fidelidade de homens índios e mestiços. Assim como os *llaneros* precisavam de uma liderança que lhes cobrasse a fidelidade – e, para isso, Bolívar tinha Páez, portanto, sua relação com essas tropas era indireta –, o mesmo ocorria com índios e mestiços. Contudo, em relação a esses últimos não havia uma liderança da confiança de Bolívar para assumir a tarefa de mediação, tal como Páez a assumia frente aos *llaneros*. Sucre, o homem de confiança de Bolívar, também era visto no Peru como um "estrangeiro".

GUERRAS E ESCRITAS **159**

A ideia do contágio aponta para outra questão também importante: nem mesmo as tropas colombianas e venezuelanas estavam a salvo das rebeliões internas. Essas tropas podiam ser contagiadas, colocando em andamento a rebelião. De um lado, algo unifica e concede um sentido de comunidade a venezuelanos, colombianos e peruanos. A despeito do protonacionalismo, a pobreza e a fome edificavam o senso de comunidade entre os homens de carne e osso que deviam ser temidos, caso suas paixões não fossem satisfeitas. Por outro lado, para Bolívar, algo também diferenciava colombianos, venezuelanos e peruanos, daí fazer sentido a ideia de contágio. Em seu ambiente, venezuelanos e colombianos não seriam capazes de demonstrar o mesmo grau de debilidade moral e física. Se havia ameaça de assim o fazerem naquele momento, era porque o contágio mostrava-se eficaz e poderoso. Nesse universo, outra dedução parece ainda mais essencial, a despeito de seu caráter surpreendente: o desespero de Bolívar nascia da avaliação de que homens de carne e osso, famintos e desnudos, de algum modo, tinham legitimidade para se rebelar. Embora tal ato tivesse de ser contido com força e violência, punido exemplarmente para a manutenção da disciplina, Bolívar refletia sobre a situação desses homens e, mesmo sem dizer abertamente, os entendia, sem lhes perdoar o delito – nesse caso, compreensão não induzia, em linha reta, ao perdão. Em questões de guerra e Estado, as exceções podiam tornar-se uma temeridade. A escrita permite entrever esses conflitos cotidianos, que demarcavam uma experiência singular na guerra.

O conflito entre as tropas e a elite *criolla* foi captado no epistolário a partir de algumas manobras metodológicas. Não se pretendeu produzir a história dos vencidos. Esbarrou-se na dificuldade de buscar os rastros do que não estava registrado; não se possuía uma narrativa produzida pelas tropas compulsoriamente recrutadas. O que foi dito sobre os "soldados rasos", presos a uma hierarquia inferior, chegou, ao presente, depurado por outros atores históricos. Os amanuenses de Bolívar e os seus companheiros mais graduados, por meio de seus diários, tinham o que dizer das tropas. Todavia, as tropas não conseguiram deixar documentação que revelasse um pouco melhor seu universo. Mesmo que essa documentação estivesse disponível, também estaria eivada de contradições, mas, provavelmente, teceria um discurso diferente do de Bolívar. Assim, o que se acompanhou foi o olhar – observador que seja – de um membro da elite *criolla* sobre seus soldados. O que pôde ser captado e mapeado emergiu de um discurso implícito, subentendido. Conseguir dar vida ao conflito exigiu atentar para os desvios da narrativa epistolar bolivariana. Exatamente nos momentos em que a construção da memória apegou-se ao desavisado, as considerações importantes sobre as tropas puderam ser observadas. As bordas da narrativa permitiram desvelar o conflito e apresentá-lo por vias tortas, mas eficazes.

As contradições da narrativa de Simón Bolívar são inerentes à sua ambientação: apesar de ser parte da elite *criolla*, ele conviveu com as tropas, o que lhe permitiu refletir sobre elas e ponderar sobre a sua existência concreta, de carne e osso. Além da percepção dessa dupla ambiência, a narrativa epistolar sobre as tropas interessa porque também a elas Bolívar concedeu um lugar de memória. As tropas não precisavam ser lembradas, o lugar que lhes cabia era o do esquecimento. Apenas os generais *criollos*, pactuantes do código que vinculava honra e glória à guerra, deveriam aparecer no panteão dos heróis e fazer parte do ensinamento cívico da República. Não havia porque sequer nomear batalhões com os nomes de homens comuns, mesmo se fossem valorosos. Assim as tropas passaram à história. Elas apresentam-se como subalternas não apenas por falta de documentação ou por serem mesmo consideradas hierarquicamente subjugadas. Elas aparecem em um plano inferior porque a elas foi legado esse lugar de memória. Se lembradas, ao contrário do aprendizado cívico carregado de positividade, levariam consigo depreciações. Deserções e rebeliões seriam vistas como uma ameaça à ordem e, quando o empreendimento da independência tivesse de ser louvado, qualquer ameaça devia ser observada com negatividade. Do mesmo modo, a morte de soldados comuns não produzia a glória e a honra, invariavelmente dedicadas aos oficiais de alta patente. Nessa fronteira porosa, em que os atores históricos se movimentam e interagem, está demarcado o conflito: subterrâneo, subentendido, implícito. A imagem das tropas no epistolário compõe o lugar que lhes foi atribuído; Simón Bolívar construiu lugares de memória simultaneamente. Nesses lugares, generais *criollos* e soldados comuns, em sua maioria elementos das tropas recrutadas compulsoriamente, assumiram posições contrárias, demarcadas pela distinção narrativa e pelo estabelecimento dos rituais cívico-religiosos.

Mesmo depois de exposto à crítica, a leitura do epistolário permite compreender como as premissas nele veiculadas puderam ser adequadas às narrativas posteriores, ainda que boa parte dessas narrativas fosse desprovida de teor crítico. A relação de Bolívar com as tropas recrutadas ou com os membros da elite facilita a aquisição da ideia de que era ele o homem das dificuldades e da guerra – figura providencial em meio ao furacão revolucionário. O leitor é levado a dar crédito a esse perfil, quando tudo o que lê aponta para a maneira como Simón Bolívar domou as dificuldades, durante mais de uma década. Ao considerar o modo como o epistolário apresenta o perfil do missivista e o mundo circundante, a discriminação entre a criação narrativa do missivista, de um lado, e a ambiência patrocinada pelo processo de independência, do outro, não é tarefa liberada das ambiguidades, pois há uma zona fronteiriça, em que se encontram texto e contexto. Como apontado no início deste capítulo, a guerra e a centralidade de Simón Bolívar não podem ser apenas consideradas como elementos narrativos. Nessa zona fronteiriça, importa analisar a construção narrativa, cotejando-a com a historiografia e atentando para a existência perene do culto bolivariano. Desvendar os códigos partilhados pelos transeuntes da fronteira exige ter ciência de que o missivista constrói um contexto no texto. Na medida em que Bolívar recria no texto o contexto que vivenciou, o acontecimento é depurado pelo próprio ator histórico, e isso bem antes de ser depurado pela operação historiográfica. São muitas e distintas as operações.

A construção narrativa de Bolívar é vitoriosa, convence. Mesmo que os deslizes narrativos permitam repor a crítica, mantém-se a dificuldade de desatar o nó produzido pelo encontro entre a pretensa "verdade histórica" e a "crença do missivista". É preciso admitir que a verdade do epistolário é, em boa medida, a verdade do missivista, mas, também, é algo mais: é a verdade partilhada por uma comunidade. Simón Bolívar edifica um perfil quando escreve, não escreve ingenuamente, quer consagrar a sua memória. Todavia, é certo também que muitas das suas crenças presentes na escrita, por serem convicções, alcançaram genuína legitimidade entre seus pares, o que o permitiu afirmar-se como um homem público respeitável e superior a todos os seus outros companheiros de armas. É fundamental reter que há aí um jogo constante entre presente e futuro. De um lado, Bolívar escreve para convencer seus homens, os únicos que lhe podiam dar respaldo. Do outro, escreve para as gerações futuras, edifica um perfil, aponta as possíveis saídas para os biógrafos e historiadores. Assume uma e outra tarefa em meio aos limites próprios de sua condição humana. Reler e rever a fonte, usando a crítica como instrumento, possibilita perceber ambas as construções. Delicadas, mas convincentes, essas construções foram assimiladas por muitos historiadores e biógrafos que não puderam resistir, todo o tempo, à verve sedutora do missivista.

3
CONSTRUINDO A MEMÓRIA DA INDISPENSABILIDADE: O DISCURSO EM TORNO DA RENÚNCIA E DO RESSENTIMENTO

Tinha arrebatado ao domínio espanhol um império cinco vezes mais vasto que as Europas, tinha comandado vinte anos de guerra para mantê-lo livre e unido, e o tinha governado com pulso firme até a semana anterior, mas na hora da partida não levava sequer o consolo de acreditarem nele. O único que teve bastante lucidez para saber que na realidade ia embora, e para onde ia, foi o diplomata inglês, que escreveu num relatório oficial ao seu governo: "O tempo que lhe resta mal dá para chegar ao túmulo".

(García Márquez, p.44)

O destino de Bolívar pode equipar-se com o de todos os grandes homens da história que ajudaram no progresso da humanidade: homens que tiveram um profundo e imanente conhecimento das ansiedades de seus próximos e souberam expressar em palavras as necessidades silenciosas das massas. Quanto maior for a consciência de sua missão adquirida pelo século XX, tanto mais se considerará Bolívar como um dos fundadores de seu destino. O mundo é um e a liberdade da América é todavia, como disse Bolívar em Junín, sua esperança e salvação.

(Masur, p.579)

> *[O título de] Libertador é maior do que tudo, por isso mesmo me desagrada até o trono.*
>
> *(Simón Bolívar em carta a Santander, 19/09/1826)*

A renúncia, um discurso polifônico

Emil Ludwig, um dos biógrafos de Simón Bolívar, indicou o desejo do general em construir uma autoimagem para a posteridade. Contando com o apoio do governo da Venezuela, Ludwig redigiu em 1938 a biografia que intitulou *Bolívar: cavaleiro da glória e da liberdade*. Não há em sua biografia nenhuma reflexão sobre o tema da memória, tal como a que se empreende neste trabalho, mas, em seu prefácio, há pistas sobre a relação de Bolívar com sua imagem futura. Dessa maneira, como se acompanhará por todo este capítulo, o reforço da argumentação aqui desenvolvida adveio do contato com as biografias sobre Bolívar. No caso da biografia de Ludwig, outro dado importante refere-se à fonte privilegiada utilizada: as cartas de Simón Bolívar, organizadas por Vicente Lecuna. Assim, no referido prefácio, pode-se ler:

> A intenção cardial deste livro é a de apresentar o combate que se trava numa alma impávida entre os ideais que animaram os heróis antigos e as seduções de poder; o combate do ditador nato com os seus princípios morais que fazem a tragédia do homem que lutou dez anos contra si mesmo, prometendo não ser jamais um ditador, e que não obstante terminou a sua vida como tal. Desse ponto de partida, foram tratados neste livro certos problemas hoje em dia atuais: o antagonismo entre ditadura e democracia, que não deixou Bolívar em paz durante a sua vida; a força moral com que o herói sempre buscou o elogio da posteridade, mais do que o fácil triunfo do ditador; sua perspicaz ideia de uma sociedade pan-americana; sua luta em prol da unidade e contra as dissensões partidárias – temas esses de nossa época, à qual Bolívar pode servir de modelo. (Ludwig, p.9)

A análise do biógrafo corrobora a afirmação de que há uma relação estreita entre um projeto de poder e um de memória. Ao mesmo tempo, Ludwig aponta o combate (moral) pelo poder, a constituição do herói, seu esforço em buscar o elogio da posteridade e a relevância de seu projeto político de maior alcance, a unidade. Nesse sentido, a análise do epistolário bolivariano demonstrou que há uma regra para a escrita de cartas: edificar um perfil e doá-lo à posteridade. A repetição dessa premissa é importante, pois permite vincular história, memória e escrita de cartas. O capítulo anterior cuidou de esmiuçar o mundo do missivista e, para tanto, elegeu a tríade explicativa guerra, glória e honra. Mostrou o palco preferido de Bolívar, a guerra, explicitando o seu desejo de memória, vinculado à constituição e à guarda de suas honra e glória. Em síntese, o missivista fez de suas cartas a plataforma sustentadora de sua imagem de homem público. Não qualquer homem público, mas aquele que atendeu às necessidades de um continente em guerra. Graças à constância, o segundo discurso mais perceptível no epistolário referiu-se à renúncia.

Tratar do discurso em torno da renúncia exige o enfrentamento de um desafio, o de tecer o diálogo com a biografia e com a literatura. Contudo, as ligações entre história e literatura, embora importantes, serão tênues. No decorrer da análise das missivas, as indagações sobre as solicitações de renúncia levaram à leitura de Gabriel García Márquez e de Salvador Madariaga. Ambos exploraram em seus escritos a recorrência de um discurso em torno da renúncia, patrocinado por Simón Bolívar. Por esse motivo, era inegável a importância dessas referências que, no entanto, não podiam ser tomadas como leituras históricas. Tratam-se de textos enquadrados em gêneros específicos, no caso, o romance histórico e a biografia. Muitas respostas permitidas pela fonte e pela historiografia foram complementadas pelas leituras de García Márquez e Madariaga – é nesse sentido restritivo que as relações entre história, literatura e biografia serão apresentadas.

Ao referir-se à renúncia, o missivista apontava para o desejo de renunciar, em primeiro lugar, ao cargo executivo. Há visíveis diferenças entre renunciar ao cargo e renunciar à autoridade. Essa última nunca seria a opção de Bolívar, mesmo porque ele acreditava que a

166 FABIANA DE SOUZA FREDRIGO

sua autoridade – e, portanto, o poder dela emanado – pairava acima de qualquer cargo. O cargo era apenas o instrumento capaz de lhe facultar os meios para colocar em andamento a guerra:

> De todos os modos, resolvi não mandar mais que o militar, servirei enquanto dure a Colômbia ou a minha vida; mas nada mais que na guerra. Desejo que o Congresso se ocupe muito particularmente de autorizar ao vice-presidente da Colômbia para que tudo fique sob sua responsabilidade, excetuando a parte militar e suas conexões das quais me encarregarei com gosto. Se os senhores querem que eu leve o nome de presidente, eu não quero ser mais do que um general em chefe do exército da Colômbia, com faculdades para pedir e conseguir homens e dinheiro, víveres, o sortido e a equipagem completa para o exército, e [enfim, quero] as faculdades concedidas no teatro de guerra. Terminada esta, poderão acabar as minhas faculdades e tudo mais o que queiram me tirar, pois a minha intenção é governar o menos que seja possível. Acrescento que a minha saúde está um descalabro, que começo a sentir as fraquezas de uma velhice prematura; e que, por conseguinte, nada pode me obrigar a levar por mais um longo tempo o timão, sempre combalido pelas ondas de uma tempestade contínua. (Carta para Fernando Peñalver.[1] Guanare, 24/05/1821. Tomo III, R. 723, p.67-69. Original)

Desse modo, a renúncia pôde ser associada a muitos outros sentidos, como, por exemplo, a renúncia de si. Explorar o discurso que implicitamente viu-se associado à renúncia de si permitirá acompanhar e compreender a montagem do perfil de um homem público que se doou ao seu povo e à sua pátria. Segundo o missivista, o esforço dessa doação à pátria o impediu de construir laços afetivos profundos que pudessem lhe acalentar na velhice prematura. Dessa forma, Bolívar

---

1 Expostos no primeiro capítulo, os dados biográficos de Peñalver indicam o seu apoio fiel ao projeto de Simón Bolívar, daí o tom da carta. Aliás, quase todas as cartas escritas para Peñalver – assim como para o Marquês Del Toro – tinham um tom muito pessoal, marcado pela relação de amizade e lealdade. Desde já, é interessante anotar que Bolívar muito pouco escrevia sobre sua saúde. Comentar a respeito de sua saúde – e fazer isso ainda em 1821 – não era algo comum, mas sim a revelação do diferencial concedido ao interlocutor, nesse caso, Fernando Peñalver.

antevia e anunciava sua morte solitária, quando reforçava seu perfil de homem público de moral ilibada. O homem público não tinha vida privada, esta se viu despovoada de grandes afetos, dada a necessidade impositiva de dedicação exclusiva ao futuro da América. O preço para ser admirado pela posteridade era a solidão. Por isso, a justificativa de uma morte marcada pela solidão viria da renúncia de si e dos que o amavam. O desejo de consumir seus afetos via-se barrado pelo pacto com o dever. Em cartas para os amigos mais próximos, Bolívar permitia-se a queixa:

> Meu querido Fernando, muito sinto não voar para te estreitar em meus braços e participar de tuas dores, para diminuí-las, consolar-te com o que estivesse a meu alcance; mas tu sabes que o homem social é um monstro da natureza, que não escuta seus gritos e não obedece senão ao fantasma do dever. Entretanto, eu não perco a esperança de sair logo desta tortura que desnaturaliza os verdadeiros afetos e os bens únicos e positivos. Concluída minha comissão no Sul, marcharei para Bogotá e dali para Caracas para ser cidadão livre, e retirar de minha agoniada cabeça o enorme peso de responsabilidade que gravita sobre ela. (Carta para Fernando Del Toro. Cuenca, 23/09/1822. Tomo III, R. 893, p.295-297. Original)

Assim mesmo, embora o trabalho e a entrega à pátria fossem considerados deveres capazes de o tornarem cativo, seriam também os responsáveis pela transmutação de Simón Bolívar. Mais adiante, na mesma carta, como o próprio Bolívar anuncia ao amigo Fernando Del Toro, suas conquistas no exército libertador, a criação da Grã-Colômbia e a expansão da luta pela independência nos territórios do Sul lhe deram uma nova identidade, então, universal. Portador dessa nova identidade, Bolívar não se considerava só mais um caraquenho, ele era a representação de toda uma nação:

> Tu me retratas a sorte de Caracas como é e deve ser. Tu pedes que eu volte sem demora, porque Caracas tem privilégios sobre mim. Conheço mais do que ninguém os direitos que o solo nativo tem sobre seus filhos; deves crer-me, estou devorado constantemente pelas mais cruéis inquietudes quanto ao que Caracas representa para mim. Um espírito profético

me avisa da proximidade de males remotos e incertos; eu os saboreio com a amargura de um filho que vê destroçar o seio de sua própria mãe e a criatura de suas entranhas. Pensa, depois dessa confissão sincera o que a previsão me exige e me faz experimentar, mas ouve: eu pertenço agora à família da Colômbia e não à família de Bolívar; já não sou de Caracas só, sou de toda a nação que, minha constância e meus companheiros, têm formado, acreditando que para manter a tranquilidade desta desolada Venezuela devemos uni-la a Nova Granada, que chega até estas afortunadas regiões. Eu imagino que a Venezuela é nossa vanguarda, Cundinamarca nosso corpo de batalha e Quito nossa reserva. A filosofia da guerra dita que a vanguarda sofra, mas que exija reforços de outros corpos; que o centro auxilie a vanguarda com todo seu poder, e que a reserva, cuidando de sua costa, deposite em si a saúde e as esperanças do exército. (Carta para Fernando Del Toro. Cuenca, 23/09/1822. Tomo III, R. 893, p.295-297. Original)

Delimitada a relação do homem público com o dever, outra avaliação nascida do epistolário complementa o perfil do missivista: ele era *indispensável* ao seu povo e à sua pátria, por isso era incansável quanto às exigências do trabalho. Não havia nenhum outro capaz de substituí-lo. Sem maiores surpresas, Bolívar bem sabia de sua dispensabilidade, mas a ciência de que outros poderiam ocupar seu lugar lhe exigiu tecer, delicada e insistentemente, a memória da indispensabilidade. Foi o desejo de se destacar, no presente e no futuro, que lhe possibilitou antever a necessidade de se colocar, individualmente, como o homem capaz de empreender as transformações para a América. Em síntese, a ciência de que o poder e a vida eram finitos e o desejo de consagrar uma memória à história permitiram a Bolívar criar um personagem dedicado à posteridade, assim, "morto seguiria vivo, ausente seguiria presente" (Madariaga, 1953). Em uma carta endereçada a Pedro Gual, Bolívar não só demonstrava o conhecimento de sua importância histórica, como traçava as linhas da memória a ser estabelecida:

O Senhor me diz que a história dirá de mim coisas magníficas. Eu penso que não dirá nada tão maior quanto o meu desprendimento do mando, minha consagração absoluta às armas para salvar o governo e a pátria.

A história dirá: "Bolívar tomou o mando para libertar seus concidadãos, e quando foram libertados os deixou para que se governassem por suas leis e sua vontade". Esta é a minha resposta, Gual; as outras razões você as verá na minha carta ao vice-presidente. (Carta para Pedro Gual. Maracaibo, 16/09/1821. Tomo III, R. 775, p.127-128. Retirada de Blanco y Azpurua, VIII, p.86)

Desprendimento do mando e consagração às armas para salvar a pátria resumem a máxima recorrente na correspondência bolivariana. Da indispensabilidade à pátria e também à história duas imagens se depreendem: a do soldado, na alusão à consagração absoluta às armas, e a do homem público, cuja característica marcante seria o desapego às instituições e, portanto, ao poder. A historiografia reforçaria ambas as imagens. No que se refere ao "homem público" irretocável, seus traços seriam confirmados pelo interesse dispensado exclusivamente ao bem da nação, interesse liberado da mácula atribuída aos "políticos profissionais". Posteriormente, Bolívar não seria visto como um político, mas como um gênio político. Tais denominações diferem: construir um político exige um processo de aprendizagem, ao passo que um gênio político simplesmente nasce como fruto da criação. Uma vez mais, a historiografia optou por seguir as diretrizes deixadas por Simón Bolívar. A dificuldade de tomá-lo sequer como político estaria justificada por uma análise das "ações e do caráter" do general. Desse modo, a aversão de Simón Bolívar à administração pública e o seu caráter impulsivo e, consequentemente, pouco afeito à diplomacia e ao tato político seriam suficientes para purificar a imagem bolivariana. A historiografia despiria Simón Bolívar do qualificativo de "político realista" porque se preocupava com as implicações negativas atribuídas posteriormente a tal termo:

> Há repugnância em aceitar que em Bolívar predominasse a condição de político, e tal repugnância se fundamenta não só no rechaço de toda limitação imposta à capacidade universal do Gênio, mas também à incompatibilidade presente, neste caso, entre a mais vulgar das virtudes cidadãs e a condição deificada do sujeito. Não obstante, observada a clara presença da ação política como constante na vida histórica de Simón Bolívar, só duas

170 FABIANA DE SOUZA FREDRIGO

saídas restaram: depurar ao máximo o conceito para, uma vez purificado, atribuí-lo a Bolívar; ou situar este num plano superior ao humano, do qual se desprende o político, sobretudo nas dimensões humanas do conceito.

Mais difícil de aceitar é a afirmação de que Bolívar não só foi essencialmente um político, mas entre os muitos qualificativos que o enquadram nessa espécie lhe corresponde o realista, e isso é assim pelas implicações supostas do termo. Por político realista entende-se somente o inescrupuloso, ou em todo caso, aquele que não teme em abandonar a esfera dos princípios elevados. Outra coisa seria, talvez, se ao qualificativo de realista atrelássemos seguidamente o atributo de homem público e estadista e cuja ação se encontra sempre vinculada à realidade dos acontecimentos, sem que por isso ressalte afetado seu alto voo habitual. Não há dúvida, acreditamos, de que este último aplicativo seria justo quando nos referimos a Bolívar, mas é igualmente certo que o seu realismo político não vacilou em transgredir os limites que os seus cultores lhe impõem, guiando-se para isso pelos ditados de uma moral política que nem sempre é apreciada historicamente. (Carrera-Damas, 1969, p.75-76)

Da discussão anterior, é importante reter que, no que se refere a Simón Bolívar, a memória não se portou como subalterna em relação à historiografia. Aliás, a memória estabelecida pelo ator histórico apontou as diretrizes para a construção histórica em torno da liderança da independência, erigindo contornos que definiram, inclusive, a versão histórica oficial do processo de independência. A leitura da fonte e a constatação da existência de um projeto de memória por meio da escrita de cartas permitiram trazer a memória para o primeiro plano de análise.

Neste momento, pretende-se expor os diversos sentidos que o missivista daria à renúncia, fazendo dela um meio para estabelecer um perfil de si para a posteridade. Os sentidos associados ao discurso da renúncia demonstram a pluralidade narrativa delineada pelo próprio missivista. Por trás dessa pluralidade há uma engenharia e uma arquitetura que buscam sustentar e embelezar um projeto de poder.[2] A engenharia e

---

2 A partir dessa consideração, é oportuno tecer uma comparação. Pode-se dizer que o discurso da renúncia foi para Bolívar o que o discurso da morte foi para Getúlio Vargas. Sobre esse último, Maria Celina Araújo (2004), quando analisa as cartas-testamento deixadas pelo gaúcho, aponta a tessitura de um discurso

GUERRAS E ESCRITAS **171**

a arquitetura que atestam um projeto de poder a longo prazo exigem atenção para o discurso da renúncia, posto que esse discurso traduziu-se em um instrumento político de alto alcance e de grande competência.

O apelo à renúncia apareceu prematuramente no epistolário porque a sua primeira função foi a de conceder legitimidade à liderança de Simón Bolívar. Legitimado como líder, o passo seguinte era conservar o poder e, para tanto, o discurso da renúncia passou a servir como uma ameaça capaz de trazer à tona, a qualquer momento, o medo cultivado pelos companheiros de Bolívar. O medo da renúncia guardado por seus companheiros fazia sentido porque a renúncia da liderança significaria a destruição de todo um projeto político de poder, do qual, em tese, os bolivaristas acreditavam-se herdeiros. Sabedor da liderança que despertava, Simón Bolívar fez de sua escrita um meio para controlar o medo e o apoio de seus companheiros. A escrita funcionava para o missivista como um termômetro: por meio dela, podia medir as expectativas, as esperanças e a confiança do grupo em torno de sua liderança. Além disso, também apresentava ao grupo suas esperanças e indicava as possibilidades de realização das mesmas, tendo em vista a comprovação constante de sua capacidade empreendedora. Era essa busca por legitimidade que o fazia escrever, logo depois de Angostura:[3]

---

sobre a morte como uma resposta do presidente ao seu fracasso e à vitória dos inimigos. Por meio de suas cartas-testamento, dos relatos em diários e de alguns manifestos, Getúlio Vargas foi, aos poucos, construindo-se como "vítima do poder e redentor do povo". O suicídio – muito antes anunciado – lhe permitiu adentrar vitorioso para a história. As referências metafóricas à morte apareceram antes de 1954, pode-se encontrá-las nos anos de 1930, 1932 e 1945. Não por acaso, o político gaúcho enfrentara nesses anos conjunturas políticas delicadas, capazes de colocar em xeque sua sobrevivência como estadista. Nesse sentido, pode-se equiparar o projeto narrativo epistolar de Bolívar (no que se refere à renúncia) e o de Vargas (no que se refere à morte), posto que ambos evidenciaram em seus escritos a necessidade de "falar" sobre si e sobre o porquê mereciam estar no poder e ocupar os olhares da posteridade. Em ambos os universos, há a utilização – seja da morte, seja da renúncia – de artifícios retóricos como "instrumento de poder, um recurso político, uma maneira de valorizar seus feitos e de construir uma imagem grandiosa para o futuro" (D'Araújo, 2004, p.295).

3   Nome da cidade venezuelana que sediou o Congresso de Angostura em 1819, quando Bolívar conseguiu aprovar a criação da Grã-Colômbia. Entre uma das

172 FABIANA DE SOUZA FREDRIGO

Farei outra confissão: a única causa, por assim dizer, que tem me animado a propor a criação da Colômbia [Grã-Colômbia], tem sido a ideia de destruir para sempre os motivos de ódio, de discordância e de dissolução. Se estes aumentam, que horroroso desengano!

Desde que saí daqui para Caracas pela primeira vez, ia firmemente resoluto a deixar o mando no mesmo dia em que libertasse a minha pátria: a guerra me forçou a continuar no mando para combater com sucesso, ou pelo menos com esperanças. Esta resolução cresce em mim progressivamente na razão do tempo e dos sucessos e a cada dia se multiplica em progressão geométrica. Muitas vezes tenho dito a alguns de meus amigos que eu me encontro em alto mar procurando um porto para desembarcar. A paz será o meu porto, minha glória, minha recompensa, minha esperança, minha dita e tudo o quanto é precioso no mundo. Já proclamei uma vez à face da Venezuela: o primeiro dia de paz, será o último de meu mando: nada me fará mudar esta determinação. Poderão se amontoar sobre a minha cabeça as tempestades do céu, abrir aos meus pés todos os abismos, convidar-me à fama com um templo último na posteridade; o Paraíso oferecer-me as suas delícias; mas eu, mais forte que o inflexível Catão, ficarei inexorável como ele. Por fim direi: se não me resta outro caminho que o da fuga, esse será o da minha salvação. (Carta para Francisco de Paula Santander. El Rosario, 10/06/1820. Tomo II, R. 591, p.354-355. Original)

No projeto narrativo epistolar, o missivista confessava ora o desejo de se arriscar à renúncia do cargo, sem que ela efetivamente se concretizasse, ora o anseio de renunciar. Estabeleceu-se um jogo, no

---

peças políticas mais importantes de seus escritos, apontadas pelos pesquisadores, está o discurso pronunciado por ocasião da instalação do Congresso. Nesse documento, Bolívar defendeu a inaplicabilidade de uma Constituição Federal, apesar de admitir que o federalismo florescia muito bem na América do Norte. Suas considerações objetivavam convencer os legisladores da necessidade de adotar uma constituição, com "a ideia sólida de formar uma república indivisível e centralizada" (Bolívar apud Bellotto; Corrêa, 1983, p.121). Munido dessas convicções, Bolívar defendeu um Senado hereditário e um executivo forte. Ao propor um executivo forte, Simón Bolívar comparou as atribuições de um presidente da República às do rei na monarquia britânica. O rei teria, no "modelo perfeito", as mãos atadas pela vigilância do legislativo mas, ao mesmo tempo, a sua "inviolável e sagrada pessoa" seria fundamental para o equilíbrio político (Bolívar apud Bellotto; Corrêa, 1983, p.127)

GUERRAS E ESCR TAS   173

qual a renúncia tornara-se o meio para atingir a vitória ou, melhor ainda, a legitimidade. Se, nesse caso, a renúncia funcionava como um blefe, devia também assumir a obrigatoriedade dos riscos de ser aceita. Assim, há que se considerar a renúncia como um desejo, talvez, um desejo que não lidasse com o presente do missivista, mas que divisasse o futuro. Nem sempre foi fácil separar essas duas opções, pois ambas eram componentes da narrativa. Por isso, assumiu-se a dubiedade desse discurso: é preciso considerar seriamente a pretensão do missivista em ser ambíguo. Tal ambiguidade era uma proteção argumentativa e uma resultante da impossibilidade de onisciência do missivista. A qualidade ambígua do discurso dificultava a percepção em torno do tema da renúncia. Sendo difícil saber, ao certo, quando a renúncia era um ardil retórico e quando ela tornara-se um desejo ou uma necessidade, a leitura do epistolário exigiu tomar ambas as construções como importantes para definir a pretensão e a ação do missivista. Emoldurar um projeto de poder significava tanto usar a renúncia como um blefe quanto saber o momento certo de renunciar, fosse essa uma decisão a ser tomada como uma prospecção para o futuro ou como um fruto da necessidade diante da doença e da proximidade da morte.

Sinteticamente, o discurso da renúncia revela um projeto de poder a longo prazo. O discurso da renúncia por si só não importaria se não permitisse perceber o desejo do missivista em lutar pelo poder. Seu projeto envolvia uma concepção de América e o traçado de ações responsáveis pela viabilização da América pretendida, a que fosse livre e soberana em um futuro próximo. A viabilidade de um projeto de poder, no qual Bolívar era figura central, dependia da participação de um grupo de apoio, daí a necessidade de convencimento e o transplante dessa necessidade à escrita. Com certeza, Simón Bolívar incorporava às suas ações as convicções, o idealismo e as necessidades. Essa mescla aponta para o quanto é complexo expor o missivista.

Sobre essa complexidade, é oportuno traçar alguns comentários. À primeira vista, muito rapidamente, pode-se concluir que o caminho das análises de Simón Bolívar sobre a América traça uma linha contínua que, ao invés de ascendente, é descendente. Uma primeira leitura do epistolário pode encaminhar à percepção de que Bolívar

174 FABIANA DE SOUZA FREDRIGO

passeou, no que se referia às suas previsões sobre a América, do entusiasmo e da convicção à amargura e ao desencanto. Esse caminhar, nada progressivo, foi tomado pela historiografia e, em grande medida, contribuiu para que se assentassem preconceitos em torno dos projetos (passados e futuros) para a América. Para essa leitura, a "América seria ingovernável", posto que os projetos políticos modernos, associados à matriz liberal, não faziam mais do que "arar no mar". É expressivo dessa construção de sentido historiográfico o fato de que, depois da Carta da Jamaica (1815), a chamada "carta profética", os trechos de uma epístola escrita para o General Juan Flores, após o assassinato de Sucre, tornaram-se um dos mais conhecidos e divulgados escritos de Simón Bolívar. Essa carta foi tão insistentemente citada que até mesmo os que pouco contato têm com os escritos de Simón Bolívar a guardam como uma referência. Enfim, os termos dessa missiva ocuparam um lugar na memória política e social latino-americana. Os referidos trechos são os que seguem:

> O Senhor sabe que eu governei 20 anos e deles não tenho retirado mais do que poucos resultados certos: 1º A América é ingovernável para nós. 2º Aquele que segue uma revolução ara no mar. 3º A única coisa que se pode fazer na América é emigrar. 4º Este país cairá infalivelmente nas mãos de uma multidão desenfreada, para depois passar para [as mãos de] tiranos quase imperceptíveis, de todas as cores e raças. 5º Devorados por todos os crimes e extintos por todas as ferocidades, os europeus não se dignarão a nos conquistar. 6º Se for possível que uma parte do mundo volte ao caos primitivo seria este o último período da América. (Carta para Juan J. Flores. Barranquilla, 09/11/1830. Tomo VII, R. 2.781, p.585-588. Retirada de *Boletim Histórico*, n. 1, Fundação John Boulton)

Se a fonte permitia tal interpretação, também indicava que, lida e comparada a um conjunto de documentos, era preciso admitir um panorama um pouco mais complicado do que isso. Não se quer negar a trajetória de Bolívar. Pode-se mesmo afirmar sua oscilação entre o mais profundo entusiasmo e o mais desesperado desencanto. Sua crença na premissa de que a liberdade, uma vez instaurada, liberaria forças capazes de construir uma América soberana, feliz e ordenada, explica a oscilação desse homem em polos opostos. Ainda mais: sua crença na liberdade lhe permitiu ser o "Libertador" e não o "Administrador" ou o "Ordenador":

> Se há reclamações que expõem sobre a legitimidade ou ilegitimidade da reunião da Colômbia, cabe ao Congresso Geral resolver sobre esta grande e odiosa matéria. Pelo que a mim toca, só faço votos ao céu para que a América seja livre e eu me veja livre de mandar na Venezuela e na Cundinamarca, para as quais tenho feito tudo o que tem estado ao meu alcance, não para mandá-las, mas sim para constituí-las independentes. Se estes dois povos querem viver separados, nada será mais conforme com o ardente e vivo desejo de meu coração e se querem viver reunidas, nada mais será conforme sua verdadeira ordem, sua felicidade futura e a glória de seus filhos. (Nota à representação do general Santander protestando por ter sido privado o Departamento da Cundinamarca de seu Tribunal de Justiça. Quartel General de El Rosário, 20/06/1820. Tomo II, R. 595, p.363-364. Retirada de *Acotaciones bolivarianas*, p.73, Fundação John Boulton)

O trecho da carta anterior é deveras significativo: o missivista afirmava a sua pretensão de constituir unidades independentes e não necessariamente de governá-las ou, melhor, em seu vocabulário, de mandá-las. Analiticamente, libertar exige também o patrocínio e a garantia da liberdade. Para tanto, Bolívar teria de libertar territórios e impor-lhes uma ordem administrativa que ultrapassasse a exclusiva dependência de um sítio militar. Esse segundo passo asseguraria a liberdade. Todavia, em meio à guerra, não coube à alçada do missivista o governo das repúblicas. Bolívar insistiu em reforçar seu perfil por meio da imagem do guerreiro exatamente porque se preocupava em romper o laço com a Espanha. Seu mundo era o da guerra e, embora pensasse em alternativas políticas para o ordenamento e a administração das repúblicas, não se impunha essa tarefa.[4] Sua tarefa era libertar

---

4 Por um lado, é importante lembrar que foi Bolívar o idealizador da primeira constituição da República da Bolívia. Por outro, uma frase de Bolívar revela, mesmo no final da vida, seu apego ao ideal da liberdade: "Meu único amor tem sido o da pátria, minha única ambição, a sua liberdade". (Carta para Pedro Briceño Méndez. Bucaramanga, 13/04/1828. Tomo VI, R. 2.044, p.252. Original)

176 FABIANA DE SOUZA FREDRIGO

a América, tarefa vaga e imprecisa discursivamente, o que demonstra um limite de ação compreensível do ator histórico. Limite que, consciente ou não, o missivista confessa e justifica, particularmente, quando se apresenta como o guerreiro ou como o "Libertador". Para o leitor atento, Bolívar construiu-se sim a partir da crença absoluta na liberdade, que se tornou para ele um ideal demiúrgico (Prado, 1981). Foi por essa crença, entre outras, que Simón Bolívar escolheu posicionar-se entre os que acreditavam que a ruptura com a metrópole seria o melhor caminho. Foi pela crença na capacidade transformadora da guerra que, finda a luta contra os espanhóis, Bolívar pressentiu a sua dispensabilidade.

No momento em que Bolívar percebeu que a liberdade não conseguiria resolver os problemas colocados à América, sendo esse ideal demiúrgico apenas o início da longa e lenta escalada, ele sentiu-se traído em suas convicções e em seus afetos. Era o momento de pressagiar que a liberdade tinha se destituído do seu poder transformador e, portanto, toda a vida dedicada à revolução e à pátria tornara-se uma grande perda de tempo, restando, então, a lamentação por ter se deixado absorver de tal modo por essa tarefa que lhe garantira apenas a solidão. Desse modo, Simón Bolívar tomou mesmo a liberdade como um ideal capaz de resolver todas as mazelas americanas. Agora, assumir a complexidade deste debate é perguntar-se no que isso poderia ter sido diferente. É fazer o exercício de recolocar Simón Bolívar em seu tempo – e o discurso da renúncia torna-se peça-chave fundamental para esse encaixe e essa redescoberta.

Visto esse tema de outro modo, a primeira afirmação a ser colocada é: Bolívar tinha de tomar a liberdade como um ideal demiúrgico. Em meio a tantas transformações – rápidas e de impacto como é característico das revoluções[5] –, Bolívar optou pela ruptura com a metrópole.

---

5   Muito já se escreveu sobre o caráter revolucionário ou não das independências americanas. Os modelos usados para a avaliação do caráter revolucionário de um movimento foram, no decorrer do século XIX, a Revolução Francesa e, no decorrer do século XX, a Revolução Russa. O caráter revolucionário estaria ligado a processos de grande intensidade, com evidente ruptura. As revoluções seriam explosões, em nada graduais ou perceptíveis em longo prazo, capazes de "derrubar

GUERRAS E ESCRITAS **177**

E a ruptura com a metrópole significava deixar de se reconhecer como até então os *criollos* se reconheciam – afinal, era em nome de sua ascendência (a pureza de sangue) e de seus vínculos com a Coroa que os *criollos* reafirmavam-se como um grupo perante os demais, posto que os outros não tinham uma linhagem e, portanto, não eram dignos de partilhar dos privilégios em solo americano.

Findo o processo de luta pela independência, as repúblicas recém-fundadas precisariam construir para si uma identidade nacional, que traduzisse os anseios e as expectativas populares, harmonizando-os com o projeto estatal republicano, federalista e oligárquico. Com a separação da Grã-Colômbia em 1831, surgiriam as repúblicas da Venezuela, da Colômbia e do Equador, tendo como líderes respectivamente José António Páez, Francisco de Paula Santander e Juan José Flores. A situação econômica e política dessas repúblicas não conheceu grande melhora com o término das guerras de independência. Aliás, às guerras de independência sucederam-se outras, tais como as guerras locais que associaram a política à instabilidade. Também a bancarrota fiscal, a ausência de crédito externo e as dificuldades de incorporação das comunidades indígenas e de ex-escravos à vida da república foram problemas cotidianos na segunda metade do século XIX.[6]

---

um sistema" e "implantar outro sistema completamente novo". Dessa perspectiva, à revolução não caberia o continuísmo. Essa avaliação foi revista por uma historiografia mais recente. Pese as continuidades, Carrera-Damas (1964) afirma haver consenso entre os historiadores venezuelanos sobre o caráter revolucionário do processo de independência. Também François-Xavier Guerra (2003) admite o caráter revolucionário das independências na América, atrelando-as a uma transformação que definitivamente impediria o retorno, tal e qual, à situação do antigo regime: a entrada do mundo espanhol e americano na modernidade política. Para a revisão historiográfica, um processo revolucionário abriga, sem dúvida, ruptura e continuidade. O que é definidor do grau de transformação revolucionária é a irreversibilidade do processo. Colocada a questão em outros termos: a despeito de algumas continuidades estruturais que dificultaram a vida administrativa e econômica das novas repúblicas americanas, era impossível às repúblicas atuarem, após o processo de independência, como colônias, imersas no pacto do antigo regime. Era inadmissível reacomodar-se, nos mesmos termos, à monarquia hispânica.

6 Deas (2001) informa que, nos cinquenta anos posteriores a 1830, tanto a Colômbia quanto o Equador não conseguiram empréstimos significativos no

178 FABIANA DE SOUZA FREDRIGO

Nesse mesmo período, as construções de memória cuidariam de emprestar uma identidade às nações americanas, lidando com distintas óticas. A própria explicação histórica em torno do significado da independência – que, tal como um caleidoscópio, traria elementos das visões integracionistas difundidas desde a época colonial – agruparia interpretações divergentes em relação à continuidade ou descontinuidade histórica. Para uma matriz, influenciada pela leitura do Abade de Pradt, a independência fora resultante da chegada das colônias à sua vida adulta. Nessa interpretação, considerava-se a época pré-colombiana, a conquista e a colonização como frutos de um longo processo de maturação que desembocara na independência. Para outra matriz, a independência fora um momento de descontinuidade,

---

exterior. Para o caso da Venezuela, na década de 1860, Guzmán Blanco arriscou usar desse expediente. Geralmente, as administrações das repúblicas usavam o crédito interno; agiotas permitiam empréstimos de curto prazo, mas com altos juros. Durante todo o século XIX, as repúblicas conviveram com crises fiscais. A única receita em expansão era a que advinha da tarifa alfandegária e, para citar um exemplo, na década de 1860, dois terços da receita da Colômbia dependiam dessas tarifas. Politicamente, o cenário dos três países foi composto por guerras civis. Em 1835, a Venezuela sofreu com a revolta das reformas e com a tentativa de golpe de bolivaristas excluídos do poder por Páez. Revoltas generalizadas ocorreram em 1846 e, na década de 1850, com a política dominada pela família Monagas, a instabilidade culminou na Guerra Federal, entre os anos de 1859 e 1863. Na Nova Granada, em 1839, na região de Pasto, a insatisfação dos padres foi combustível para declarações federalistas que também levaram à *Guerra de los Supremos*. Depois disso, guerras civis assolaram a Colômbia em 1876-1877 e novamente em 1885. Assim, Venezuela e Colômbia começaram e terminaram o século XIX com guerras civis. O Equador não escapou às intempéries políticas, revoltas populares foram debeladas por Flores até a sua expulsão do Equador, ocorrida em 1835. De acordo com Deas, embora a conjuntura seja parecida nesses territórios, havia particularidades regionais: "Em toda a região, as guerras tinham uma característica comum, mas isso não quer dizer que tenham sido completamente iguais. Tendiam a coincidir – e foram mais exacerbadas quando isso acontecia – com os períodos de dificuldade econômica, às vezes identificáveis com crises na economia mundial, outras vezes com conjeturas locais particularmente infelizes. As dificuldades econômicas diminuíam as receitas dos governos e governos pobres tinham menos condição de satisfazer e entusiasmar seus partidários e de enfrentar seus inimigos. A insatisfação endêmica das províncias tornou-se mais intensa à medida que a pobreza dos governos restringia seus gastos às regiões mais próximas de sua sede". (Deas, 2001, p.523-525)

quando a antiga nação resgatara a liberdade espoliada. Essa premissa supunha, também, identificar "a nação moderna aos antigos Estados indígenas, o período colonial a uma época de dominação estrangeira e a emancipação a uma desforra da Conquista" (Guerra, 2003, p.13). Essa segunda matriz, mesmo considerando as dificuldades de sua adoção, foi a mais aceita entre a elite *criolla*, especialmente a contemporânea e partícipe das guerras pela emancipação, daí a presença de uma nova legenda espanhola, que evocava a crueldade dos peninsulares, apoiava-se nas apologias de homens como Bartolomé de Las Casas e aludia às referências, também míticas, de Athaualpa e Tupac Amaru, por exemplo. Todos esses elementos encontram-se presentes no epistolário bolivariano.

Em ambas as matrizes, o elemento indígena esteve presente. Tal evocação mítica pretendia ora integrar o elemento indígena, ora edificar a identidade *criolla* por meio de um passado realista e digno: a América tivera a sua antiguidade clássica e essa esteve representada pelas civilizações pré-colombianas. No interior desse esforço representacional, considere-se o conflito da *elite criolla* que, às vésperas da independência, identificara-se com os espanhóis, posto que reivindicara a pureza de sangue para comprovar sua ascendência peninsular e combatera pela defesa da legitimidade de Fernando VII, quando da invasão napoleônica na Espanha. Em síntese, a nova referência trazida pela independência era a da ruptura com os "trezentos anos de despotismo". Nessa nova referência, as versões que tentavam explicar, em uma conjuntura imediatamente posterior, o nascimento da nação americana esbarravam na dificuldade da elite em lidar com o seu passado, fosse ele o indígena ou o colonial (idem, p.14).

A complexidade da recomposição continua: tomada a liberdade como um ideal demiúrgico, era mais fácil transformá-la em convicção capaz, também, de convencer os interlocutores do general. Diante de tal quadro, crença, convicção e necessidade de convencimento permitiram o nascimento de uma fórmula que, no entanto, não imunizava os *criollos* – e mais particularmente Simón Bolívar – dos conflitos inerentes à atuação e à experimentação política. Assim, as adversidades inerentes ao cotidiano da guerra e do mando tornam aceitável o fato

180 FABIANA DE SOUZA FREDRIGO

de Bolívar pronunciar seu desolamento com a impossibilidade de que a liberdade tudo transformasse. Não obstante, sua crença na liberdade não turvou suas avaliações quanto às dificuldades de implementá-la e, depois, de mantê-la. Ainda em 1819, no discurso de Angostura, Bolívar escrevia:

> A liberdade, diz Rousseau, é um alimento suculento mas de difícil digestão. Nossos débeis concidadãos deverão fortalecer seu espírito muito antes que consigam digerir o saudável alimento da liberdade. Entorpecidos seus membros pelos grilhões, debilitada sua vista pelas sombras das prisões e aniquilados pelas pestes servis, serão capazes de marchar com passos firmes em direção ao augusto templo da liberdade? Serão capazes de admirar de perto seus esplêndidos raios e respirar sem opressão o ar puro que ali reina? (Bolívar apud Bellotto; Corrêa, p.119)

Sabedor das dificuldades de tornar o ideal da liberdade uma prática política efetiva, Simón Bolívar, mais adiante, respondia às próprias dúvidas expostas em trecho posterior do mesmo discurso:

> A natureza, em verdade, nos dota, ao nascermos, do desejo da liberdade; mas seja a preguiça, seja a propensão inerente à humanidade, o certo é que esta repousa tranquila, embora atada com as travas que se lhe impõem. Ao contemplá-la neste estado de prostituição, parece que temos razão para acreditar que a maioria dos homens tem por verdadeira a humilhante máxima de que custa mais manter o equilíbrio da liberdade do que suportar o peso da tirania. Oxalá esta máxima, contrária à moral da natureza, fosse falsa! Oxalá esta máxima não fosse sancionada pela indolência dos homens em relação aos seus direitos mais sagrados!
>
> Muitas nações antigas e modernas sacudiram a opressão, mas são raríssimas as que têm sabido gozar de alguns preciosos momentos de liberdade; logo recaíram em seus antigos vícios políticos, porque são os povos, antes que os governos, os que arrastam atrás de si a tirania. O hábito da dominação os faz insensíveis aos encantos da honra e da prosperidade nacional e olham com indolência a glória de viver no movimento da liberdade, sob a tutela de leis ditadas por sua própria vontade. Os fatos do universo proclamam esta espantosa verdade. (ibidem)

GUERRAS E ESCRITAS **181**

Enfim, Bolívar era um homem de elite confiante em sua capacidade de liderança e no potencial transfigurador da educação. Seus conflitos – reveladores do desencanto, da traição e do fastio – apenas reforçam que esse homem era partícipe de um mundo em profunda transformação, consoante com os apelos dramáticos sempre presentes em seu discurso.[7] O deslocamento de Bolívar da crença no futuro americano às previsões nada alentadoras desse futuro revela incompreensão desse universo em transformação. Por sua vez, a incompreensão decompôs-se no ressentimento, pois revelar ou assumir a incompreensão seria, no caso de Bolívar, o mesmo que abandonar o posto do *homem das dificuldades*. A adjetivação que o próprio Bolívar havia concedido a si, a de *homem das dificuldades*, suplantava e justapunha as demais qualificações atribuídas a seus outros generais. Da mesma maneira, tal qualificação passou às interpretações, assegurando a Bolívar o posto máximo de herói das independências na América do Sul de colonização espanhola. Compreendida a importância de tal adjetivação, infere-se em que medida a confissão de incompreensão da América bem como a impossibilidade de se manter no comando das tropas republicanas – fosse pela doença, fosse pelo fastio, fosse pela perda de legitimidade – podiam levar ao ressentimento. Colocadas essas questões e admitida certa incompreensão por parte do missivista, assim mesmo, é preciso considerar a existência do limite, ditado pela própria capacidade humana, para a compreensão de um processo transformador, especial-

---

7 Ainda, há que se considerar que a dramaticidade, os exageros e os apelos repetidos, certamente, tornaram-se armas discursivas. Convencer era uma das funções da escrita da carta, o que exige pensar nesse universo tendo em vista essa sua particularidade que define um objetivo. O anterior significa, como já se discutiu, que a carta tem uma temporalidade própria, não devendo ser analisada somente em relação a um contexto. O texto expressa, simultaneamente, o desejo daquele que escreve – e está vinculado a um contexto externo à missiva – e o desejo daquela *persona* criada por aquele que escreve – a *persona* que adquire vida no texto, mas que nem por isso é menos importante. De qualquer maneira, a dramaticidade – representada por meio de seus elementos deveras subjetivos: a angústia, o desencanto, a amargura, o ressentimento – também deve ser avaliada a partir de uma severa crítica da fonte. Não é porque a escrita investe em elementos subjetivos que esses devem ser tomados como a "verdadeira confissão" do escritor.

mente quando se está imerso nele. Em uma frase: Simón Bolívar não podia compreender todos os aspectos envolvidos naquela realidade em mutação, tal percepção seria sobre-humana.

Junto de uma avaliação do missivista, é primordial compreender como a opção pela independência – especialmente porque tal opção foi encaminhada pela ruptura e pela guerra – afetou o discurso da elite *criolla*, exigindo dela a reconstrução de sua própria identidade. Se antes essa identidade viu-se forjada pelo reconhecimento da conquista e da colonização, o que lhes permitia enquanto classe afirmar-se e diferenciar-se de índios e mestiços, herdeiros de outra tradição, com a independência colocava-se a exigência de rever a "aceitação positiva" tanto da conquista quanto da colonização.

Durante o período colonial, muitos se posicionaram como críticos severos do encaminhamento bélico e destrutivo da conquista e da exploração econômica da metrópole. Todavia, a alusão à "aceitação positiva da conquista e da colonização", em especial no que se refere aos *criollos*, quer sugerir que esses, enquanto grupo, sentiam-se herdeiros dos peninsulares, a despeito de algumas restrições à sua atuação política e econômica no universo colonial. É certo que, em termos representacionais, o panorama é bem mais elástico – nesse panorama mais elástico, foi permitida, outrossim, a identificação da elite *criolla* com o legado dos impérios pré-colombianos. Enfim, a pretensão não é, de modo algum, mascarar o trauma e o choque causados com a conquista e a colonização. Antes, pretende-se reforçar que, querendo ou não, trezentos anos de história inseriram a América no mundo de uma maneira particular e a leitura dessa realidade, feita por seus contemporâneos, em alguma medida, teve de assumir os códigos peninsulares, mesmo que, nesse processo, muitas tenham sido as manifestações de resistência, fossem elas de cunho cultural – por meio das assimilações híbridas, tais como a simbologia da Virgem de Guadalupe – fossem de cunho político – por meio das rebeliões coloniais, nascidas particularmente entre as comunidades indígenas. A conjuntura da primeira metade do século XIX, na América, ensejou grandes transformações e profundos questionamentos, uma vez que

GUERRAS E ESCRITAS **183**

[...] o período da Independência representa uma dupla ruptura. Inicialmente, ela é uma revolução, uma vasta e brusca mutação que leva todo o mundo hispânico à rejeição da sociedade e dos valores do antigo regime e à adoção da modernidade política. Em seguida, ela corresponde à desintegração daquele conjunto político único que era a Monarquia Hispânica e à aparição de novos Estados Soberanos; ela é portanto não somente a separação em relação à metrópole, mas também ao rei que assegurava até então a coesão do conjunto. A dupla ruptura se produz, além disto, ao longo de uma longa época de guerras e lutas sociais cuja amplitude e violência têm graves consequências para o futuro. Consequências identitárias em primeiro lugar, pois mesmo se as lutas de Independência tomam por muito tempo o caráter de uma guerra civil, elas não deixam de obrigar os independentistas a redefinir sua identidade em contraposição a adversários que se apresentam como verdadeiros espanhóis; e consequências sociais em seguida, porque esses conflitos agem como um possante fermento de dissolução do vínculo social que unia os povos, as ordens, as corporações, os indivíduos. (Guerra, 2003, p.10-11)

Aceita a independência como um processo causador de dupla ruptura, é preciso também encarar o trauma presente em um processo de tamanha amplitude. Mais uma vez, os atores históricos eram convocados para parturientes de um Novo Mundo. Se a Conquista significou um divisor de águas e provocou grande choque e trauma, assim também seria com a independência. Do mesmo modo, para que o trauma pudesse ser recalcado, as continuidades fizeram-se presentes, apesar do discurso de ruptura e da viabilização da guerra. As alegorias do antigo regime, expressas na simbologia associada à monarquia e ao catolicismo de matriz ibérica, demonstram, simultaneamente, os graus de continuidade e de ruptura estabelecidos entre a Espanha e a América. Presente sobretudo nas festas religiosas, a religiosidade também figura nas festas cívicas, em que o vocábulo laico e profano não substituiu ou ocupou completamente o lugar do sagrado.

Até mesmo o rompimento com a simbologia em torno do rei tornou-se um problema para a elite *criolla*. Também para a América hispânica vale perguntar que tipo de imaginário poderia concorrer com a força da monarquia.[8] O imaginário republicano sozinho certamente não podia. Foi preciso tempo e constância para edificar institucional e representativamente a República. Não à toa, como sugere Guerra (2003), a dificuldade de transferência de imaginários acabou por adotar a fortíssima personalização do poder e de seus símbolos. A figuração dos heróis – generais cobertos de louros – era o que daria força ao imaginário republicano, daí a importância de Simón Bolívar. Na realidade, a figuração de heróis e a sustentação de uma representação personalista tentavam ocupar o vazio deixado pelo vigor da representação monárquica, amparada na imagem do rei. Assim, o general republicano não precisou se coroar, mas era representativamente admirado com as prerrogativas de um rei, especialmente quando identificado a um herói banhado pela Providência divina. Para esse debate, essencial é registrar o desafio de decifrar os códigos desse Novo Mundo. Se tal desafio torna-se uma tarefa complicada para os historiadores, o que dizer então sobre os sentimentos e as avaliações provocadas naqueles que vivenciaram esse processo e que não tinham como assimilá-lo em sua amplitude? Para os atores históricos, contemporâneos ao processo, a vivência multiplica a dramaticidade dos acontecimentos e dificulta a apreensão e compreensão das transformações.

Ainda assim, há que se salientar a novidade não só da independência, mas sua mais importante consequência: o nascimento de repúblicas, opção diferenciada e que ia contra tudo o que a tradição tinha estabelecido por séculos. A política republicana era nova e essa novidade era encarada seriamente pelos *criollos*. Novidades causam medo, incerteza e euforia. A associação da modernidade política à independência na América hispânica colocou em ação novos ritos políticos, testados com ânimo e vigor no território da Grã-Colômbia:

> No período colonial, a política tinha assumido certa feição: intrigas burocráticas e de *cabildo*, competição eclesiástica, mas a independência

---

8 Essa pergunta foi feita pela historiografia para o caso brasileiro. São muitas e importantes as contribuições historiográficas a este debate, citam-se apenas algumas: Sandes, 2000; Carvalho, 1990; Janotti, 1986; Lessa, 1999.

trouxe uma vida política que era nova em intensidade, em amplitude, em método, em toda sorte de consequências. A política republicana era nova. Para dar um exemplo, a mudança pode ser vista claramente nas notas e apontamentos do bogotano José María Caballero em seu *Diário de Santa Fé*: em 1810, uma coletânea, de tom bastante colonial, de observações sobre ocorrências casuais e fenômenos naturais de repente se torna manifestamente um diário político. Em 1830, toda Gran Colômbia havia experimentado várias espécies diferentes de eleições, congressos, assembleias constituintes, assembleias de *padres de família*, partidos e facções, com a imprensa que os apoiava – bem como as técnicas para realizar eleições, dissolver assembleias, intimidar a imprensa e eliminar adversários políticos. Essas técnicas eram conhecidas tanto dos militares quanto dos civis.

A participação em eleições era formalmente restrita. Inicialmente, as limitações diziam respeito ao sufrágio e algumas eleições eram indiretas. No entanto, existem muitos indícios de que a participação informal foi mais ampla e de que a *opinión*, a opinião pública temida pelos governos, não estava restrita aos cidadãos com direito constitucional de voto, ou àqueles que se davam ao trabalho de votar. (Deas, p.520-521)

Nesse sentido, o desencanto e o ressentimento bolivarianos podem ser também avaliados como resultantes de sua ciência quanto à sua ação e participação imperativa para o nascimento de um *novo mundo*. Um *novo mundo* em que as antigas lealdades e tradições não cabiam; um *novo mundo* em que o próprio Bolívar era, ao mesmo tempo, algoz e vítima das transformações; um *novo mundo* com o qual o general não interagia tendo plena identificação. Essa contradição encontra-se presente em suas missivas e o desejo de renunciar à presidência e servir como simples soldado, embora faça parte de uma construção de memória que pretende edificar a imagem do homem público que se consagrou por meio da guerra e do espírito de abnegação e sacrifício, aponta para a ciência de Simón Bolívar de sua incompreensão das transformações impostas pelo nascimento desse *novo mundo*. Em algumas circunstâncias narrativas, especialmente vinculadas à renúncia do cargo administrativo, caracterizar-se como soldado era o mesmo que se excluir como magistrado – tal discurso podia ser explícito ou não. Nesses momentos, o próprio missivista reconhecia a sua tradição: era ele o homem da revolução, formado no tumulto e na anarquia. A dificuldade de Simón Bolívar em lidar com os herdeiros do constitucionalismo – os homens da "república filosófica", como ele mesmo os denominara – demonstra seu conflito diário na tentativa de perceber qual o sentido do mundo novo que a liberdade instaurara. A carta a seguir, após a indicação de José María Del Castillo Rada para o governo da Colômbia, é reveladora:

> Assim, amigo, faça e desfaça o quanto lhe pareça melhor neste departamento, que eu tenho organizado muito ligeiramente e com extrema repugnância, porque você não pode imaginar nem pensar o desagrado que me causa tudo o que tem relação com a parte administrativa da república, pois minha sorte já estava fechada, eu não quero ser mais do que soldado, simples soldado se for preciso, antes que Presidente. Tudo isto digo a você para que tenha entendido minha absoluta abnegação ao governo, e que faça cargo dele, sem contar comigo para nada.
>
> [...]
>
> Estou certo de que outro presidente corrigirá tudo o que não fui capaz de corrigir durante o meu mandato, porque o novo presidente não estará colocado no centro da revolução como eu estive, e trabalhará por conseguinte com olhar próprio para a nova era que encontrará. Esta é outra razão que tenho, além do mais, para querer sair da presidência, porque eu jamais poderei tirar minhas linhas da esfera da revolução, ainda que esta tenha fenecido ou esteja pronta para fenecer. É tão difícil, por outro lado, que um chefe criado em meio ao tumulto, à anarquia e ao ruído das armas, possa governar com acerto uma república filosófica, decretada por um congresso. Tal república não é para ser habitada por homens que se educaram em meio aos furacões revolucionários. Estou persuadido que o Congresso percebeu a exatidão dessas verdades e, por isso mesmo, não quer que eu governe pela espada ou com pulso terrível, mas com uma pluma e tato delicado, porque sem dúvida a marcha do tempo tudo deve submeter. (Carta para José María Del Castillo Rada. Tocuyo, 16/08/1821. Tomo III, R. 753, p.102-103. Cópia)

O escrito acima é um exemplo de missiva confessional. De certa maneira, Bolívar expunha ao amigo a sua inadequação à "nova era".

Nessa carta, encontra-se um elemento novo: o dilema bolivariano em conviver com o desafio do século XIX, que era o de lidar com um novo modo de fazer política. Para esses novos tempos, a cena pública esteve mapeada por também novas legitimidade e sociabilidade, ambas perceptíveis pelos atores históricos. Com Guerra, pode-se afirmar:

> Reduzir essas revoluções [1808 na Espanha e as independências na América] a uma série de mudanças institucionais, sociais ou econômicas deixa de lado o traço mais evidente daquela época: a consciência que têm os atores, e que todas as fontes refletem, de lidar com uma nova era, de estar fundando um homem novo, uma nova sociedade e uma nova política. O homem novo é um homem individual, desgarrado dos vínculos da antiga sociedade estamental e corporativa; a nova sociedade, uma sociedade contratual, surgida do novo pacto social; a nova política, a expressão de um novo soberano, o povo, através da competição dos que buscam encarná-lo ou representá-lo. Considerar só as medidas concretas de reforma institucional, social ou econômica conduz à relativização de sua novidade e também de sua eficácia. (Guerra, 2000, p.13)

Para Bolívar, o dilema de como se colocar em uma nascente e distinta cena pública resolver-se-ia por meio de sua afirmação enquanto soldado. O anterior permitiria que ele mantivesse sua autoridade e legitimidade bem como lhe possibilitaria não ser testado em seu tato político, em particular quando os novos tempos exigiam "embainhar a espada e testar a pluma, submetendo-as à marcha do tempo". Assim mesmo, a leitura atenta da carta anuncia a necessidade justificadora de Simón Bolívar: implicitamente, o general indicava que seus limites formativos o impediam de fazer mais pela pátria. Desse modo, a renúncia vinha associada a um homem público, cuja marca era a doação à pátria. Esse homem pretendia seguir doando-se, desde que lhe deixassem permanecer no posto de soldado. O ano da carta acima, como se pode observar, é 1821. Mal tinham começado os embates no Peru. Bolívar sabia que a guerra não chegara ao fim e que a segurança da Colômbia e da Venezuela dependia dos resultados no Peru. Em virtude disso, também sabia que renunciar ao posto de magistrado e manter-se como o soldado mais importante da república não era, como pode parecer, renunciar ao poder. Antes de tudo, era possibilitar a si mesmo a construção da figura do herói salvador.

Como a carta anterior demonstra, apreender o discurso da renúncia exigia ampliar o registro do texto das missivas. Descobriu-se que o discurso da renúncia caracterizava-se pela polifonia, pois Bolívar nomeou a renúncia de várias maneiras e escreveu sobre ela até mesmo quando não parecia ser esse o assunto principal. A riqueza desse discurso encontra-se exatamente nos vários outros temas que a ele vêm associados. De maneira vigorosa, o epistolário evocava a renúncia; era impossível não se intrigar diante de tal evocação. Na busca por ampliar os registros, o discurso da renúncia permitiu conceber o que se denomina como *memória da indispensabilidade*. Construída entre a ciência e a inconsciência do missivista, essa memória tomava para si o cultivo do ressentimento que, por sua vez, trazia consigo elementos como o medo da solidão e da morte.

Avaliado o ressentimento no epistolário como parte integrante da construção de uma memória da indispensabilidade, restava explicar, ao mesmo tempo, a fonte do ressentimento do missivista e as condutas inspiradas por esse ressentimento. No caso, tanto a fonte do ressentimento quanto a conduta por ele instigada encontravam na renúncia o elo explicativo. O ressentimento bolivariano está em acordo com a explicação evocada por Pierre Ansart (2001). Primeiro, o autor alerta sobre a diversidade das formas de ressentimento, o que leva à conveniência de falar em ressentimentos, adotando-se o plural. Depois disso, apoiando-se em Nietzsche, ele aponta dois tipos de ressentimento:

> Pode-se afirmar que *A genealogia da moral* apresenta, por outro lado, dois tipos opostos de ressentimento: o primeiro, amplamente comentado é o dos fracos, dos dominados e dos padres ascéticos. Nietzsche não esconde seu próprio ódio por estas populações dominadas, pelos padres judeus e cristãos, pelos socialistas e anarquistas, e expõe implicitamente a segunda forma de ressentimento, impregnado de desprezo, que é o dos nobres decadentes, esses poucos super-homens dos quais Nietzsche exala a grandeza, que não acalentariam senão arrogância e

GUERRAS E ESCRITAS **189**

desprezo em relação a todos os fracos. Encontra-se, assim, evocado um outro ressentimento, tão destruidor quanto o primeiro: o ódio recalcado dos dominantes quando se encontram em face da revolta daqueles que consideravam inferiores. Ressentimento reforçado pelo desejo de reencontrar a autoridade perdida e vingar a humilhação experimentada. Esse ódio não é menos 'recalcado' e contido do aquele do escravo: insere-se na prática dos dominantes de conter as manifestações de seu ódio e desejos de vingança. (Ansart, p.19)

Matizados alguns componentes da definição extraída de Nietzsche e traduzidos ao contexto no qual está imerso Simón Bolívar, fato é que a definição proposta por Ansart expõe a dinâmica do ressentimento: ele não é um sentimento que se cultiva e se guarda em meio à inércia e à contemplação. Ao contrário, ele é um sentimento que requer a ação, pois atua em nome do que se perdeu ou do que ainda se quer ganhar. Considerando a relação de poder que se estabelece entre os indivíduos, tanto dominantes quanto dominados estão sujeitos ao cultivo do ressentimento. Esses podem ser mobilizados por motivos distintos e também apresentar reações distintas, mas qualquer um dos polos componentes dessa relação de poder podem se tornar passíveis ao cultivo do ressentimento. Desse modo, captar uma memória em torno do ressentimento pode ser uma atitude investigativa significativa para compreender melhor a dinâmica da conduta política do grupo que cercava Simón Bolívar.

Reforce-se que se trata da correspondência pessoal e não da oficial, dado que impõe distinções. Era comum que Simón Bolívar justificasse aos companheiros os motivos de sua renúncia, pois as justificativas eram fundamentais para manter sua legitimidade no interior do grupo e para manter a coesão interna do mesmo. Nessas explicações e defesas, um rico e novo universo apresentou-se. Dessa maneira, o debate extrapola a apreensão de um discurso exclusivo em torno da renúncia. A memória deixa de ser a memória do ato de renunciar para se tornar a *memória da indispensabilidade*, que contém, outrossim, os apelos ao ressentimento, à doença e à morte. Para a avaliação do sentido interno às missivas, com vistas a alcançar a composição da *memória da indispensabilidade*, contribuíram o romance histórico e o gênero biográfico.

O epistolário em diálogo com a literatura

Não se sabe ao certo qual o número de renúncias oficialmente encaminhadas por Simón Bolívar ao Congresso Nacional. Como anota Gabriel García Márquez, as renúncias foram tantas que se incorporaram ao "cancioneiro popular". Em todo caso, é possível ter a dimensão da constância dos pedidos pela própria explicação do missivista, quando ele encaminhava mais um de seus pedidos. Em uma carta endereçada ao presidente do Congresso da Grã-Colômbia, em 1824, Simón Bolívar escrevia:

> Por quatorze anos consecutivos tenho me submetido com o entusiasmo mais sincero ao serviço da causa da Colômbia. Apenas tenho visto essa triunfante em suas diferentes épocas, quando acreditei ser meu dever renunciar ao mando. Assim o fiz pela primeira vez em dois de janeiro de oitocentos e quatorze em Caracas. Em oitocentos e dezenove em Angostura, em oitocentos e vinte e um em Cúcuta, e mais tarde no mesmo Congresso quando fui nomeado presidente. Agora a república da Colômbia está toda livre, com exceção de um banco de areia em Puerto Cabello. (Carta para o Congresso da Grã-Colômbia. Pativilca, 09/01/1824. Tomo IV, R. 1.035. Rascunho)

Embora, em um primeiro momento, restrito ao grupo, o discurso da renúncia alcança uma abrangência e uma materialidade que deságuam no projeto de memória a ser consumido pela posteridade. É a partir da fusão entre a necessidade de legitimidade, determinada pelo jogo político do presente, e o desejo de memória, delimitado pela perspectiva de futuro, que o missivista constrói e solidifica a memória da indispensabilidade. Premido pela necessidade e pelo desejo, Simón Bolívar partiu para o exílio (e encontrou a morte) derrotado por seus contemporâneos, sem, entretanto, assistir à presença e perenidade de sua memória na história. Contudo, a maior de suas vitórias foi permanecer como herói, tendo seu nome associado à causa da liberdade – a mesma liberdade tantas vezes contestada e desdenhada pelos inimigos, amaldiçoada pelos povos das nascentes repúblicas e fruto de desencantamento por parte do próprio missivista. Ainda mais, Simón

GUERRAS E ESCRITAS **191**

Bolívar permaneceu na memória social e política latino-americana por conta das expectativas e das esperanças que gerações posteriores puderam cultivar em torno de sua figura e da versão histórica dada à sua causa. Com a ajuda do trabalho historiográfico, dentre outros, a figura do "general em seu labirinto" foi alçada à categoria de referência obrigatória na memória do continente.

Tanto Gabriel García Márquez quanto Salvador Madariaga perceberam que, para Simón Bolívar, a utilização da renúncia como um recurso político era fundamental. Para o literato e para o biógrafo, o ato constante de explorar taticamente a renúncia identificava a ambição pessoal do general. É possível à literatura e à biografia lidarem com essa premissa. Entretanto, à história cabe investigar um "acontecimento", sublinhado a partir das condições do presente, mas que tem, outrossim, referências assentadas em um contexto passado a ser investigado. Conclui-se que a história é distinta da literatura e, por esse motivo, a resultante da pesquisa compõe-se de projetos narrativos diferenciados. Não é necessário discutir a estrutura da narrativa para que uma análise mais aprofundada decida se é possível, ao tomar a narratividade como dona de estruturas comuns para a história e para a literatura, pensar no historiador como um profissional muito próximo ao ficcionista (White, 1994). Sustenta-se aqui o seguinte: apesar de as estruturas narrativas aproximarem história e literatura, a história tem um *caráter referencial* – qualquer problemática eleita infere perguntas a um contexto passado específico – que não aparece inevitavelmente como preocupação no interior das obras literárias. Dessa maneira, a despeito de história e literatura possuírem componentes estruturais comuns, as técnicas de pesquisa, a metodologia e a epistemologia concedem à história um projeto narrativo que resulta em um produto distinto daquele do projeto narrativo literário. Nesse caso, a distinção está dada mais pelas perguntas e pelas hipóteses sustentadas pelo historiador do que pela estrutura do texto. Assim mesmo, a estrutura do texto revela os diferentes caminhos percorridos por esses campos de saber para a investigação de seus objetos.

Ao pensar sobre as relações entre história e literatura, é essencial anotar que a construção literária engendra sentido distinto do histórico.

192 FABIANA DE SOUZA FREDRIGO

Para a literatura, é possível referenciar-se em uma leitura de mundo que, mais do que objetivar compreender, quer estabelecer ligações com o que nem sempre é compreensível. Para a história, a relação com o incompreensível interpõe-se ao desejo de explorar uma possível racionalidade a ser aplicada ao acontecimento para que o encadeamento a uma referência contextual faça do tempo o articulador de sentido entre passado e presente. Tais comparações entre história e literatura impingem a uma o domínio da "verdade" (considerando as críticas e dúvidas quanto ao seu alcance) e à outra o domínio da "ficção". Entretanto, essa oposição não é simples, ainda que se releve a presença do inverossímil como importante nutriente para a criação literária. O compromisso literário é de outra ordem, quando comparado com o compromisso histórico. A despeito de todas as críticas que se possam fazer à busca pela verdade, ela ainda é elemento a ser buscado na construção de sentido histórico e, portanto, permanece no horizonte da escrita da história, apesar de as discussões contemporâneas indicarem a capacidade de (re)construção do historiador. História e literatura buscam verdades diferenciadas, o que não faz da literatura uma invenção desconectada do real, uma vez que mesmo o caráter ficcional da literatura depende da relação estabelecida entre o texto e a realidade, pois "seja ela representação mimética do real, reprodução inteligível e coerente do mundo, ou criação anti-representativa, a ficção necessita sempre da realidade para se definir como não realidade" (Strôngoli, p.117).

Da perspectiva histórica, tal como compreendida neste trabalho, captar a renúncia como um recurso significa tomá-la, simultaneamente, como um instrumento necessário à medição do poder missivista e, ainda, como o meio propício para patrocinar um projeto de memória com vistas à posteridade. A partir dessa leitura, o ato constante de renunciar e suas explicações deixam de estar atrelados apenas à ambição pessoal para, então, representar o elo entre os projetos de poder e memória. Nesse sentido, o poder deixa de ser atributo pessoal para se revelar elemento indispensável à política, essa última dependente do jogo que coloca em andamento a ação coletiva. As diversas possibilidades de compreensão dos recorrentes atos de renúncia de Simón Bolívar, ora apreendidas da literatura, ora da história, apenas indicam que entre ambas há diferenças quanto ao entendimento de que caminho seguir para atingir um conhecimento acerca da "realidade sensível".

As leituras do importante biógrafo de Bolívar, o espanhol muito criticado pela historiografia venezuelana, Salvador de Madariaga[9], e do contemporâneo literato premiado, Gabriel García Márquez, muito contribuíram para a avaliação do epistolário. Considerou-se importante apontar esse cruzamento: história, literatura e o gênero biográfico encontraram um tema comum e, embora tenham seguido caminhos diferenciados em sua exploração, dialogaram entre si. A partir desse diálogo, produziram uma profícua relação que, convictamente, contribuiu para o alargamento dos horizontes necessários à compreensão do personagem histórico e do projeto narrativo deixado por ele. A partir dessa constatação, a aposta no diálogo entre a história e áreas afins foi inevitável. Tal diálogo não necessariamente responde a todas as dúvidas do historiador, mas oferece complexidade ao debate. O historiador, mesmo que lide com a literatura, continua a fazer perguntas de historiador, continua a observar o real com os olhos de historiador, todavia, enriquece sua análise quando se depara com um olhar que, distinto do seu, lança problemáticas comuns e aponta possibilidades para a reflexão em torno dessas problemáticas (Berbert Jr., 2004). O contato inicial da história com outras áreas deve indicar como óticas diversas complementam a análise; ensinando que a diversidade não enfraquece o argumento nem deve ser tomada como excludente.

Apesar do cruzamento e da importância que assumiram as leituras de Madariaga e García Márquez, era evidente a necessidade de traduzir à história as pistas encontradas tanto na obra literária quanto na biográfica. Sem o objetivo de "hierarquizar saberes", era necessário tomar tais pistas no sentido de que elas contribuíssem com a avaliação histórica em torno do objeto a ser decomposto, qual seja, o projeto narrativo deixado por Simón Bolívar. Para a biografia e para a obra literária,

---

9 Cf. capítulo 1, item Bolívar, Bolívares: da historiografia à correspondência e vice-versa. Ver a polêmica instaurada entre Salvador de Madariaga e a Sociedade Bolivariana da Venezuela, na pessoa de Vicente Lecuna, em torno da biografia de Simón Bolívar lançada pelo espanhol em 1951.

194 FABIANA DE SOUZA FREDRIGO

Simón Bolívar era o homem vaidoso e ambicioso que precisava usar a renúncia como um recurso político. O general era apresentado, no fim de seus dias, como um homem derrotado, ressentido e solitário, a caminho da morte. O seu sofrimento emergia de duas fontes, atreladas ao ressentimento: a impossibilidade de reconhecimento contemporâneo e a percepção de que o reconhecimento póstumo poderia não vingar. A morte de Simón Bolívar na Quinta de San Pedro Alejandrino, residência próxima à Santa Marta, teria poucos acompanhantes, boa parte desses acompanhantes eram generais proscritos como o próprio Bolívar. Na narrativa de Gabriel García Márquez:

> O fim era uma questão de dias, de horas talvez. Aturdido com a má notícia, Montilla deu um soco na parede nua, e machucou a mão. Nunca mais, pelo resto da vida, tornaria a ser o mesmo. Tinha mentido muitas vezes ao general, sempre de boa fé e por razões de política miúda. A partir daquele dia passou a mentir por caridade, e instruiu nesse sentido os que tinham acesso a ele.
>
> Nessa semana chegaram de Santa Marta oito oficiais de alta patente expulsos da Venezuela por atividades contra o governo. Entre eles se encontravam alguns dos grandes da gesta libertadora: Nicolás Silva, Trindad Portocarero, Julian Infante. Montilla lhes pediu que não somente ocultassem ao general moribundo as más notícias, como que melhorassem as boas, para alívio do mais grave de seus muitos males. Eles foram mais longe, e lhe fizeram um relato tão animador da situação de seu país que conseguiram acender em seus olhos o fulgor de outros dias. (García Márquez, p.254-255)

As construções em torno da figura de Simón Bolívar, especialmente as que se referiam ao ressentimento de seus últimos tempos contraposto à ambição e ao poder de antes, presentes em García Márquez e Madariaga, aproximavam a biografia e o romance. No que se refere ao epistolário, era impossível negar que o estilo narrativo do missivista, revelador de seu empreendimento em reescrever acontecimentos e doar sua memória à posteridade, guardava ambição e vaidade. A leitura de Gabriel García Márquez exigiu reconhecer que a urdidura literária possibilitou apreender um "outro" Simón Bolívar, mas que, de alguma maneira, era um "outro" que também podia ser identificado por meio da leitura do epistolário. Então, concluiu-se, igualmente, ser possível tecer as aproximações entre o romance histórico e o conjunto de cartas de Simón Bolívar.[10]

O romance e a biografia explicaram a costura de um projeto de poder a seu modo, uma vez que a relação do general com o poder foi anunciada exclusivamente como fruto de uma intensa ambição pessoal. Conquanto para a explicação histórica outra seja a avaliação, fato é que tanto a biografia quanto a ficção literária cederam importantes pistas, entre elas: a recorrência da renúncia, seu uso como um recurso político e a proximidade e a responsabilidade desse recurso para a construção do ressentimento do personagem. Composta distintamente, a reformulação dessas pistas na literatura e na biografia anunciava a possibilidade de enxergar a cena histórica por meio do romance.

A cada releitura do romance, o Bolívar de Gabriel García Márquez impressionava mais. O fascínio pela figura apresentada pelo romance advinha, para além das inúmeras possibilidades de relação com o epistolário, da certeza de que o literato, tendo escolhido escrever sobre os últimos dias de um homem da primeira metade do século XIX refletia em seu texto a presença não só do culto em torno da figura de Simón Bolívar, mas também dos importantes referenciais de memória deixados pelo general. Não é preciso ler toda a obra de Gabriel García Márquez para concluir que é ele um autor impregnado e marcado pela história política de seu país de nascença, a Colômbia. Não obstante, segundo o literato, não foram as glórias de Simón Bolívar que o levaram à escrita do romance histórico. As justificativas de García Márquez estão marcadas por sua biografia:

> Mais que as glórias do personagem, me interessava então o rio Magdalena, que comecei a conhecer em criança, viajando da costa caribe, onde tive a sorte de nascer, até a cidade de Bogotá, distante e turva, onde me

---

10 Gabriel García Márquez julga seu romance como um romance histórico. O autor informa o seu conhecimento da documentação bolivariana, o que permite considerar que ele teve acesso à correspondência de Simón Bolívar e a utilizou para a composição literária de seu personagem. Essa discussão será retomada adiante.

senti mais forasteiro[11] do que em qualquer outra, desde a primeira vez. Em meus anos de estudante, eu o percorri onze vezes nos dois sentidos, naqueles navios a vapor que saíam dos estaleiros do Mississipi condenados à nostalgia, e com uma vocação mítica a que nenhum escritor poderia resistir. (idem, p.267)

Todavia, essa justificativa não deve iludir o leitor. Não era sobre um viajante qualquer e sua travessia no rio Magdalena que Gabriel García Márquez escrevia. A empreitada de escrever um romance histórico foi tomada pelo seu autor como uma "temeridade literária" (García Márquez, 1989, p.268). Se a imagem do rio lhe trazia, nostálgica e confortavelmente, lembranças de infância, a figura de Simón Bolívar outrossim lhe interessava e muito, era-lhe uma referência de sua terra natal. A despeito do rio, o primeiro agradecimento de Gabriel García Márquez foi para Álvaro Mutis, escritor idealizador do projeto de um romance que tratasse da última viagem de Bolívar pelo Magdalena. Foi essa ideia, ouvida durante muitos anos, que mobilizou García Márquez, além do incômodo de que tal projeto caísse nas catacumbas do esquecimento:

> Durante muitos anos ouvi de Álvaro Mutis o projeto de escrever a viagem final de Simón Bolívar pelo rio Magdalena. Quando publicou *El último rostro*, que era um fragmento antecipado do livro, o relato me pareceu tão maduro, e o estilo e o tom tão apurados, que me preparei para o ler completo daí a pouco tempo. Entretanto, dois anos depois, tive a impressão de que ele o havia lançado ao esquecimento, como nos acontece a tantos escritores, mesmo com sonhos mais amados, e só então ousei pedir que me permitisse escrevê-lo. Foi um bote certeiro depois de uma tocaia de dez anos. (ibidem, p.267)

O romance conta uma história e opina sobre ela em várias passagens, situação que confirma o quanto o autor bebeu nas fontes do culto estabelecido em torno de Simón Bolívar. Embora também ao romancis-

---

11 O qualificativo de forasteiro também se aplicaria a Simón Bolívar em alguns trechos do romance.

ta não possa ser atribuída a onisciência nem o controle inequívoco dos personagens em seu romance, não é possível desconsiderar as associações que podem ser feitas entre o romance de García Márquez e o culto bolivariano. Aliás, em seus agradecimentos, há uma nota particular não a um historiador qualquer, mas a um historiador bolivariano, Vinício Romero Martinez. A passagem no livro sobre o desentendimento de Simón Bolívar com Francisco de Paula Santander é esclarecedora:

> Também não era verdade que a origem da discórdia fossem os privilégios concedidos ao general Páez, nem a desventurada constituição da Bolívia, nem a investidura imperial que o general aceitou no Peru, nem a presidência e o senado vitalícios que sonhou para a Colômbia, nem os poderes absolutos que assumiu depois da Convenção de Ocaña. Não: não foram esses, nem tantos outros, os motivos causadores da terrível ojeriza que azedou ao longo dos anos, até culminar no atentado de 25 de setembro. "A verdadeira causa foi que Santander não pôde nunca assimilar a ideia de que este continente fosse um único país", disse o general. "A unidade da América ficava grande nele". Fitou Lorenzo Cárcamo estirado na cama como no último campo de batalha de uma guerra perdida desde sempre, e pôs fim à visita.
>
> – Claro que nada disso vale depois de morta a defunta – disse.
>
> Quando Lorenzo Cárcamo o viu levantar-se, triste e desamparado, percebeu que as recordações lhe pesavam mais do que os anos, tal como a ele. Ao lhe reter as mãos entre as suas, percebeu, mais, que ambos tinham febre, e se perguntou de qual dos dois seria a morte que os impediria de se verem de novo.
>
> – O mundo está perdido, velho Simón – disse Lorenzo Cárcamo.
>
> – Perderam o mundo para nós – disse o general. – O remédio agora é começar do princípio.
>
> – É o que vamos fazer – disse Lorenzo Cárcamo.
>
> – Eu não – disse o general. – Só falta me jogarem no caixote de lixo.
> (idem, p.123)

Primeiro, atente-se para a existência de um narrador. Não que a ausência de um narrador impeça a influência do autor nos caminhos de um romance, mas um narrador acrescenta força ao personagem. Sua importância no interior da narrativa é contabilizada pela cumpli-

198 FABIANA DE SOUZA FREDRIGO

cidade estabelecida entre o narrador e o personagem. Na medida em que o primeiro atua como a figura acima do enredo, sendo conhecedor de seu final, pode intervir e justificar seu personagem em nome do encaminhamento final do romance. O narrador usa de seu poder de predizer, calcular, conjeturar e insinuar sobre o que há de vir e faz isso durante a trama, sem a utilização de nenhum subterfúgio. A escolha de um personagem que contasse a sua história seria menos vigorosa, em especial se esse personagem fosse Simón Bolívar. A presença de um narrador concede a Simón Bolívar a exata universalidade que ele "deve merecer". Esse tipo de estratégia permite cultuar o personagem sem que o personagem seja o ordenador do próprio culto. Nesse sentido, *O general em seu labirinto* é a expressão do cuidado que ainda hoje se guarda, mesmo que literariamente, ao arguir a personalidade histórica de Simón Bolívar.

O trecho que pretende explorar o desentendimento entre os antigos companheiros, na realidade, usa a oportunidade para chamar a atenção para a questão da unidade. Desse trecho, duas interessantes alusões podem ser retiradas. A primeira delas é óbvia, mas merece relevo: não era possível escrever sobre Simón Bolívar e não trazer à tona o ideal que ainda mobiliza políticos contemporâneos, no caso, a unidade americana. Da perspectiva em que se constrói a narrativa, a Santander caberia a pecha do político que pensou pequeno, por isso não conseguiu sonhar com um grande futuro para a América. Junto com os inimigos de Bolívar, o mundo se perdeu e essa constatação, advinda das dolorosas lembranças (entre elas, a da perda de uma amizade que fora responsável pelas glórias da Grã-Colômbia), pesava bem mais ao general do que os anos. O mesmo fragmento aponta para um general absolvido, indicando o caminho a ser trilhado por seus seguidores: o caminho não podia ser outro que não o do recomeço. A segunda possibilidade analítica, que parece ser paradoxalmente contrária à anterior, permite ao narrador insinuar a batalha perdida do general. Assim, embora absolvido, o general estava derrotado. Não lhe sobravam nem campos de batalha nem aliados capazes de fazer fulgir novamente sua legitimidade. O narrador insinua e o próprio general, então personagem, confirma a sua derrota, afinal, "nada disso vale depois de morta a defunta". Esse trecho esclarece de que modo e em que grau a divisão de papéis entre um narrador e um personagem fortalece o personagem e a narrativa, conferindo maior espaço ao autor para influir na composição e julgamento das figuras de seu romance.

O romance histórico exigiu de seu autor grande pesquisa, aproximando o escritor de historiadores e profissionais liberais. Nos agradecimentos, ao final do romance, Gabriel García Márquez faz referência aos historiadores colombianos Eugenio Gutiérrez Celys, Fabio Puyo e Gustavo Vargas. Também cita o historiador bolivariano radicado em Caracas, Vinicio Romero Martinez. Ainda fazem parte da lista: um ex-presidente, Belisario Betancur, dois embaixadores, José Eduardo Ritter (embaixador da Colômbia no Panamá) e Aníbal Noguera Mendoza (embaixador da Colômbia em Porto Príncipe), um linguista, Roberto Cadavid, um geógrafo, Gladstone Oliva, um astrônomo, Jorge Pérez Doval, e o que o autor chama de um "parente oblíquo do protagonista", Antonio Bolívar Goyanes. O rigor do romance, a contragosto de seu autor, foi mantido por uma caçada feita por pesquisadores aos anacronismos e imperfeições no texto literário. Por parte do romancista, anacronismos e imperfeições, na realidade, "disparates", teriam acrescentado "gotas de humor involuntário – e talvez desejável – ao horror deste livro" (García Márquez, p.270). No que diz respeito ao rigor do romance histórico, apesar de considerar a importância da consulta e do manuseio da documentação produzida por Simón Bolívar e em torno dele, ainda assim, Gabriel García Márquez sugere a distinção entre o seu "fazer literário" e o "fazer historiográfico". A complexidade do empreendimento a que se impôs García Márquez só foi suavizada por seu conhecimento de que o período de Bolívar no rio Magdalena foi pouco documentado. Seguindo seu próprio autor, o livro *O general em seu labirinto* é efetivamente um romance histórico, mas não é história:

> Por outro lado, os fundamentos históricos me preocupavam pouco, pois a última viagem pelo rio é o tempo menos documentado da vida de Bolívar. Só escreveu então três ou quatro cartas – um homem que deve ter ditado mais de dez mil – e nenhum de seus acompanhantes deixou

memória escrita daqueles quatorze dias aventurados. No entanto, desde o primeiro capítulo tive de fazer alguma consulta ocasional sobre seu modo de vida, e essa consulta me remeteu a outra, depois a outra mais e a outra mais, até mais não poder. Durante dois longos anos fui me afundando nas areias movediças de uma documentação torrencial, contraditória e muitas vezes incerta, desde os trinta e quatro volumes de Daniel Florêncio O'Leary até os recortes de jornais menos imaginados. Minha absoluta falta de experiência em matéria de investigação histórica tornou ainda mais árduos os meus dias.

Este livro não teria sido possível sem a ajuda dos que trilharam antes de mim esses territórios, durante século e meio, e me tornaram mais fácil a temeridade literária de contar uma vida com documentação tirânica, sem renunciar aos foros desaforados do romance. (idem, p.267-268)

As descrições do personagem no livro contemplam um homem abatido, que caminhava para a morte. Não causa espanto essa caracterização. Entretanto, um grau de surpresa é atribuído ao sempre presente adendo: apesar da doença, Simón Bolívar tinha movimentos decididos e alma capaz de restaurar suas forças, mesmo após uma noite inteira de delírio. Assim, a escolha de Gabriel García Márquez é a de apresentar um general perdido, decadente, sem apoio, ressentido, doente; mas um general que conservava no espírito o sinal da liderança forte e vigorosa:

– Vamos embora – disse – voando, que aqui ninguém gosta de nós.
Por ter ouvido dizer aquilo tantas vezes e em ocasiões tão diversas, José Palácios[12] não achou que fosse valer, embora os animais estivessem preparados nas cocheiras e a comitiva oficial começasse a se reunir. Ajudou-o a se enxugar de qualquer jeito, e lhe pôs o poncho dos paramos sobre o corpo nu, porque a xícara castanholava com o tremor das mãos. Meses antes, ao vestir a calça de camurça que não usava desde as noites babilônicas de Lima, descobrira que ia diminuindo de estatura à medida que perdia peso. Até sua nudez era diferente: tinha o corpo pálido e a

---

12 Secretário particular e amigo íntimo de Bolívar.

cabeça e as mãos queimadas de sol. Completara quarenta e seis anos no último mês de julho, mas já sua áspera grenha caribe ficara cinzenta: tinha os ossos desmantelados pela decrepitude prematura, e todo ele se via tão desfeito que não parecia capaz de durar até o próximo julho. No entanto, seus movimentos decididos davam a impressão de pertencer a outra pessoa menos gasta pela vida, e caminhava sem cessar ao redor do nada. Bebeu a tisana em cinco goles que por pouco lhe empolaram a língua, fugindo a seu próprio rastro de água nas esteiras esfiapadas do assoalho, e foi como beber o filtro da ressurreição. (idem, p.11-12)

Inserida logo no início do livro, essa descrição é mantida nas páginas seguintes. A figura de Bolívar que permanece é a do homem doente, alquebrado e que, no entanto, se é capaz de enfrentar corajosamente a morte, o mesmo não o faz com o seu ressentimento. A tristeza quanto à ausência de gratidão pública – desejo que suas cartas expressam ter sido buscado no decorrer de seus 47 anos – não possuía medicamento eficaz. *O general em seu labirinto* acompanha o período de 1830, fazendo algumas remissões aos anos anteriores. Ambientado em 1830, era concedido ao personagem, Simón Bolívar, a rememoração de suas glórias passadas, da tentativa frustrada de seu assassinato em 1828 e dos desentendimentos com Santander, o "Cassandro" – apelido que, segundo Gabriel García Márquez, Simón Bolívar teria dado a Francisco de Paula Santander, após sua briga com o vice-presidente da Grã-Colômbia. O personagem de Gabriel García Márquez, conturbado ora por sonhos, ora por delírios, ora por lembranças que advinham de um cheiro, de um gosto ou de uma visita, também contava a sua história, sempre reforçada pelo narrador. Assim, as evocações de Simón Bolívar recheiam o livro:

La Florida de San Pedro Alejandrino, a uma légua de Santa Marta, nos contrafortes da Sierra Nevada, era uma fazenda de cana-de-açúcar com um engenho para fazer rapadura. Na berlina do Senhor Mier, lá se foi o general pelo caminho empoeirado que dez dias depois seu corpo, sem ele, iria percorrer em sentido contrário, embrulhado na velha manta dos paramos, em cima de um carro de boi. Muito antes de ver a casa, sentiu a brisa saturada de melaço quente, e sucumbiu às insídias da solidão.

– É o cheiro de San Mateo – disse.

O engenho de San Mateo, a vinte e quatro léguas de Caracas, era o centro de suas saudades.

[...]

O quarto que lhe destinaram foi responsável por outro extravio de memória, pelo que o examinou com uma atenção meticulosa, como se cada objeto lhe parecesse uma revelação. Além da cama de dossel, havia uma cômoda de mogno, uma mesa-de-cabeceira também de mogno com um tampo de mármore, e uma poltrona estofada de veludo vermelho. Na parede junto à janela havia um relógio octogonal de algarismos romanos, parado a uma hora e sete minutos.

– Já estivemos aqui antes – disse. (idem, p.252-253)

As lembranças, ocupando-se em associar um passado glorioso, um presente amargurado e um futuro incerto, apareciam no romance para indicar que, apesar da distância e da diferença do Bolívar e da América de outros tempos, aquele personagem ainda era Bolívar e o lugar em que ele estava ainda era a América. O trecho que segue, tratando da entrada de Bolívar em Cartagena, é ilustrativo:

A população do recinto amuralhado, convocada por um édito urgente, se reunira na rua. As tardes começavam a ser demoradas e diáfanas no solstício de junho, e havia grinaldas de flores e mulheres vestidas à moda madrilenha nas sacadas, e os sinos da catedral e as músicas de regimento e as salvas de artilharia troavam até o mar, mas nada chegava a mitigar a miséria que queriam esconder. Cumprimentando com o chapéu, do coche desconjuntado, o general não podia deixar de se ver sob uma luz de comiseração, ao comparar aquela recepção indigente com sua entrada triunfal em Caracas, em agosto de 1813, coroado de louros numa carruagem puxada pelas seis donzelas mais formosas da cidade, e em meio à multidão banhada em lágrimas que naquele dia o eternizou com seu nome de glória: o Libertador. Caracas era ainda uma cidadezinha remota da província colonial, feia, triste, pobre, mas as tardes do Ávila[13] eram dilacerantes na nostalgia. Aquela e esta não pareciam ser duas lembranças de uma mesma vida. (idem, p.173)

---

13 Pico do Ávila, próximo a Caracas.

A imagem criada por Gabriel García Márquez encontra similaridade com a produzida no epistolário. Diante da indigência da recepção popular, nada espontânea porque fora convocada por um édito[14], alguém como Bolívar, que tinha sido recebido com altas pompas depois de Boyacá e Ayacucho, só podia cultivar a comiseração. A imagem lastimável, tanto dos manifestantes quanto do próprio general, era complementada pelo aceno com o chapéu e pelo coche desajeitado. Os louros e a carruagem puxada pelas donzelas mais belas eram lembranças passadas que tornavam compreensível a sensação de comiseração. O literato foi certeiro na utilização da palavra que, ao indicar autopiedade, alude também ao ressentimento guardado pelo general. Em uma carta para Domingo Caycedo, escrita por Bolívar quando de sua passagem por Mompox, anterior à sua passagem por Cartagena, o tom do general também mudara: não carregava mais as exclamações e o exagero de outrora. O missivista, em carta datada de 21 de maio de 1830, mostrava-se agradecido pelas manifestações, sem, no entanto, afirmar o "desejo veemente" dos povos em comemorar o seu "triunfo", ou ainda, sem recorrer à descrição dos "arcos triunfais, das flores jogadas por belas damas e da alegria dos manifestantes". A carta para Caycedo é uma carta que alude à benevolência, palavra que, se pode indicar estima, outrossim, indica complacência, uma palavra à qual o general não recorreu quando da descrição de sua recepção em Santa Fé, em carta endereçada para Antonio Zea. As referências ao triunfo, às belas damas, aos arcos e à alegria dos populares estiveram presentes na referida carta para Antonio Zea, quando Bolívar comemorava a vitória em Boyacá. Pode-se comparar o tom e a composição narrativa das cartas de Zea e Caycedo. Da conclusão fica o entusiasmo da primeira frente ao agradecimento contido da segunda. Estabelecida a comparação, apesar do agradecimento formal, o ressentimento, embora não evidente, encontra-se implícito.[15] Assim, a ligação com o epistolário se sustenta: embora Bo-

---

14 A região de Cartagena era governada por Mariano Montilla, amigo antigo de Bolívar e bolivarista convicto. Daí, a conclamação da população por meio de um édito.

15 A carta para Zea, escrita de Puente Real, em 26 de setembro de 1819, foi reproduzida no capítulo 2.

204 FABIANA DE SOUZA FREDRIGO

lívar faça questão de ratificar sua recepção benevolente, é evidente que nem a recepção nem a sua avaliação da recepção comparavam-se com as mesmas atividades no passado. Além disso, é importante registrar o posto do destinatário: o general escrevia para Domingo Caycedo, homem que ocupara a presidência deixada por ele, assim, qualquer notícia enviada tornar-se-ia oficial para os que estavam em Bogotá:

> Minha viagem tem sido boa até aqui, tanto porque não tive nenhum incômodo, como pelo excesso de benevolência com o qual têm me recebido este povo do Magdalena. Aqui, sobretudo, têm me tratado melhor do que nunca, e como essas demonstrações são gratuitas e em demasia, têm enchido o meu coração do mais terno reconhecimento. Desde o dia que deixei o cargo, tenho recebido as demonstrações mais lisonjeiras, e com mais prazer ainda, quando foi você quem deu o exemplo: assim, até agora, não tenho porque para me arrepender de ter deixado o mando supremo. (Carta para Domingo Caycedo. Mompox, 21/05/1830. Tomo VII, R. 2.711, p.480. Fotocópia do original)

No período abordado pelo romance, Simón Bolívar entregara a presidência a Domingo Caycedo[16] e, para acalmar as mazelas da rebelião na Venezuela, aceitara o acordo com Páez.[17] Por conta do acordo

---

16   Domingo Caycedo ocupava a presidência do Congresso da Colômbia, que tinha sido instaurado em janeiro de 1830. Até março daquele ano, Bolívar permaneceu "nominalmente" como ditador e, em março, entregou o poder que passou, primeiro, por Caycedo e, depois, por Mosquera.

17   Em fins de 1829, António Páez liderava mais um movimento autonomista (o anterior havia sido a *La Cosiata*). Desde novembro desse ano, Páez passou a desconhecer a autoridade de Bolívar e das instituições de Bogotá, instaurando na prática a separação da Venezuela à Grã-Colômbia. Bolívar, então muito doente, perdera o apoio militar e, consequentemente, o político, uma vez que sua última tentativa centralizadora – posta em prática logo após a dissolução da Convenção de Ocaña, quando se atribuiu poderes de *chefe supremo* – falhara. Para a manutenção da unidade entre a Venezuela e a Nova Granada, António Páez impôs a condição de que Simón Bolívar abandonasse a Colômbia, queria governar seu território sem maiores influências. Uma Assembleia Nacional reunida em Caracas comunicou à Nova Granada essa decisão e declarou a proscrição de Simón Bolívar. Para provocar o desencanto completo ao general, Joaquín Mosquera, partidário das fileiras santanderistas, foi eleito presidente do congresso na Nova Granada. Em março de 1830, Páez era eleito presidente da Venezuela por meio das assembleias eleitorais.

firmado, Bolívar devia partir da Colômbia, daí sua viagem pelo Magdalena. Em tais circunstâncias, o general experimentava o abandono; encontrava-se difamado e enxovalhado pelo adjetivo de tirano e pelas acusações quanto ao pretenso desejo de se coroar:

> Sempre encarara a morte como um risco profissional sem remédio. Tinha feito todas as guerras na linha de perigo, sem sofrer um arranhão, e movia-se em meio ao fogo contrário com uma serenidade tão insensata que até seus oficiais se conformaram com a explicação fácil de que se julgava invulnerável. Saíra ileso de todos os atentados contra ele urdidos, e em vários salvou a vida por não estar dormindo em sua cama. Andava sem escolta, comia e bebia sem nenhum cuidado com o que lhe ofereciam por onde andasse. Somente Manuela sabia que seu desinteresse não era inconsciência nem fatalismo, mas melancólica certeza de que havia de morrer na cama, pobre e nu, e sem o consolo da gratidão pública. (García Márquez, p.16)

Em outro trecho, ao comentar com um visitante francês sobre o fuzilamento de Iturbide, o Bolívar de García Márquez teria dito:

> Minha testa não será jamais manchada por uma coroa [..] Aí está Iturbide para me refrescar a memória [...] Admira-me que um homem comum como Iturbide fizesse coisas tão extraordinárias, mas Deus me livre da sorte, como me livrou de sua carreira, embora eu saiba que nunca me livrará da mesma ingratidão. (idem, p.127)

Como sugerido no capítulo anterior, nas cartas escritas entre os anos de 1824 e 1825, Bolívar citou Iturbide, considerando inapropriado o coroamento do político mexicano. Augustín de Iturbide aparecia nas cartas, ao lado de San Martín e O'Higgins, como um exemplo de má conduta. Para o missivista, a má sorte do imperador, que teve como clímax o seu fuzilamento em 1824, advinha do fato de esse político não ter sido um amante da liberdade. Por esse motivo, Iturbide era o único responsável pela perda de sua glória. No final dos trechos retirados da obra de García Márquez, o romancista empresta ao seu personagem uma melancólica certeza, a da ingratidão. A vida de glórias terminaria com a incompreensão do povo que ele havia lutado para libertar. Aí há um destino, um desígnio, retirando de Simón Bolívar suas forças. A ingratidão pública e o não reconhecimento de seus vinte anos de serviço à pátria eram motivos para delírios, assim como foram assunto para inúmeras missivas. Se, ao final da vida, algo paralisava Bolívar, não era exatamente a doença, mas o ressentimento. Não fosse isso, desde que o reconhecessem como importante liderança, estaria ele disposto a proteger a pátria. O oferecimento de seus serviços à pátria, mesmo sabendo-se incapaz fisicamente, esteve presente nas cartas de seu último ano de vida:

> Os senhores verão meu proclama: ainda que pareça oferecer muito, não ofereço nada, senão servir como soldado. Não quero admitir o mando que me conferem as atas, porque não quero passar por um chefe de rebeldes e nomeado militarmente pelos vencedores.[18] Tenho oferecido servir ao governo porque não posso me isentar em perigos semelhantes. Se me derem o exército aceitarei e se me mandarem à Venezuela, eu irei. Entretanto se fizerem as eleições conforme a lei, e se por acaso for nomeado constitucionalmente pela maioria dos sufrágios, aceitarei se me convencerem de que a minha eleição foi verdadeiramente popular. Mas, meu amigo, o senhor que conhece a constituição que temos e os novos inconvenientes que se multiplicaram nesses últimos dias, [diga-me] como é possível que alguém se comprometa a servir contra tantas probabilidades. Só um prodígio de circunstâncias favoráveis poderia me fazer decidir. Os senhores dirão que é preciso viver; e eu digo o mesmo que é preciso que eu viva: não sei se me equivoco, mas creio que valho o mesmo que cada um e como cada um devo pretender minha honra, meu repouso, minha vida. Eu não posso viver entre assassinos e facciosos; eu não posso ser honrado entre semelhante canalha, e não posso gozar de repouso em meio de alarmes. A ninguém pedem tantos sacrifícios como a mim, e isso para que todos façam o que lhes interessa. Aqui não há equidade, meu amigo: em consequência, eu devo tomar por mim mesmo a parte da minha justiça. Eu estou velho, enfermo, cansado, desenganado, hostilizado caluniado e mal pago. Eu não peço por recompensa mais do

---

18 Em setembro de 1830, Urdaneta e outros companheiros de Bolívar foram vitoriosos em um golpe ocorrido em Bogotá que derrubou o presidente de então, Joaquín Mosquera, eleito em maio de 1830. Rafael Urdaneta assumiu a presidência.

que o repouso e a conservação de minha honra: por desgraça, é o que não consigo. (Carta para Pedro Briceño Méndez. Cartagena, 20/09/1830. Tomo VII, R. 2.747, p.530-531. Original)

Velho, cansado, desenganado, hostilizado, caluniado e mal pago, mas disposto a servir como soldado. O oferecimento era simbólico, Bolívar não tinha como servir para acalmar as guerras internas. Não tinha como servir não só porque perdera o vigor físico, mas porque, ainda mais grave, perdera a legitimidade e o poder. A figura literária e fantasmagórica do general revelava o descrédito do fim de seus dias, assim como era uma revelação o ressentimento presente em suas cartas dos anos de 1829 e 1830. Ajudada pela descrição da natureza, dos transeuntes e da cidade, a saída de Simón Bolívar de Santa Fé de Bogotá é narrada da seguinte maneira:

> A primeira jornada foi a mais ingrata, e assim teria sido mesmo para alguém não tão doente quanto ele, pois se sentia amargurado com a hostilidade insidiosa que percebera nas ruas de Santa Fé na manhã da partida. Apenas começava a clarear em meio ao chuvisco, e só encontrou no caminho algumas vacas extraviadas, mas o rancor de seus inimigos pairava no ar. Apesar da precaução do governo, que mandara conduzi-lo pelas ruas de menor movimento, o general chegou a ver alguns dos insultos pintados nos muros dos conventos.
>
> [...]
>
> Em nenhum lugar se sentira tão forasteiro como nessas ruelas ermas com casas iguais de telhados pardos e jardins internos com flores cheirosas, onde se cozinhava a fogo lento uma comunidade aldeã, cujas maneiras alambicadas e cujo dialeto ladino mais serviam para ocultar do que para dizer. E, contudo, embora lhe parecesse uma burla da imaginação, era essa mesma cidade de brumas e sopros gelados que escolhera antes de conhecê-la para edificar sua glória, que amara mais do que qualquer outra, e idealizara como centro e razão de sua vida e capital da metade do mundo.
>
> Na hora das contas finais, parecia o mais surpreendido pelo próprio descrédito. O governo postara guardas invisíveis até nos lugares de menor perigo, e isso impediu que saíssem no seu encalço as maltas coléricas que o haviam executado em efígie na noite anterior, mas em todo trajeto se

ouviu um mesmo grito distante: "Longaniiiiizo!"[19] A única alma que se compadeceu dele foi uma mulher de rua que disse ao vê-lo passar:
— Vá com Deus, fantasma! (García Márquez, p.45-47)

Entre seus contemporâneos, o projeto de Bolívar estava efetivamente derrotado. Sucumbira a crença entre os seus próprios companheiros na capacidade de Bolívar de agir como árbitro para a manutenção da Grã-Colômbia e para o apaziguamento das dissensões entre as oligarquias. A morte prematura de Sucre, assassinado por lideranças rebeldes peruanas;[20] a suspeita de que Santander, então liderança dos federalistas, fora um dos mentores da tentativa de assassinato de Simón Bolívar em 1828, acarretando-lhe o exílio na condição de um dos principais inimigos do general venezuelano e a carreira ascendente de António Páez como o rebelde capaz de pôr fim à Grã-Colômbia deixaram Simón Bolívar órfão do seu grupo de elite. A descrença impingida ao general aparece em alusões constantes no texto de Gabriel García Márquez. Sobre um episódio contado por Wilson a um cronista da época, que não se dignou a registrá-lo, teria dito o mesmo cronista: "O pobre general é um caso acabado". À frente, o narrador completaria: "No fundo, era essa a certeza de quantos o viram em sua última viagem, e talvez por isso ninguém tenha deixado testemunho escrito. Para alguns de seus acompanhantes, o general nem mesmo passaria à história" (idem, p.130).

A despeito da descrença, Bolívar ainda partia em busca do que lhe restava: a proteção de sua glória e o reconhecimento da posteridade. Por esse motivo continuava a escrever cartas, sem se importar com o fato de

---

19 Gabriel García Márquez esclarece que *Longanizo* foi o apelido dado a Simón Bolívar pelos granadinos. Esse apelido era o mesmo conferido a um indigente louco que era famoso porque perambulava pelas ruas com uniformes conseguidos em casas de belchior.

20 Após uma emboscada nas montanhas de Berruecos, segundo os contemporâneos, a mando do general José María Obando (o mesmo que em 1828 tinha sustentado a guerra civil contra o governo do Peru, liderando rebeldes na região de Pasto), António José de Sucre foi assassinado no dia 04 de junho de 1830. No entanto, a notícia da morte do ex-presidente da Bolívia só chegou aos ouvidos de Bolívar um mês depois.

GUERRAS E ESCRITAS **209**

o oferecimento em atuar como soldado ser de impossível concretização. Ao oferecer seus préstimos à pátria, o importante era expor-se, enfermo que fosse, mas dotado de uma vontade férrea. A memória das gerações futuras deveria guardar a vontade férrea que lhe permitia posicionar-se entre as hostes inimigas, mesmo enfermo. Assim, entende-se o porquê das poucas alusões à doença, que o atormentava desde 1825, o porquê da escolha em dar continuidade ao epistolário, o porquê, ao resolver expressar sinais de cansaço, de fastio e de enfermidade, esses deviam vir acompanhados do interesse em se oferecer à pátria, imolado em sacrifício, afinal, como o missivista escreveu:

> Acrescentarei ao senhor uma palavra mais para esclarecer esta questão: todas as minhas razões se fundam numa só: não espero saúde para a pátria. Este sentimento, ou melhor esta convicção íntima, afoga meus desejos e me arrasta ao mais cruel dos desesperos. Eu creio que tudo está perdido para sempre; e a pátria e meus amigos submersos em um pélago de calamidades. Se não tivesse mais do que um sacrifício para fazer e este fosse o de minha vida, ou de minha felicidade ou de minha honra... creia-me, não titubearia; mas estou convencido de que este sacrifício seria inútil, porque nada pode um pobre homem contra um mundo inteiro; e porque sou incapaz de fazer a felicidade de meu país me nego a mandá-lo. Há mais ainda, os tiranos de meu país retiraram-no de mim e eu estou proscrito; assim não tenho pátria para a qual fazer sacrifício. (Carta para Estanislao Vergara.[21] Cartagena, 25/09/1830. Tomo VII, R. 2.749, p.535. Original.)

Se houvesse sacrifício a ser feito, o general declarava-se pronto a fazê-lo. Proscrito e sem acreditar em uma possível saída para a América libertada da Espanha, mas cativa das oligarquias, foi o missivista quem, em meio à desilusão, decidiu o que fazer: "porque sou incapaz de fazer a felicidade do meu país me nego a mandá-lo". Não era ele, Simón

---

21 Militar, diplomata e político (Bogotá, 1792-1857). Participou da Campanha de Cúcuta sob as ordens de Bolívar, em 1813. Foi designado para as campanhas do Sul e do Apure. Representou, como deputado, a província de Casanare no Congresso de Angostura. Atuou em missões diplomáticas na Europa ao lado de Peñalver. (*Diccionario de Historia de Venezuela*. Disponível em: <http://www.bolivar.ula.ve/indihist.htm>. Acesso em: 29 nov. 2004)

Bolívar, desnecessário. Ao contrário, se ia embora, era para salvar a pátria e guardar sua glória de maiores ataques. Em uma das últimas missivas da coletânea, o homem que renunciou inúmeras vezes, o fazia de novo, mas, deixando claro que, embora proscrito, era ele quem se negava a mandar. O ressentimento é evidente na descrença exalada da carta acima, todavia a memória da indispensabilidade continua a impor a sua diretriz: para a posteridade, deveria ficar a imagem irretocável daquele homem público que se comprometeu e se sacrificou até o fim de sua vida. O homem público desterrado, mas capaz de decidir sua sorte, pois era senhor de seu exército particular.

Em uma outra carta, endereçada a Flores[22], em novembro de 1830, Simón Bolívar escrevia sobre sua doença e sobre a impossibilidade de oferecer seus serviços. Passados dois meses de uma carta a outra, o que o impedia de assumir um cargo executivo era seu estado físico. Não obstante, nomeado presidente da Nova Granada, após um golpe dos bolivaristas,[23] notícia que se digna a oferecer, termina sua carta, dando-lhe o mesmo sentido da anterior, ou seja, indicando que ele escolhia o seu próprio destino. Descontente por se encontrar como liderança entre

---

22 Juan José Flores (Puerto Cabello, 1800 – Equador, 1864). General-chefe do Exército Libertador, participou das guerras de independência nos territórios da Nova Granada, da Venezuela e do Equador. Em 1823, assumiu o cargo executivo na província de Pasto, contrária à independência. Em 1830, quando o Equador decidiu sua saída da Grã-Colômbia, Flores assumiu a presidência da república. Enfrentou muitos golpes em virtude da situação precária do país, penalizado pelas mazelas deixadas pela guerra. (*Diccionario de Historia de Venezuela*. Disponível em: <http://www.bolivar.ula.ve/indihist.htm>. Acesso em: 29 nov. 2004)

23 A ausência de legitimidade levou os bolivaristas a um golpe contra o governo da Grã-Colômbia, liderado por Rafael Urdaneta. Depois de ter obrigado Joaquín Mosquera a abandonar a presidência e, diante da mais completa falta de apoio, Urdaneta, em 1831, poucos meses depois do golpe, devolveu o poder ao vice-presidente, Domingo Caycedo. A indicação de Bolívar para a presidência, quando do golpe de Estado, foi um artifício, uma vez que se sabia de sua impossibilidade de assumir o cargo executivo. Ainda assim, tal indicação implica em refletir acerca da complexidade das circunstâncias: ao menos entre os poucos bolivaristas, militares da "velha guarda" que dividiam o código de valores dos libertadores, o nome de Simón Bolívar tinha alguma ressonância. Para todos os outros, ele era a imagem de um "fantasma", que não cabia mais na nova cena pública, carregando tão somente a qualidade de proscrito.

GUERRAS E ESCRITAS **211**

golpistas, sem apoio do Congresso, e mediante o seu conhecimento arquivado sobre as revoluções, o general pretendia manter-se a salvo e longe do poder por uma decisão de sua inteira responsabilidade:

> Falarei a você ao fim de mim: fui nomeado presidente de toda Nova Granada, mas não pela guarda de assassinos de Casanare e Popayán; e entretanto Urdaneta está desempenhando o Poder Executivo com os ministros eleitos por ele. Eu não aceitei este cargo revolucionário porque a eleição não é legítima; logo depois fiquei doente, o que não me deixa servir nem como súdito. No entanto, tudo isso acontece assim, as eleições ocorrem conforme a lei, ainda que fora do tempo em algumas partes. Asseguram que terei muitos votos e pode ser que seja eu que consiga mais e então veremos o resultado. O senhor pode considerar se um homem que tirou das revoluções todas as conclusões anteriores terá vontade de se afogar novamente, depois de ter saído do ventre da baleia: isso é claro. (Carta para J. J. Flores. Barranquilla, 09/11/1830. Tomo VII, R. 2781, p.589. Retirada do *Boletim Histórico*, n. 1, Fundação John Boulton)

Trechos de cartas endereçadas a Briceño Méndez e a Rafael Urdaneta aparecem na composição do romance para explicar a hesitação de Simón Bolívar em aceitar a presidência da Grã-Colômbia, uma vez vitorioso o golpe de seus aliados. As anotações de Gabriel García Márquez coincidem com a interpretação retirada da análise do epistolário. Também o autor-narrador de *O general em seu labirinto* mostra seu espanto com o tom de comando que algumas missivas de Simón Bolívar assumiram em tal contexto:

> Em carta que mandou dois dias depois ao general Briceño Méndez escreveu: "Não quis assumir o poder que as atas me conferem porque não quero passar por chefe de rebeldes e ser nomeado militarmente pelos vencedores". Contudo, nas duas cartas que ditou nessa mesma noite a Fernando para o general Rafael Urdaneta, teve o cuidado de não ser tão radical.
>
> A primeira foi uma resposta formal, cuja solenidade era por demais evidente no cabeçalho: "Excelentíssimo Senhor". Nela justificava o golpe pelo estado de anarquia e abandono em que ficara a república com a dissolução do governo anterior. "O povo nesses casos não se engana", escreveu. Mas não havia nenhuma possibilidade de aceitar a presidência.

A única coisa que poderia oferecer era sua disposição de retornar a Santa Fé para servir como simples soldado.

A outra era uma carta particular, como já indicava a primeira linha: "Meu querido general". Extensa e explícita, não deixava a menor dúvida sobre as razões de sua incerteza. Como dom Joaquín Mosquera não havia renunciado a seu título, amanhã poderia fazer-se reconhecer como presidente legal e colocá-lo na posição de usurpador. Assim, reiterava o que dissera na carta anterior: enquanto não dispusesse de um mandato diáfano, emanado de uma fonte legítima, não havia possibilidade alguma de assumir o poder.

As duas cartas foram pelo mesmo correio, junto com o original de uma proclamação na qual pedia ao país que esquecesse suas paixões e apoiasse o novo governo. Mas punha-se a salvo de qualquer compromisso. "Embora pareça oferecer muito, não ofereço nada", diria mais tarde. E reconheceu ter escrito algumas frases cujo único propósito era lisonjear quem esperava por isso.

O mais significativo da segunda carta era o tom de comando, surpreendente para uma pessoa desprovida de todo o poder.

[...]

Nesses dias costumava repetir com renovada ênfase uma antiga frase sua: "Estou velho, doente, cansado, desiludido, fustigado, caluniado e mal pago". Entretanto, ninguém que o visse teria acreditado. (García Márquez, p.205-207)

Tanto o escrito literário quanto as cartas apresentam contradições compreensíveis que completam-se e emprestam sentido à pergunta do porquê de cuidar com tamanho alento da correspondência. De um lado, a doença e a perda de legitimidade eram fatos inegáveis. Como se anotou, o golpe bolivarista não teve tempo de se afirmar e, sem apoio, foi efêmero. Além disso, mesmo que tivesse se afirmado, o general Bolívar não exerceria a presidência, sua indicação fora apenas um gesto de respeito militar. Tanto assim que Urdaneta deixou de responder às cartas de Bolívar durante esse período, embora mantivesse contato com bolivaristas antigos, que permaneciam próximos ao general e acompanhavam o seu padecer em Santa Marta. Apesar disso, Bolívar continuava a escrever, usando recorrentemente o tom de quem podia decidir os rumos da América, mesmo sem exercer um cargo executivo. De outro lado, apesar da incontestável força dos fatos, a fórmula para uma memória que matizasse a perda de legitimidade e denunciasse as conspirações injustas contra o Libertador foi doada pelo próprio missivista. Foi o desejo de se apresentar indispensável que requereu de Simón Bolívar a *persona* do epistolário. Em suas cartas escritas entre os anos de 1829 e 1830, embora não fosse possível mais esconder a doença e o ressentimento, era possível apresentar-se como um general vigoroso. A própria incapacidade em ocultar o ressentimento, como o fez outras vezes com o seu estado de saúde, era um sinal evidente de que nem sempre era possível ao missivista controlar o que escrevia. A despeito do seu fastio e das perseguições que, segundo ele, sofria, o missivista era capaz de fazer exalar autoridade de sua correspondência:

> Estou cansado e enfastiado das calúnias. Penso em retirar-me do mando político, mas não do militar. Com isto, se ganha e não se perde. Outro magistrado, se for bom, será sustentado por mim, meus amigos e o exército. Será forte pelas leis e por nossa autorização. Eu lhe emprestarei toda a minha influência: influência que ninguém pode me emprestar. Eu me apoio agora neles (os generais) e depois se apoiarão em mim. O governo sobre todos. Páez não será mais o fantasma das crianças. Eu irei para Venezuela e seremos camaradas. Minha glória se salvará e a Colômbia também. (Carta para Mariano Montilla. Popayán, 30/11/1829. Tomo VII, R. 2.640, p.402. Original)

Eu não estou só muito cansado do governo, mas sim sou perseguido por ele; por conseguinte, farei tudo o que for possível para separar-me do mando, ficando só com o exército, se quiserem me dar. Sinto muito dar-lhe esta notícia, mas devo fazê-lo para seu governo.[24] Provavelmente será o

---

24 Nesta carta, Bolívar renunciava ao governo do Equador. Desde 1823, esse território, por uma ação militar de Sucre, foi incorporado a Grã-Colômbia. Muitos conflitos opuseram a Grã-Colômbia e o Peru, pois esse último considerava ser seu direito ter posse do território de Guayaquil. Em uma rebelião liderada por um colombiano, o general Bustamante, comissionado pelos peruanos, Guayaquil proclamara sua independência da Grã-Colômbia, isso em 1827, em meio aos preparativos para a Convenção de Ocaña, que definiria sobre as reformas da

general Sucre o meu sucessor, e também é provável que o sustentemos entre todos; de minha parte ofereço fazê-lo com alma e coração. (Carta para J. J. Flores. Popayán, 05/12/1829. Tomo VII, R. 2.642, p.404. Retirada de *Asesinato Del gran Mariscal de Ayacucho*. A. Flores, p.383)

Juro ao Senhor e prometo com a mais pura sinceridade que teria o maior gosto e seria uma honra para mim sustentar a sua autoridade. Neste caso, teria a Colômbia dois grandes apoios: o governo seria tão forte como o exército e ambos se apoiariam mutuamente com benefício do estado. Sobre esse ponto, tenho meditado muito, pelo que estou resoluto a não desistir dessa resolução. Mas se empenham-se em me fazer voltar ao cargo, podem contar que eu não o admitirei, ainda que isso resulte na ruína da república. Minha honra e minha glória exigem este

---

Constituição de Cúcuta, em vigor desde 1821. O plano de Bustamante era anexar o sul da Colômbia ao Peru. O general venezuelano Flores, futuro presidente da República do Equador, foi quem pôs fim aos planos rebeldes, entrando vitorioso em Guayaquil em setembro de 1827. Além de Guayaquil, o Peru queria incorporar a Bolívia, que esteve, desde 1826, sob a presidência de António José de Sucre. Em 1827, forças peruanas, lideradas pelo general Gamarra, invadiram a fronteira boliviana, entretanto, Sucre conseguiu conter a rebelião. Considerando não ser o momento de aprofundar os problemas políticos entre a Grã-Colômbia e o Peru, Sucre não puniu Gamarra e afirmou que não era o caso de hostilizar os peruanos e incitar uma guerra. Os motins não terminaram e Sucre foi preso pelos rebeldes, o que obrigou a Bolívia a entrar em acordo com os insurgentes peruanos. Pelo acordo, seriam expulsas do país as tropas colombianas. Em setembro de 1828, Sucre chegou em Quito e se instalou. Incidentes diplomáticos entre a Colômbia e o Peru pioraram a situação, o que deflagrou a guerra. Em um contexto difícil para a manutenção da unidade no interior da Grã-Colômbia, uma guerra com o Peru era considerada desastrosa. Os peruanos, sob a presidência do general La Mar, ocuparam Guayaquil, que foi retomada, após uma campanha de trinta dias, pelo próprio Sucre, na Batalha de Tarqui (27/02/1829). O Tratado de Girón, firmado em 28 de fevereiro de 1829, concedia indenizações a Grã-Colômbia e anotava o respeito à sua integridade territorial. Assim mesmo, La Mar, desrespeitando o acordo, não se dispôs a entregar Guayaquil. Bolívar já se encontrava no Sul e preparava seu exército para sitiar a cidade tomada pelos peruanos. No entanto, a situação foi solucionada pela destituição de La Mar da presidência por meio de um golpe produzido em Lima. O novo governo, liderado pelo General Andrés de Santa Cruz, ratificou o Tratado de Girón e agradeceu os serviços prestados pela Colômbia para a independência peruana. O exército colombiano ocupou Guayaquil. (Masur, p.543-547)

ato solene de absoluto desprendimento, para que o mundo veja que na Colômbia há homens que depreciam o poder absoluto e preferem a glória à ambição. Por outro lado, com isso deixarei lesados meus inimigos; e também meus companheiros de armas verão que não seguiram a quem não merecia, e se gabarão por eu não ter sido o que têm me acusado. (Carta para António Páez. Popayán, 12/12/1829. Tomo VII, R. 2650, p.410-411. Original)

Suas cartas contavam uma história, a do herói injustiçado. Lidas as missivas e identificado nelas o desejo de Bolívar em manter a sua autoridade e conceder a imagem de si como um general atuante e legitimado, é momento de voltar a se perguntar acerca do perfil tecido no interior da narrativa do romance histórico. Para o literato, o general tinha a "aura mágica" e os males do corpo eram sempre contrapostos à força do espírito. São muitas as passagens de *O general em seu labirinto* que confirmam esse tipo de construção do perfil de Simón Bolívar. O interessante é a comparação: ler a correspondência e o romance permite, como já se sugeriu, enxergar a cena histórica. O homem público vigoroso – que se revelava mais abatido pelo ressentimento do que pelos males físicos – aparecia tanto no epistolário quanto no romance. É essa a função da oposição entre um físico decadente e um espírito decidido: a de apresentar um Simón Bolívar que, embora abatido pela doença, sofria bem mais por ter o espírito atento que lhe permitia perceber as intrigas em torno de si e o descrédito que lhe era concedido. Como foi sugerido, esse tipo de representação seria mantida até os últimos dias do general. Foi assim quando de sua despedida de Bogotá. Em meio ao seu séquito, Bolívar, embora doente, destacava-se por um "halo mágico". Nesse relato, a indigência do corpo não excluía a tensão de energia que dele emanava:

> Não trazia nenhuma insígnia de seu posto nem lhe restava o menor indício da imensa autoridade de outros dias, mas o halo mágico do poder o tornava diferente em meio ao ruidoso séquito de oficiais. Dirigiu-se à sala de visitas, caminhando devagar pelo corredor atapetado de esteiras que margeava o jardim interno, indiferente aos soldados da guarda que se perfilavam à sua passagem. (García Márquez, p.39)

Empinou-se para se despedir do presidente interino, e este correspondeu com um abraço enorme, que permitiu a todos comprovar como era mirrado o corpo do general, e como se via desamparado e inerme na hora da despedida [...] Procurou ajudá-lo, conduzindo-o pelo braço com a ponta dos dedos, como se fosse de vidro, e surpreendeu-se com a tensão de energia que lhe circulava debaixo da pele, como uma torrente secreta sem qualquer relação com a indigência do corpo. Delegados do governo, da diplomacia e das forças militares, com barro até os tornozelos e as capas ensopadas pela chuva, o esperavam para acompanhá-lo na primeira jornada. Ninguém sabia ao certo, porém, quem o acompanhava por amizade, quem para protegê-lo e quem para ter confirmação de que ia embora mesmo. (idem, p.42)

Em sua passagem pelo povoado de Honda, o romance narra duas importantes cenas, uma em um rio e outra em uma festa. Em ambas, apesar da proximidade da morte e da imagem esquálida do corpo, a entrega à atividade física representava, mais do que a presença de alguma energia no corpo, a capacidade espiritual do general em se refazer dos reveses. Nessa narrativa, a comparação entre passado e presente não é despropositada, especialmente quando a junção entre esses tempos assume um sentido específico, que é o de demonstrar que algo concedia unidade entre o Bolívar do passado e o do presente: a sua energia, isso porque ela era mais do que física, era peça integrante de seu caráter:

Longe iam os dias em que apostava atravessar uma torrente *llanera* com uma das mãos amarradas e ainda assim ganhava do nadador mais destro. Dessa vez, de qualquer modo, nadou sem cansaço durante meia hora, mas os que viram suas costelas de cachorro e suas pernas raquíticas não entenderam como podia continuar vivo com tão pouco corpo. (idem, p.79)

Longe ficavam os anos ilusórios em que todo mundo caía vencido, e só ele continuava dançando até o amanhecer com o último par no salão deserto. Pois a dança era para ele uma paixão tão dominante que dançava sem dama quando não havia, ou dançava sozinho a música que ele próprio assobiava, e exteriorizava seus grandes júbilos subindo para dançar na mesa da sala de jantar. Na última noite de Honda já tinha as forças tão reduzidas que precisava se refazer nos intervalos aspirando os vapores do

GUERRAS E ESCRITAS **217**

lenço embebido em água-de-colônia, mas valsou com tanto entusiasmo e com maestria tão juvenil que, sem querer, destruiu as versões de que estava à morte. (idem, p.81)

No que se refere aos pedidos de renúncia, *O general em seu labirinto* é rico em passagens. Interessantes trechos acerca desse ato aparecem na narrativa literária. O ano era 1830, o lugar era Santa Fé de Bogotá. Depois de uma manifestação contrária ao general, a poucos quarteirões de onde ele se acomodara com a sua comitiva, Bolívar anunciou:

> — Muito mal devem andar as coisas – disse –, e eu pior que as coisas, para tudo isso acontecer a um quarteirão daqui e me fazerem acreditar que era uma festa.
>
> A verdade é que mesmo os seus amigos mais íntimos não achavam que fosse deixar o poder nem o país. A cidade era pequena e a gente bis-bilhoteira demais para desconhecer as duas grandes falhas de sua viagem incerta: não tinha dinheiro para chegar a parte alguma com séquito tão numeroso e, tendo sido presidente da república, não podia sair do país antes de um ano sem permissão do governo, a qual nem sequer tivera a malícia de solicitar. A ordem de arrumar a bagagem, dada de modo ostensivo, para ser ouvida por todo mundo, não foi entendida como pro-va terminante nem pelo próprio José Palácios, pois em outras ocasiões chegara ao extremo de desmanchar uma casa para fingir que partia, o que sempre fora uma manobra política certeira. Seus ajudantes militares sentiam que os sintomas do desencanto eram por demais evidentes no último ano. Entretanto, de outras vezes tinha acontecido, e quando menos se esperava o viam despertar com ânimo novo, para retomar o fio da vida com mais ímpeto que nunca. José Palácios, que sempre acompanhara de perto essas mudanças imprevisíveis, o dizia à sua maneira: "O que o meu senhor pensa, só o meu senhor sabe".
>
> Suas renúncias recorrentes se haviam incorporado ao cancioneiro po-pular, desde a mais antiga, anunciada no próprio discurso com que assumiu a presidência: "Meu primeiro dia de paz será o último do poder." Nos anos seguintes, tornou a renunciar tantas vezes, e em circunstâncias tão diversas, que nunca mais se soube quando era de verdade. A renúncia mais ruidosa de todas tinha sido dois anos antes, na noite de 25 de setembro, quando escapou ileso de uma conspiração para assassiná-lo, dentro do próprio

quarto de dormir do palácio do governo. A comissão do congresso que o visitou de madrugada, depois de ele ter passado seis horas sem agasalho debaixo de uma ponte, encontrou-o embrulhado numa manta de lã e com os pés numa bacia de água quente, mas não tão prostrado pela febre quanto pela decepção. Anunciou-lhes que a trama não seria investigada, que ninguém seria processado, e que o congresso previsto para o ano-novo se reuniria de imediato para eleger outro presidente da república.

– Depois disso – concluiu – deixarei a Colômbia para sempre.

Contudo, a investigação foi feita, julgaram-se os culpados com um código de ferro, e quatorze foram fuzilados em praça pública. O congresso constituinte marcado para 02 de janeiro só se reuniu dezesseis meses depois, e ninguém tornou a falar em renúncia. Mas não houve por essa época visitante estrangeiro, interlocutor casual ou amigo de passagem a quem ele deixasse de dizer: "Vou para onde gostem de mim". (idem, p.21-23)

Três são as impressões retiradas deste trecho literário: primeiro, havia descrença generalizada quanto à possibilidade concreta de Simón Bolívar deixar a Colômbia e o mando; segundo, a renúncia e o anúncio de que se retiraria do país configuravam um tipo de "manobra política certeira" utilizada de forma recorrente; e, terceiro, a renúncia e a saída da América vinham associadas ao desencanto que, entretanto, atrelava-se a um "ânimo novo", nascido sobrenaturalmente.

O trecho citado de *O general em seu labirinto* discorre sobre a tentativa de assassinato de Simón Bolívar, ocorrida em 25 de setembro de 1828. Na narrativa de García Márquez, a tentativa de assassinato teria provocado a reação da renúncia, uma das mais ruidosas. No epistolário, não constam cartas dos dias imediatamente seguintes ao atentado. Entre as missivas encontradas, há cartas datadas de 29 e 30 de setembro de 1828. Considerando-se tais datas, conclui-se que Simón Bolívar esperou para escrever, pensou e calculou o que escreveria diante da gravidade daquela situação política. O acompanhamento das cartas escritas entre os dias 29 e 30 surpreende porque apresenta um Simón Bolívar que não colocava a renúncia como tema. Certamente, essa distinção entre o romance e o epistolário tem seus motivos. A ruidosa e imediata renúncia à qual Gabriel García Márquez refere-se pode ter sido retirada de outra documentação. O literato informa ter lido *Memórias*, do General O'Leary. Nesse material, "falas" de Bolívar foram traduzidas, histórias pitorescas foram recontadas, utilizando-se do estilo permitido a um diário. Segundo informações de Gerhard Masur (1960), biógrafo de Simón Bolívar, a principal fonte para a reconstituição dos acontecimentos envolvendo o atentado contra Bolívar, na noite de 25 de setembro de 1828, é o longo informe escrito por Manuela, em 1850 (portanto, vinte e dois anos após o ocorrido), a pedido de O'Leary que usaria o referido relato em suas *Memórias*. Assim como García Márquez, Madariaga (1953) também informa que a primeira reação de Bolívar foi a de renunciar ao cargo. Retira essa informação do mesmo documento usado por Masur, o relato de Manuela Sáenz, e cita ademais as cartas de Posada Gutiérrez, amigo que partilhava da intimidade de Simón Bolívar.

No epistolário organizado por Vicente Lecuna, as cartas desse período demonstram uma escrita reveladora do interesse em punir exemplarmente os culpados pelo planejamento do assassinato. A renúncia voltaria a ser tema, mas depois. No imediato pós-atentado, Bolívar quis garantir o apoio dos generais que cuidavam da administração em outras províncias da Grã-Colômbia. No dia 29 de setembro de 1828, constam cartas para Bartolmé Salom e Laurêncio Silva, já no dia 30 de setembro de 1828, seguiram missivas para Páez, Jacinto Lara e Mariano Montilla, entre outros.[25] Todas as cartas obedecem à seguinte narrativa:

---

25 Todos esses generais ocupavam importantes cargos em departamentos da Grã-Colômbia à época do atentado. Além disso, dividiram com Bolívar a luta pela independência desde 1810. Em 1828, Jacinto Lara era intendente e comandante-geral dos departamentos de Zulia e de Orinoco. No mesmo ano, Mariano Montilla ocupava o posto de chefe superior do Departamento do Istmo (Panamá), de Magdalena e de Zulia. Entre maio de 1828 e abril de 1829, Salom atuou como comandante e intendente de Maturín. Por fim, Laurêncio Silva, combatente em Junín e Ayacucho, foi designado comandante-geral de Guayana. Eram homens de confiança de Simón Bolívar. Mariano Montilla esteve ao lado de Bolívar em Santa Marta, quando ele faleceu, foi firmante de seu testamento. Laurêncio Silva foi encarregado pelo próprio Bolívar de ser seu testamenteiro, sendo sua obrigação fazer cumprir os últimos desejos do general bem como dividir seus bens. Acrescente-se que todos esses militares tiveram lugar assegurado no Panteão Nacional da Venezuela, fundado em 1875: Jacinto Lara, em 24 de junho de 1911; Mariano Montilla, em 3 de julho de 1896; Bartolomé Salom, em 5 de julho de 1909 e Laurêncio Silva em 16 de dezembro de 1942.

Querido General:

Pelo impresso adjunto você se instruirá da horrível conspiração que, contra a Colômbia e contra o seu governo, se praticou nesta cidade na noite do dia 25 corrente. Muitos detalhes poderiam ser acrescentados àquele impresso, mas falta tempo, pois todos têm de voltar a atenção agora para descobrir as ramificações que possam ter este atentado nas províncias. Não sendo mais do que a continuação dos propósitos de Ocaña para dissolver e aniquilar a república, há de se ter particular cuidado com a conduta dos que na convenção aprovaram a revolução de Padilla em Cartagena.[26]

É necessário, pelo menos, retirar todos do país. Mas, caso se descubra que eles estiveram em contato com os que conspiraram aqui, é necessário julgá-los no ato e, no ato, impor-lhes a pena da lei. O último decreto de 20 de fevereiro sobre conspiradores dá todos os meios que possam se desejar segundo a gravidade do crime e das circunstâncias. A indulgência, que tem sido até aqui a divisa do governo, não tem feito mais do que alentar novos crimes com a esperança da impunidade. Colômbia reclama já a altos gritos que se trabalhe em justiça e só quer que trabalhe a justiça. Só assim poderá conseguir o restabelecimento da ordem e da tranquilidade; só assim poderá conservar sua existência.

Recomendo ao senhor muito particularmente a maior vigilância e o pronto castigo dos criminosos. As circunstâncias não podem ser mais solenes nem mais urgentes; o clamor dos povos não pode ser mais fundado nem mais unânime; sejamos, pois, tão fiéis à Colômbia como ela assim o exige.

É impossível que eu me estenda mais por hoje, quando a necessidade de acalmar a agitação entre os presos e, ao mesmo tempo, de trabalhar por justiça absorvem toda a minha atenção. Recomendo, de novo, a vigilância e acredite-me seu amigo. (Carta para Laurêncio Silva. Bogotá, 29/09/1828. Tomo VI, R. 2.224, p.461-462. Fotografia do original)

---

26 Em fevereiro de 1828, tropas realistas aproximaram-se da costa venezuelana, saídas recentemente de Porto Rico. Em Cartagena, com a ajuda de tais tropas, uma rebelião foi encabeçada pelo almirante Padilla e outros oficiais de Cartagena que foram encarcerados. Na noite do atentado a Simón Bolívar, um outro grupo encarregou-se de libertar Padilla que foi, imediatamente, reconhecido como líder dos antibolivaristas. Novamente preso, Padilla foi julgado e condenado de acordo com a lei dos conspiradores, sendo executado em Bogotá.

GUERRAS E ESCRITAS **221**

O panorama que antecedeu à tentativa de assassinato contou com o perdão aos rebeldes de *La Cosiata*[27] e com os desentendimentos entre Bolívar e Santander.[28] A Convenção de Ocaña, que deveria

27 Como já se informou, o movimento liderado por António Páez, *La Cosiata*, demonstrava as dificuldades que se impunham à manutenção da unidade da Grã-Colômbia. As chefias locais na Venezuela apoiavam a separação (embora chefes como Arisméndi e Bermudéz tivessem permanecido leais a Bogotá) porque associavam os problemas econômicos à centralização do poder político em Bogotá. Por sua vez, a situação econômica era péssima. A pecuária e a agricultura vinham sofrendo perdas incontestáveis: "para se ter uma ideia do declínio econômico na Venezuela, notamos que o algodão, entre antes de 1810 e 1831, teve um declínio de 97,6% na sua produção. O anil, por sua vez, diminuiu em 73,8%; o cacau, 50,0%; a produção de couros declinou 41%; o gado vacum 89,9% e o equino, 89,8%" (Reinato, 2000, p.160). Também a produção de fumo e café diminuíra de modo que os lavradores encontravam-se arruinados e saudosos dos tempos do domínio espanhol. O fim de *La Cosiata* marcou o início dos desentendimentos entre Bolívar e Santander. Para o granadino, Simón Bolívar deveria ter destituído António Páez que demonstrara não apoiar a unidade entre a Colômbia e a Venezuela. Para Santander, a lógica política era simples: punir Páez seria frustrar exemplarmente e antecipadamente todos os outros planos de dissolução da Grã-Colômbia que poderiam nascer entre os chefes locais da Venezuela. Já para Bolívar, a lógica política era outra: trabalhou com a ideia de que era fundamental manter o apoio de Páez. Para tanto, Bolívar reconheceu a autoridade do chefe *llanero* na Venezuela e exigiu de Páez o reconhecimento de sua autoridade enquanto presidente da Grã-Colômbia, além de solicitar sua isenção em futuras conspirações contra a unidade. Desde então, Santander passou a articular seu próprio grupo. Politicamente, os santanderistas pensavam propor às futuras reformas constitucionais o federalismo e um peso considerável ao legislativo, o que se contrapunha aos planos dos bolivaristas de um executivo forte e centralizado. O palco da contenda foi a Convenção de Ocaña, que iniciou seus trabalhos em abril de 1828. Rafael Urdaneta, secretário do Ministério da Guerra à época do atentado, julgou e condenou Santander por acreditar ser ele o mandante da tentativa de assassinato de Simón Bolívar. O crime deveria ser punido com a pena de morte, no entanto, por interferência de Bolívar, preocupado com as poucas evidências da real participação do granadino e calculando o problema político que geraria a sua execução, Santander foi apenas exilado. Seguiu desterrado para França, de onde retornou, em 1832, para assumir o cargo de presidente da Colômbia, logo após a morte de Bolívar e a dissolução da Grã-Colômbia.

28 Os biógrafos de Bolívar (Salvador Madariaga, Gerhard Masur e o brasileiro Nelson Werneck de Castro), ao relatarem o desentendimento entre Bolívar e Santander bem como a reconciliação entre Páez e Bolívar, associam tal escolha do general com o seu projeto da Federação Andina. Segundo esses mesmos biógrafos, *La Cosiata* favorecia o projeto de Simón Bolívar e, por isso, ele escolhera apoiar Páez

estabelecer reformas para o texto constitucional da Grã-Colômbia, foi suspensa, pois os partidários de Bolívar abandonaram os trabalhos legislativos, impossibilitando o quórum para a aprovação de qualquer projeto de lei e deixando em aberto o conflito com os santanderistas.[29]

---

em detrimento de Santander. A ideia da Federação Andina (a unidade entre Peru, Bolívia e Colômbia) estava assentada na divisão da Grã-Colômbia. Desse modo, essa unidade, estabelecida na Constituição de Cúcuta (1821), era um obstáculo para o projeto bolivariano. Páez, ao ter por objetivo separar a Venezuela da Grã-Colômbia, desconsiderava a regra constitucional e, nesse sentido, acabava por dar apoio ao projeto de Simón Bolívar. Esse argumento é usado pelos biógrafos. Todavia, compreende-se que destruir uma unidade para afiançar outra era, no mínimo, um projeto arriscado. Embora a Federação Andina constasse nos planos de Bolívar, acredita-se que o apoio a Páez deveu-se mais à ciência de Bolívar quanto à força localista na Venezuela – da qual Páez era a expressão máxima – do que ao seu desejo de edificar a união entre o Peru, a Bolívia e a Colômbia. É importante anotar que, no mesmo momento em que Bolívar esteve presente na Venezuela para entrar em um acordo político com os rebeldes, o exército peruano anunciou seu objetivo de anexar Guayaquil e partiu para uma invasão na Colômbia. Em meio a esse desacordo, a Federação Andina nasceria prematuramente sem nenhuma chance de sobrevivência.

29 Algum tempo depois de abortada a Constituinte em Ocaña, o novo Congresso de Nova Granada – a denominada *Assembleia Admirável*, a terceira assembleia constitucional da Colômbia em dez anos – adotaria uma constituição que tinha por base o federalismo. Em última instância, o projeto bolivariano foi derrotado. A Assembleia Constituinte, que se reuniria em Bogotá, em janeiro de 1830, abriu seus trabalhos pressionada pela nova tentativa separatista de Páez na Venezuela, colocada em andamento em 1829. Mais uma vez, António Páez conclamava a oligarquia venezuelana a se separar da autoridade de Bogotá. Promoveu uma campanha contra Bolívar, usando politicamente os "prováveis" planos monárquicos do general. Também em 1829, sucedeu-se a rebelião liderada pelo general Córdoba, outro antigo colaborador de Bolívar, que objetivava separar a Venezuela da Colômbia e permitir a independência do Equador. Dessa forma, Simón Bolívar encontrava-se desacreditado e a sua obra maior, a unidade entre Venezuela, Colômbia e Equador, parecia desfazer-se perante seus olhos. Ainda assim, a Assembleia Constituinte não aceitou o pedido de renúncia de Simón Bolívar. O que parece paradoxal é explicado por Masur: "O parlamento não aceitou a renúncia de Bolívar, mas nessa ocasião se ateve exclusivamente a considerações de caráter prático. O Congresso notou que era preciso promulgar previamente os princípios da Constituição e, enquanto esses fundamentos não fossem aceitos, o destino da Colômbia dependia de indivíduos. Bolívar – disseram – comprometeu-se a continuar na presidência até que se aprovasse uma nova Constituição e se elegesse um novo presidente. Dito de outro modo: Bolívar não era indispensável, mas no momento era necessário" (Masur, p.558). Tanto era certo o cálculo político que

GUERRAS E ESCRITAS **223**

Na raiz desse conflito, havia a percepção de um projeto de estado, no qual estava em questão a escolha pela federação ou pelo centralismo, a unidade do mando e do território ou a derrocada da Grã-Colômbia e a fortaleza das oligarquias. Gerhard Masur resume a oposição entre Bolívar e Santander na Convenção de Ocaña:

> O partido de Santander solicitou a divisão da república em vinte departamentos, queria um senado restrito e uma câmara de deputados fortalecida. O artigo 128, que concedia faculdades ditatoriais em casos de emergência, devia ser suprimido.
>
> Por seu lado, o partido de Bolívar pediu um governo forte e eficiente. O presidente teria o poder de veto e o direito de designar e destituir os funcionários estatais. O artigo 128 deveria ser mantido. (Masur, p.530)

Esses conflitos encontram-se expressos no epistolário, antes mesmo da Convenção, quando Bolívar resolvia escrever para seus amigos sobre seus inimigos que, por meio do epistolário, tornavam-se inimigos do grupo que cultivava a prática de correspondência. Se Bolívar era ameaçado, imediatamente estava em jogo a sobrevivência do grupo e do projeto coletivo que o sustentava, que, naquele período, diziam respeito às reformas constitucionais capazes de impedir a separação da Grã-Colômbia. A lógica de que o cultivo de um inimigo comum fortalecia a legitimidade do missivista fica evidente no interior do epistolário. Em virtude disso, a escrita de cartas funcionava, em momentos de crise política, como o meio de alertar quanto à ameaça ao poder do grupo e ao seu projeto. Durante os trabalhos legislativos em Ocaña, Simón Bolívar escreveria a Páez e Rafael Arboleda:[30]

---

a presidência não permaneceu nem dois meses mais nas mãos de Simón Bolívar. Em 1º de março, ele entregava o cargo para Domingo Caycedo e retirava-se para uma casa de campo emprestada, nas imediações de Bogotá. Ainda, para enterrar de vez o sonho de unidade de Bolívar, a Assembleia Constituinte de 1830 decidiu que a Constituição aprovada valeria somente para o território de Nova Granada. Na prática, a unidade da Grã-Colômbia desfizera-se de maneira irreversível.

30 Jose Rafael Arboleda y Arroyo (1795-1831). Amigo de Bolívar e partidário da causa republicana, na qual investiu altas somas em dinheiro. Foi senador por Cauca no Congresso da Grã-Colômbia, em 1827. (*Diccionario de Historia de Venezuela*. Disponível em: <http://www.bolivar.ula.ve/index.htm>. Acesso em: 22 out. 2004)

224 FABIANA DE SOUZA FREDRIGO

As derrotas dos nossos amigos os têm desesperado e eles estão empenhados em se retirar, antes de firmarem uma Constituição que arruíne a Colômbia. Eu tenho escrito a eles para que vejam bem o que fazem, e que se eles se precipitarem a um passo tão decisivo poderemos correr mil perigos. Enfim veremos o que farão.

[...]

Eu espero momentos de uma horrorosa tormenta, e, por isso mesmo, devemos nos preparar uma conjura, tomando todas as medidas de precaução para que a desordem não nos arraste aos crimes de uma anarquia sanguinária. Para tanto, tome suas providências cautelares contra os inimigos internos e externos, que se precipitaram aos maiores excessos nesta crise horrorosa. (Carta para António Páez. Bucaramanga, 02/06/1828. Tomo VI, R. 2.105, p.325-326. Rascunho)

O senhor me convida para que restauremos a Colômbia e para isso oferece os seus serviços, que chama de insignificantes. Não, amigo, não são. O'Leary e eu sempre lamentamos a sua falta na grande convenção. O amigo Joaquín[31] trabalha divinamente e, segundo parece, é o melhor orador da Assembleia, mas anda perdendo muito tempo por sua circunspeção. O senhor Rafael Mosquera, que o senhor sempre me elogiou, tem-se mostrado muito indiferente e algumas vezes é o oposto do próprio primo. Ao fim, entraram em acordo, e já estão todos decididos, sobretudo Joaquín, que é o encanto dos amigos: seu discurso sobre a federação dizem que é incomparável. Apesar de tudo, temos sofrido tantas derrotas que muito em breve, segundo dizem, por-se-ão em fuga os vencidos [...].

[...]

conto, desde então, com todos os amigos da Colômbia no caso de ter que recorrer a meios extraordinários, e, pois, conto com o meu amigo

---

31 Joaquín Mosquera y Arboleda (1787-1878). Diplomata que ocupou o cargo de último presidente da Grã-Colômbia. Depois de Cúcuta (1821), Joaquín Mosquera foi comissionado por Bolívar para atuar como ministro plenipotenciário da Colômbia em diversas repúblicas, tais como Peru, Chile e Buenos Aires. A pedido de Bolívar, concorreu à Convenção de Ocaña (1828) como deputado pela província de Buenaventura, presidindo as últimas sessões da referida Convenção. Quando Bolívar renunciou em 1830, o Congresso elegeu Mosquera, que tomou posse em 13 de junho do mesmo ano. (*Diccionario de Historia de Venezuela*. Disponível em: <http://www.bolivar.ula.ve/index.htm>. Acesso em: 22 out. 2004)

GUERRAS E ESCRITAS **225**

Arboleda e com os amigos de Cauca, dos quais espero a mais eficaz cooperação. Então, suponho que o senhor entrará em acordo com o intendente e o comandante-geral para pensar no que é melhor. Eu creio que o caso em questão não ultrapassará o mês de julho e assim é possível que vejamos o ocorrido dentro de quinze ou vinte dias. Para então, o convido a consultar seu juízo e seu caráter. Queira Deus que tão nobres esforços não se percam! E enquanto isso receba o coração de quem o tem na maior estima e no maior respeito. (Carta para Rafael Arboleda. Bucaramanga, 01/06/1828. Tomo VI, R. 2.104, p.323-324. Cópia)

Assim, o discurso sobre a renúncia sustentou-se no desejo de efetivar um projeto político e edificar a indispensabilidade do missivista enquanto líder desse projeto. O poder discursivo de tornar a ameaça política coletiva, na tentativa de proteger sua figura de qualquer mácula, transforma as cartas de Simón Bolívar, nessa conjuntura, em verdadeiros pedidos de ajuda e apoio dos amigos:

A lei e a justiça estão por nós, quero dizer, pelo bem e pela pátria, porque nós não temos causa senão a pública. Que eu pereça mil vezes antes de ter desejos pessoais e causa própria. Eu tenho combatido pela liberdade e pela glória, e não por meu engrandecimento, e este sentimento é comum ao senhor e aos meus generosos amigos, que têm me seguido porque tenho seguido a boa causa. Eu não vejo nos que são contrários a nós senão ingratidão, perfídia, roubo e calúnia; semelhantes monstros são indignos de nossa clemência e devemos castigá-los, porque o bem geral assim o exige. Sacrifique, meu querido Montilla, todas as suas delicadezas no altar da pátria que grita por este sacrifício. Seja justo e não atenda aos clamores sediciosos e errôneos. Eu sei muito bem que sempre hão de nos caluniar e qualquer que seja a nossa magnanimidade não se apreciará senão como fraqueza. Eu estou resoluto em salvar a pátria enquanto a sua defesa esteja em minhas mãos, e para isso conto com meus amigos e conto, enfim, com o voto da imparcialidade. (Carta para Mariano Montilla. Bucaramanga, 13/04/1828. Tomo VI, R. 2.046, p.256. Original)

Tudo o que cedermos aos federalistas moderados e de opiniões débeis não fará mais do que o decreto de morte à república, não à república somente, mas a cada um dos que nela habitam. Creia, meu amigo, eu sinto o peso que me anuvia, minha cabeça e meus braços já não podem com ele. Meus temores nunca me enganaram, eles são presságios infalíveis. Eu sinto na medula de meus ossos o veneno que encerram cada uma das opiniões que circulam na república. As opiniões sim, as opiniões sim, as opiniões são nossos carrascos e como o perigo tem tomado nossa tremenda situação, eu resolvi não me encarregar da condução de um barco que está condenado a naufragar. Asseguro ao senhor francamente que o governo que formem terá de estar muito bem constituído para que eu o sirva. Direi ao senhor a minha última palavra: estou tão invadido por nossa infausta posição, que creio que, seja qual for o caminho que tomarmos, nunca chegaremos a um fim ditoso. Esta é uma confissão que posso chamar de artigo de morte, arrancada do fundo de minha consciência. (Carta para J. M. Castillo Rada. Bucaramanga, 24/04/1828. Tomo VI, R. 2.054, p.266. Cópia)

Nessas duas últimas cartas, Simón Bolívar buscava reforçar sua liderança e, para tanto, usou a tática de se colocar em comunhão com o grupo. Cada adjetivo usado separava o "nós" do "eles". De um lado, os que tinham a "causa pública" – o missivista e seus amigos que, na realidade, eram "os amigos da Colômbia" – e, do outro, os que eram "monstros indignos de clemência". Assim, o general construía o seu perfil, estabelecia um perfil coletivo – ditado por sua própria imagem e semelhança – e não deixava de se colocar como o homem público disposto a assumir o mando se o caos político assim exigisse. Nesse sentido, o que parece ser uma dúvida, escrita ao final da carta para Castillo Rada, assume o significado simultâneo de uma ameaça e uma oferta: "Asseguro ao senhor francamente que o governo que formem terá de estar muito bem constituído para que eu o sirva". Aqui, não há renúncia, ao contrário, há o desejo de ocupar o posto de primeiro magistrado, desde que a constituição governamental estivesse ao seu gosto. A propósito dos fiéis amigos do general, os que o acompanharam em sua última viagem, Gabriel García Márquez escreveu algumas páginas. Nem mesmo as biografias permitiram, em curta narrativa, divisar tão bem o perfil dos bolivaristas:

> Eram homens de guerra, embora não de quartel, pois haviam combatido tanto que mal tinham tido tempo de acampar. Havia de tudo, mas

o núcleo dos que fizeram a independência mais próximos do general era a flor da aristocracia nativa, educados nas escolas dos príncipes. Tinham vivido a pelejar de um lado para outro, longe de suas casas, de suas mulheres, de seus filhos, longe de tudo, e a necessidade os fizera políticos e homens de governo. Todos eram venezuelanos, exceto Iturbide e os ajudantes-de-campo europeus, e quase todos parentes co-sanguíneos ou afins do general: Fernando, José Laurêncio, os Ibarra, Briceño Méndez. Os vínculos de classe ou de sangue os uniam.

[...]

Não lhes importava o sentimento de derrota que os invadia mesmo depois de ganhar uma guerra. Não lhes importava a morosidade que ele impunha a suas promoções, para que não parecessem privilégios, nem lhes importava a solidão da vida errante, nem o acaso dos amores efêmeros. Os soldos militares estavam reduzidos à terça parte pela penúria fiscal do país, e ainda assim eram pagos com três meses de atraso, em bônus do tesouro de conversão incerta, que eles vendiam com prejuízo aos agiotas. Não lhes importava que o general fosse embora com um bater de portas que havia de ecoar pelo mundo inteiro, nem que os deixasse à mercê de seus inimigos. Nada: a glória pertencia a outros. O que não podiam suportar era a incerteza que ele lhes fora infundindo desde que tomara a decisão de largar o poder, e que ficava cada vez mais insuportável à medida que continuava se arrastando aquela viagem sem fim para parte alguma. (García Márquez, p.166-168)

Em um outro trecho de *O General em seu labirinto* reaparece a análise do descrédito conferido à possibilidade "real" de Bolívar deixar o mando. Dessa vez, tal análise vem acompanhada por alusões à doença do general e aos seus atos formais, detectados por meio dos pedidos de renúncia encaminhados ao congresso:

Falou-se que a doença era o *tabardillo*, causado pelos sóis mercuriais do deserto. Falou-se depois que estava agonizando em Guayaquil, e mais tarde em Quito, com uma febre gástrica cujos sinais mais alarmantes eram o desinteresse pelo mundo e uma calma absoluta de espírito. Ninguém apurou que fundamentos científicos teriam essas notícias, pois, sempre contrário à ciência dos médicos, diagnosticava e receitava para si mesmo com base em *La médecine à votre manière*, de Donostierre, um manual francês de remédios caseiros que José Palacios carregava por toda parte, como um oráculo para entender e curar qualquer distúrbio do corpo ou da alma.

De qualquer modo, não houve agonia mais frutífera do que a dele. Enquanto o acreditavam à morte em Pativilca, atravessou mais uma vez os cumes andinos, venceu em Junín, completou a libertação de toda a América espanhola com a vitória final de Ayacucho, criou a República da Bolívia e ainda foi feliz em Lima como nunca fora nem voltaria a ser com a embriaguez da glória. Assim, os repetidos anúncios de que afinal ia deixar o poder e o país por motivo de doença, e os atos formais que o pareciam confirmar, não passavam de repetições desmoralizadas de um drama demais visto para merecer crédito. (idem, p.24)

Os biógrafos de Bolívar marcam o ano de 1825 como o momento em que a sua saúde passaria a incomodar de forma mais intensa e rotineira. As missivas escritas entre os anos de 1825 e 1828 não se referiam, rotineiramente, aos incômodos da saúde debilitada. Simón Bolívar não se expunha, quando o assunto era a sua saúde. Mesmo entre os anos de 1829 e 1830, não eram longas as passagens acerca dos males que lhe acometiam. Confrontada a biografia com o epistolário, mantinha-se acesa a dúvida acerca da relação a construir entre a renúncia e a decadência física de Bolívar. A comedida narrativa no epistolário sobre os males que o atacavam surgia como um vestígio essencial, indicando que não escrever sobre o seu estado de saúde era uma manifestação explícita do desejo de Bolívar em ser visto como o homem público de todas as causas, aquele que deveria ser chamado em qualquer contexto, indiferente da dificuldade a combater. Dividir relatos sobre o seu estado de saúde era algo que guardava apenas àqueles considerados amigos muito próximos e leais e, ainda, dependia de circunstâncias especiais. Em um final de tarde, no ano de 1830, em Turbaco:

> Apesar de estar vendo vaga-lumes onde não havia, por causa da febre e da dor de cabeça, venceu a sonolência que lhe entorpecia os sentidos e ditou a Fernando três cartas. A primeira foi uma resposta do coração à despedida do marechal Sucre, na qual não fez nenhuma alusão à sua enfermidade, embora costumasse fazê-lo em situações como a daquela tarde, quando estava tão precisado de compaixão. (idem, p.142-143)

Silenciar ou escrever pouco e ligeiramente sobre o seu estado de saúde também configurava como função determinante no interior do projeto narrativo: era preciso que os interlocutores de Simón Bolívar continuassem acreditando e apostando em sua vitalidade física. Entre outros fatores, de sua vitalidade física dependia a vitalidade política. De um doente às vésperas da morte, não havia o que temer, especialmente se sua honra, sua glória e seu projeto político estivessem desacreditados. Por esse motivo, as cartas finais de Simón Bolívar assumiam maior dramaticidade e narravam, um pouco mais detidamente, sua péssima situação física. Nessa circunstância, a narrativa epistolar associava a doença ao descrédito político e ambos confirmavam então a necessidade da renúncia e permitiam desaguar o ressentimento:

> Tenho sacrificado minha saúde e fortuna para assegurar a liberdade e a felicidade de minha pátria. Tenho feito por ela tudo o que pude, mas não tenho conseguido contentá-la e fazê-la feliz. Tudo abandonei à sabedoria do congresso, confiando que ele efetuaria o que não pôde um indivíduo conseguir. Com todo fervor, peço ao céu que preserve a Colômbia da guerra civil que tem manchado a história dos Estados da América do Sul. Se, para evitar essa, o Congresso acreditasse indispensável e o povo desejasse, [fosse preciso] estabelecer uma Monarquia, eu não me rebelaria contra seus desejos: mas tenha você bem presente o que lhe digo: *a coroa jamais cingirá a cabeça de Bolívar* [grifo próprio]. Eu desejo descansar e conte você com que nenhuma ação manchará a minha história, cuja consideração me enche de satisfação. A posteridade me fará justiça, e esta esperança é o valor que possuo para a minha felicidade. Minhas melhores intenções têm-se convertido nos mais perversos motivos, e nos Estados Unidos onde eu esperava que me fizessem justiça, tenho sido também caluniado. O que eu fiz para merecer este tratamento? Rico desde o meu nascimento e cheio de comodidades, hoje em dia não possuo mais do que a saúde alquebrada. Podiam meus inimigos desejarem mais? Mas fazer-me tão destituído é obra da minha vontade. Todos os recursos e exércitos vitoriosos da Colômbia estiveram à minha disposição individual, e minha satisfação interior é por não ter lhes causado menor dano, [esse] é meu maior con-

230 FABIANA DE SOUZA FREDRIGO

solo. (Carta escrita para um destinatário desconhecido em Cartagena, datada de Bogotá, 1830. Tomo VII, R. 2.707, p.475-476. Fragmento retirado das anotações de Pérez e Soto)[32]

O conteúdo de outra carta, dessa vez escrita para O'Leary, apresentava, lado a lado, o ressentimento do missivista e a evocação dos serviços prestados à pátria. Nessa carta, um assunto era dominante: os males do remetente. Em certo sentido, o argumento da carta a seguir é muito próximo do da anterior, considerando-se o que, nessa missiva, a renúncia era obra da vontade e da necessidade. Tomado pela necessidade e rendido a ela, antes que aos seus inimigos, o general anotava a incorporação de uma calma universal e uma tibieza absoluta. Ainda, calma e tibieza sugeriam a ciência e a concordância – e, portanto, há um dado de vontade – do missivista quanto à sua incapacidade de permanecer no serviço público. Como na carta escrita para um destinatário desconhecido em Cartagena, essa carta redigida para o amigo O'Leary também chamava a atenção para o homem que tinha servido por vinte anos, suportando sofrimentos físicos e morais numa vida agitada e de fim prematuro. Apenas quando convencido de sua incapacidade de governar, o missivista coloca-se na posição de ser "obrigado em mostrar aos seus amigos íntimos a necessidade da renúncia", o que confirma que, antes da necessidade, apesar da existência da doença, o silêncio sobre seus males era estratégico e justificava-se pela perspectiva do próprio missivista:

O senhor já deve saber que sai de uma enfermidade de biles, que me deixou bastante débil e convencido de que as minhas forças esgotaram quase todas. Não é crível o estado em que estou, segundo o que tenho sido

---

32 Nota de Lecuna sobre a carta: *El Recopilador, de Bogotá, n. 3 de 17/09/1830.* "Encontramos este fragmento na coleção de cartas do Libertador organizadas pelo senhor Pérez y Soto com indicação do jornal de onde foi retirado. Não nos consta sua autenticidade, mas está ajustado a fatos positivos. Verificada a cópia por nosso distinto colega, senhor Dom Roberto Cortázar, secretário da Academia Colombiana de História, de Bogotá, encontrou-se uma variante. Em vez da frase: 'Minhas melhores têm-se convertido', no jornal diz: 'Minhas melhores intenções têm-se construído'. 'El Recopilador' expressa: 'Este fragmento é tomado do jornal *Mercurio* de Nova Iorque, 03/07/1830'." (Lecuna, 1969, p.476)

em toda a minha vida; e bem é verdade que a minha robustez espiritual tem sofrido muita decadência e que minha constituição tem-se arruinado de tal maneira, o que não me deixa dúvidas de que não sinto forças para mais nada e nenhum estímulo pode reanimá-las. Uma calma universal, ou melhor, uma tibieza absoluta tem me tomado e me domina completamente. Estou tão invadido de minha incapacidade para continuar mais tempo no serviço público que sou obrigado a mostrar aos meus amigos mais íntimos, a necessidade que vejo em me separar do mando supremo para sempre, a fim de que adotem, por seu lado, as resoluções que lhes sejam mais convenientes.

À primeira vista este acontecimento aparecerá para o senhor e para meus amigos sob um aspecto extraordinário e funesto e, entretanto, nada é mais natural e necessário, seja qual for a natureza do efeito que produza. Considere-se a vida de um homem que tem servido vinte anos, depois de ter passado a maior parte de sua juventude, e se verá que pouco ou nada lhe fica para oferecer na ordem natural das coisas. Agora, se acrescenta-se que esta vida foi muito agitada e ainda prematura, que todos os sofrimentos físicos e morais têm oprimido tanto o indivíduo do qual se trata, então deve-se deduzir que quatro ou seis anos mais são os que lhe restam de vida; quatro ou seis anos de pouca utilidade para o serviço e de muitas penas para o doente. Eu julgo sim sem preocupação, sem interesse, e com toda a imparcialidade que me é dada, julgo, digo, que por maior que for a perda não se deve sentir, e antes é desejada como um mal menor diante do que deve se temer. (Carta para Daniel Florêncio O'Leary. Guayaquil, 13/09/1829. Tomo VII, R. 2.563, p.310-311. Retirada de Blanco y Azpurua, XIII, p.629)

No epistolário, os registros sobre a perda da saúde seguem um modelo que seria revertido somente nas missivas dos últimos anos de vida, basta notar que as cartas anteriormente reproduzidas datam de 1829 e 1830. Como essas cartas demonstram, o ressentimento e a ingratidão pública incomodavam muito mais o missivista do que a sua saúde decadente. O silêncio do missivista sobre a sua saúde não era completo, mas, do mesmo modo, não havia um discurso constante sobre esse tema. O discurso sobre a doença apareceria com vigor apenas quando os males parecessem irremediáveis ao missivista e, ainda assim, ele partilharia tais notícias apenas com os amigos que considerasse muito fiéis e próximos. Antes dessa circunstância extrema, Bolívar não se sentiria confortável para escrever sobre seus males físicos. Podia fazer isso em uma carta ou outra, entre os anos de 1824 e 1825, mas logo voltava a sugerir uma construção narrativa na qual estabelecia a imagem do soldado vigilante e viril. Nessa época, mesmo entre os amigos, os males eram associados a passageiros desconfortos anotados nas missivas com evidente constrangimento. O modelo das cartas, do início do ano 1820, quando o assunto era a sua saúde é o que segue. Simón Bolívar iniciava suas missivas agradecendo a preocupação de seus interlocutores e não gastava muito mais do que um parágrafo para dar notícias de seu incômodo. Nas cartas a seguir, ambas de 1824, pode-se confirmar a ocorrência dos males anotados por Gabriel García Márquez e que, no romance, foram atribuídos aos sóis mercuriais:

> Meu querido presidente:
> À noite, tive a satisfação de receber a sua carta e o seu ofício pelo qual me felicita e, ao mesmo tempo, se compadece pela indisposição que sofri. Agradecido como devo à sincera expressão de amizade e de consideração por sua parte, retorno minhas graças a tão distinto amigo. Muito sinto o sucesso dos Granadeiros do Rio da Prata, pois isso indica um estado de anarquia continuado e perene. (Carta para Marquês de Torre Tagle.[33] Pativilca, 07/01/1824. Tomo IV, R. 1033, p.09-12. Retirada de O'Leary, XXIX, p.361)

Com Santander, no mesmo mês e ano, Bolívar estendeu-se um pouco mais. Permitiu ao amigo uma exceção, pois lhe deu informes mais detalhados sobre o seu mal-estar. Com certeza, a narrativa dessa missiva deixa entrever a confiança que Bolívar depositava no vice-presidente – a carta a seguir diferencia-se, sobremaneira, da anterior.

---

33 José Bernardo de Tagle, Marquês de Torre Tagle (1779-1825). Atuou como deputado nas cortes de Cádiz até 1817. Em 1820, declarou a independência de Trujillo e, com a ausência de San Martín, assumiu o governo peruano. Foi presidente da República do Peru entre os anos de 1823 e 1824. (Dados disponíveis em: <http://www.adonde.com/historia/1823pres_torretagle.htm>. Acesso em: 25 out. 2004)

GUERRAS E ESCRITAS **233**

Na carta para Santander, o missivista escreve sobre seu desejo de se liberar do cargo de mandatário superior no Peru e associa tal desejo aos desgastes físicos que vinha sofrendo. De importante registro também é o anúncio de Bolívar ainda em 1824, sugerindo a sua saída do país para não ter o fim de San Martín:

> Além disso, não quero me encarregar tampouco da defesa do Sul, porque nela vou perder a pouca reputação que me resta com homens tão malvados e ingratos. Eu creio que disse ao senhor, antes do que agora, que os quitenhos são os piores colombianos. O fato é como eu sempre pensei, que se necessita de um rigor triplo [comparado ao] do que se empregaria em outra parte. Os venezuelanos são uns santos comparados a esses malvados. Os quitenhos e os peruanos são a mesma coisa: viciosos até a infâmia e baixos ao extremo. Os brancos têm caráter de índios, e os índios são todos inescrupulosos, todos ladrões, todos embusteiros, todos falsos sem nenhum princípio de moral que os guie. Os guayaquilenos são mil vezes melhores.
>
> Por tudo isso, eu irei para Bogotá tão logo eu possa me restabelecer de meus males que, nesta ocasião, têm sido muito graves, resultantes de uma longa e prolongada marcha que fiz na serra do Peru, cheguei aqui e fiquei gravemente enfermo. O pior é que o mal tem resistido e os sintomas não indicam seu fim. É uma complicação de uma irritação interna e de reumatismo, [provoca] febres e males da urina, vômito e cólicas. Tudo isso em conjunto me deixa desesperado e me aflige muito. Eu já não posso fazer um esforço sem padecer infinito. O senhor não me conheceria porque estou muito acabado e muito velho e, no meio de uma tormenta como essa, represento a senilidade. Além disso, me atacam, de quando em quando, alguns ataques de demência mesmo quando estou bem, perco inteiramente a razão sem sofrer nenhum ataque sequer pequeno de enfermidade e de dor. Este país com seus *soroches*[34] nos páramos renova tais ataques quando atravesso as serras. As costas provocam muitas enfermidades e moléstias porque é o mesmo que viver na Arábia deserta. Se vou convalescer em Lima, os negócios e as tramoias voltarão a me deixar enfermo; assim penso dar tempo ao tempo, até o meu completo restabelecimento, e até ver se posso deixar o general Sucre com o exército da Colômbia com

---

34 Rarefação do ar, típica de elevadas altitudes, que provoca dificuldades de respiração.

234 FABIANA DE SOUZA FREDRIGO

a capacidade de poderem fazer frente aos godos para que esses não se alentem com a minha ida e nem o próprio Sucre e as nossas tropas não se desesperem, mas depois, sem falta alguma, eu irei para Bogotá para pegar o meu passaporte e ir embora do país. O que conseguirei certamente, ou sigo o exemplo de San Martín. (Carta para Francisco de Paula Santander. Pativilca, 07/01/1824. Tomo IV, R. 1.034, p.12-15. Original)

Igualmente, para o presidente do Congresso, Bolívar escrevia comentando sobre seus males. Do mesmo modo que há diferenças entre a primeira e a segunda carta, a que segue também possui um modo particular de explicitar o desejo pela renúncia: o remetente apresenta-se mais contido; a pungência não era a mesma registrada na missiva endereçada para Santander. Junto disso, apesar do pedido de renúncia e da referência à saúde enfraquecida, Simón Bolívar oferece-se como o "soldado" para a causa da pátria. Ao reconhecimento da saúde debilitada, seguiria o pedido de renúncia que contaria também com o oferecimento dos serviços para os quais a sua autoridade ainda prestasse. Esse seria o argumento que apareceria com constância nas missivas de Simón Bolívar, quando fosse o momento de encaminhar o pedido da renúncia:

> Eu não posso continuar mais na carreira pública: minha saúde já não me permite. Além disso, enquanto o reconhecimento dos povos tem me recompensado exuberantemente de minha consagração ao serviço militar, eu pude suportar a carga de tão enorme peso; mas agora que os frutos da paz começam a embriagar esses mesmos povos, também, é tempo de distanciar-me do horrível perigo das dissensões civis e de pôr a salvo o meu único tesouro, a minha reputação.
>
> Eu renuncio pois, pela última vez, à presidência da Colômbia: jamais a exerci, assim não posso fazer a menor falta. Se a pátria necessitar de um soldado, sempre me terá pronto para defender a sua causa.
>
> Não poderei exagerar a V.E. o veemente desejo que me anima a obter esta graça do Congresso; e devo acrescentar que não há muito tempo o Protetor do Peru[35] deu-me um terrível exemplo: e seria grande a minha

---

35 Refere-se a San Martín.

dor se eu tivesse de imitá-lo. (Carta ao presidente do Congresso[36]. Pativilca, 09/01/1824. Tomo IV, R. 1.035, p.15-16. Rascunho)

Da comparação entre as cartas expostas, conclui-se que, embora mantenham um estilo narrativo, incorporam particularidades à escrita, com a finalidade de construir o argumento, considerando-se a sensibilidade, a importância e o grau de consideração dedicado pelo missivista a cada um de seus destinatários. Por esse motivo, observa-se um estilo retórico comum coabitando com referenciais de escrita particulares. Com Santander, Bolívar apresentava-se mais expansivo, a ponto de comentar sobre as suas perdas de consciência. Nessa carta, em específico, observa-se um deslize do qual o missivista era pouco afeito, mesmo entre amigos: Bolívar assumiu a doença e revelou como grave consequência dela as passageiras perdas de consciência. Para a constituição de memória de um homem público devotado e competente, a demência não poderia ceder alguma positividade. Era raro esse tipo de ocorrência epistolar nos primeiros cinco anos da década de 1820. Comparativamente, essa missiva está na contramão das demais em virtude de seu evidente grau confessional. A despeito do esforço para a construção de uma memória, as cartas, sendo a evidência de uma relação pessoal baseada na confiança, indicam que nem sempre é possível ao missivista manter a vigilância por todo tempo. A vigilância constante é impossível, uma vez que a memória sistematizada tem como integrante o involuntarismo. Nesse sentido, a missiva para Francisco de Paula Santander é exemplar, permitindo compreender a preocupação de Bolívar com suas cartas e, ainda mais, entender o porquê de ele ter escrito, certa vez, que a sua correspondência tinha sido redigida em "muita liberdade e desordem". Não por acaso, na missiva em que Bolívar escreve tal afirmação, ele solicitava a não publicação de sua correspondência. O ano da referida carta também é o de 1825.

---

36 Após a transcrição da carta, há a seguinte nota de Vicente Lecuna: "Na seção de O'Leary, no Arquivo do Libertador, existe o rascunho, com o remetente colocado posteriormente: 'Exmo. Senhor general F. de P.Santander, etc, etc,etc', mas acreditamos que a nota foi dirigida ao presidente do Congresso. Veja-se O'Leary, XXI, 273". (Lecuna, 1966, p.16)

236 FABIANA DE SOUZA FREDRIGO

Em outro tom, a carta para o presidente do Congresso patenteia a ciência do remetente do seu constante uso dos pedidos de renúncia, reforçando o desprendimento de Bolívar no que se referia a assumir cargos – aí sim um reforço que fazia parte do plano de construção de memória. No interior do perfil que o missivista esculpia para si, esteve presente o seu desprendimento do poder. Se os inimigos políticos o acusavam de ambição e vaidade, Bolívar rebatia alegando desprendimento. Para o missivista, era indispensável expor o seu desinteresse pelo mando, como se observou em outras cartas. A despeito das divergências narrativas, há um dado importante que permeia esses modelos da correspondência: a renúncia, com a saúde debilitada ou não, sempre fora uma realidade. Constituía-se sempre em uma opção para Simón Bolívar, fosse para possibilitar o blefe no interior do jogo político, fosse para livrar-se das maledicências dos adversários. Constata-se, então, que a realidade da renúncia permitiu sua apropriação como elemento discursivo privilegiado para a constituição de uma narrativa responsável por engendrar um sentido interno às missivas.

Penosa e necessária para Bolívar, sua última renúncia e, em seguida, as esperanças renovadas pela possibilidade de que o Congresso Nacional aprovasse seu nome como mandatário supremo apareceriam em *O General em seu labirinto* com uma lancinante narrativa, permitidas apenas às cartas particulares de Bolívar e ao foro do romance:

> Reiterando a sua renúncia, o general indicou Dom Domingo Caycedo para presidente interino enquanto o congresso escolhia o titular. Em primeiro de março deixou o palácio do governo pela porta de serviço, para não topar com os convidados que estavam homenageando o seu sucessor com uma taça de champanhe, e foi em carruagem alheia para a quinta de Fucha, um remanso idílico nos arredores da cidade, que o presidente provisório lhe emprestara. A simples certeza de ser um cidadão comum agravou os estragos do vomitivo. Sonhando acordado, pediu a José Palácios que preparasse o necessário para começar a escrever suas memórias. José Palácios trouxe tinta e papel de sobra para quarenta anos de recordações, e ele preveniu Fernando, seu sobrinho e secretário, que se preparasse para atendê-lo desde a segunda-feira seguinte, às quatro da madrugada, a hora mais propícia para pensar, com seus rancores em carne viva.

GUERRAS E ESCRITAS **237**

[...]
Os que o visitaram nos dias seguintes tiveram a impressão de que estava refeito. Sobretudo os militares, seus amigos mais fiéis, que o instaram a permanecer na presidência, ainda que por meio de uma quartelada. Ele os desanimava com o argumento de que o poder da força era indigno de sua glória, mas não parecia afastar a esperança de ser confirmado pela decisão legítima do congresso. (García Márquez, p.29-30)

Vários são os elementos que chamam a atenção na narrativa romanceada de García Márquez. A saída pela porta dos fundos, a condução emprestada, a ausência de Bolívar em uma comemoração que, depois de tantas, não era direcionada a ele ou às suas glórias, o desejo do general em expor seus rancores por meio da escrita de suas memórias. Simón Bolívar não precisou das memórias, tinha ainda para quem escrever. Em cartas endereçadas ao amigo José Fernández Madrid,[37] indicava as diretrizes para a sua defesa frente aos seus contemporâneos, à posteridade e à história. Escritas em contextos diferentes, os argumentos que contêm aproximam as missivas. Na primeira carta, o general agradecia a Madrid pelo artigo em sua defesa que ele havia encaminhado ao *Times*[38] em resposta às acusações feitas por Benjamin Constant, no jornal

---

37 José Fernández Madrid (Cartagena, 1789 - Londres, 1830) descendeu de uma família da aristocracia *criolla*, seu pai e seu avô foram funcionários da corte espanhola. Exerceu as profissões de médico, jornalista e poeta. Foi responsável pelos poemas patrióticos, inspirados pela proclamação da Primeira República na Venezuela: *Aos libertadores da Venezuela de 1812* e *À morte do General Atanásio Girardot*. A década de 1810 também conheceu seus primeiros escritos políticos. Fez parte do I Triunvirato que governaria Nova Granada em 1815. Preso por Morillo seguiu para Espanha e, no final de 1816, já estava em Havana, onde foi liberado para exercer a medicina e dedicou-se a escrever monografias científicas. De Cuba manteve contato com Bolívar, entusiasmado pelo plano do general em intervir na situação cubana. Em 1826, de volta a Cartagena, atuou como diplomata em missões na França e na Inglaterra. Depois da morte de suas filhas, faleceu em um povoado próximo de Londres, em 28 de junho de 1830, aos 41 anos de idade (por Gregório Delgado García. Trabalho apresentado em Havana, Cuba, 28/11/1994). (Texto disponível em: <http://www.bvs.sed.cu/revistas/his/vol_1_95/his/11195htm>. Acesso em: 02 dez. 2004)

38 O jornal diário em questão é o *Times* londrino, nascido em 1785.

238 FABIANA DE SOUZA FREDRIGO

francês *Courrier Français*, e que alcançaram o público no exterior. As acusações não eram novas, Bolívar era chamado de déspota e usurpador. Apesar de as acusações não serem novidade, doía no missivista a percepção de que ele se encontrava isolado e solitário. Não havia quem o defendesse com tenacidade. A segunda carta foi escrita meses depois da última renúncia, em março de 1830; nela Bolívar dava notícias de seu afastamento do cargo de presidente e, como havia feito outras vezes com outros destinatários, voltava a enumerar as possibilidades de defesa de sua imagem pública e histórica:

> Dou graças ao senhor pela carta dirigida em 14 de abril ao "Times", e rogo-lhe que seja mais extenso em minhas defesas, que serão bem necessárias, pois, agora que soltaram Santander, ele não deixará de inundar de calúnias a Europa e os Estados Unidos. Meus inimigos são muitos e escrevem com grande calor enquanto minhas defesas são bem tênues e frias. O pobre Abade, que morreu, sabia elogiar-me, mas não me defender. Todos me dizem que sirva à Colômbia para carregar novas difamações; e, entretanto, ninguém se ocupa em me defender senão por acidente e friamente. Eu não quero encarregá-lo deste penoso trabalho; mas desejaria que instigasse, de minha parte, entre outros, o jovem Wilson, que está bem instruído de tudo.
>
> Asseguro ao senhor que estou desesperado com o mando e não sei o que fazer com esta Colômbia e com esta América tão desgraçada e tão trabalhosa. Muito será se eu não for com Deus depois da instalação do congresso em janeiro, pois minha saúde está aniquilada, e já não me restam forças físicas para fazer o serviço que tenho feito até agora. Por outro lado, a ingratidão tem aniquilado meu espírito, privando-o de todas as instâncias de ação. Restam muito poucos cidadãos pelos quais eu quereria me sacrificar; e ainda este sacrifício teria de ser logo, pois já não estou em estado de sofrê-lo lentamente. Se querem a minha vida, aqui a têm, mas não meus serviços, pois já não tenho valor para sacrificar meu nome como tinha antes; este é o primeiro efeito da ingratidão.
>
> Adeus, meu querido amigo. Se me visse neste momento! Pareço um velho de 60 anos! Assim me deixou o último ataque que sofri, e assim me deixaram os libelos com que me presenteiam diariamente. (Carta para José Fernández Madrid. Guayaquil, 16/08/1829. Tomo VII, R. 2.533, p.269-271. Cópia)

GUERRAS E ESCRITAS **239**

Desde agora você deve contar [com o fato de] que não serei mais presidente, seja o que for, e me porei em posição de não sofrer mais vexações saindo do país, com o ânimo de seguir para onde possa, segundo minha escassa fortuna. Sobre esse ponto, o senhor saberá mais na próxima correspondência.

Tinha pensado em lhe remeter os documentos de minha vida pública, mas soube pelo coronel Wilson[39] que o general, seu pai, tem a obra em dezesseis volumes, e, então, o senhor pode pedi-los emprestado para responder às calúnias que estão inventando sobre mim.

Não vacile em negar positivamente todo fato contrário ao que conhece do meu caráter.

Primeiro, nunca tentei estabelecer na Colômbia nem mesmo a constituição boliviana: tampouco fui eu quem fez isso no Peru; o povo e os ministros o fizeram espontaneamente. Sobre isso, leia o manifesto de Pando daquele tempo, e esse é um canalha que não ocultaria nada para favorecer-me.

Segundo, tudo o que é pérfido, dúbio ou falso que me atribua, é completamente calunioso. O que tenho feito e dito tem sido com solenidade e sem nenhuma dissimulação.

Terceiro, negue redondamente todo ato cruel por parte dos patriotas, e, se fui cruel alguma vez com os espanhóis, foi por represália.

Quarto, negue todo ato interessado de minha parte, e pode afirmar sem ocultar que tenho sido magnânimo com a maior parte de meus inimigos.

Quinto, assegure que não tenho dado nem um passo na guerra, de prudência ou razão para que se possa me atribuir covardia. O cálculo tem dirigido minhas operações nesta parte, e ainda mais, a audácia.

[...]

Enfim, meu querido amigo, os documentos de minha vida dão muitos meios de defesa, ainda que falte a maior parte dos primeiros períodos de minha história; mas como foram nos últimos anos os maiores ataques, o senhor encontrará sempre argumento nos fatos que se tem visto e estão escritos.

[...]

---

39 Referia-se ao coronel irlandês, seu ajudante de campo, Belford Hinton Wilson, filho de um veterano general das guerras europeias, Robert Wilson.

Remeto-lhe a gazeta de hoje, pela qual se informará de algumas explicações satisfatórias e verá, ao mesmo tempo, que deixei o mando para o senhor Caycedo por causa dos males de que padeço, ainda que não sejam graves. Não voltarei a tomar mais o mando porque isso é insuportável sob todos os aspectos para mim. Por fortuna, não se dirá que abandonei a pátria, sendo ela que tem me renegado do modo mais escandaloso e criminoso, como não se tem visto nunca. Eu não sou tão virtuoso como Fócio,[40] mas meus serviços se igualam com os dele, e, embora não me creia tão desgraçado como ele, algo se parece na ingratidão de nossos concidadãos. (Carta para José Fernández Madrid. Fucha, 06/03/1830. Tomo VII, R. 2680, p.449. Original)

A primeira carta exala o ressentimento nascido da ingratidão. As referências à saúde apareceram e o missivista falou abertamente de seus males. Ainda mais aberta e sinceramente, confessou seu abatimento, mais fruto do aniquilamento de seu espírito do que de seu estado físico. Desse modo, assim como o Bolívar de Gabriel García Márquez, o general se incomodava muito mais com a ingratidão de seus compatriotas do que com a proximidade da morte. A morte ele tinha afrontado nos campos de batalha e desse lugar saíra honrado pela gratidão e reconhecido pela opinião pública.[41]

---

40 A grafia usada na carta é "Foción". Considera-se que Simón Bolívar quis aludir à Fócio, um herói grego condenado à morte em 317 a.C. por falsas acusações de traição.

41 Logo após a reprodução da carta de Bolívar para José Fernández Madrid, Vicente Lecuna insere a carta-resposta de Madrid para Bolívar. A leitura indica a diferença de estilo e de pensamento entre os amigos, o que reforça a tese aqui exposta. O estilo de escrita apaixonado e o cultivo cuidadoso e obsessivo da correspondência por parte de Simón Bolívar constituem, de forma evidente, um projeto de memória e poder. Certamente, não era apenas a ambição que movimentava o general e, mesmo que ela estivesse presente entre seus planos, fato é que Simón Bolívar era um missivista preocupado com sua legitimidade no presente e com a sua imagem pública e histórica no futuro. Segue trecho da carta de Madrid: "A sua alma de fogo, a veemência de seus sentimentos, devoram seu físico. Perdoe-me que lhe diga que você é demasiado sensível à maledicência, esquecendo que a verdade e a virtude sempre têm triunfado sobre ela: que os maiores homens, os mais ilustres benfeitores da humanidade, tiveram em todos os tempos inimigos e detratores, que o próprio Washington foi acusado de arbitrariedade, despotismo e ainda de roubos!!!! Você se queixa da tibieza com que lhe defendem seus amigos da Europa.

A segunda carta sintetiza o discurso sobre a renúncia, a doença e o ressentimento. No que diz respeito à renúncia, o missivista deixava claro que o poder já lhe era insuportável sob todos os aspectos. Mais uma vez, ele respondia àqueles que queriam fazer de sua renúncia um ato inglório, marcado pelo abandono à pátria e pela ambição. O missivista cuida de anotar que, uma vez convivendo com a ingratidão dos cidadãos, foi ele o abandonado pela pátria. Simón Bolívar continuava a se colocar altiva e ativamente, por isso, ele dizia ter "deixado" o mando a Caycedo. Quanto aos seus males, ele informava não serem males graves, dado inverídico, bastando atentar para a data e a contraposição evidente com a primeira carta, quando Bolívar se autorretrata como um velho de sessenta anos. O mais importante dessa carta – e que se encontra explícito ou não em outras epístolas – é a preocupação de Simón Bolívar com a sua imagem, imagem para os contemporâneos e para as gerações futuras. Mais ainda, a preocupação com a imagem a edificar em torno do seu grupo: o missivista, ao negar a crueldade dos soldados, referia-se à falsa imputação aos "patriotas". Nesse caso, o general assumia a construção da memória do grupo, que acabava por extrapolar a sua figura pessoal. Assim, além do pedido para que o amigo

---

De minha parte ofereço revisões. Permita-me, no entanto, fazer-lhe algumas indicações: 1º Seus fatos, a existência de três nações e as notórias circunstâncias em que você se encontrou e se encontra, são sua melhor defesa. 2º Quanto mais imparciais e, por suposto, menos acalorados mostrem-se seus defensores em seus escritos, melhor efeito eles produzirão. 3º Eu me encontro às vezes em dificuldades por falta de dados e não há em Londres um só indivíduo que possa proporcioná-los; tenho estado há muito tempo fora da Colômbia e o mesmo ocorre com os poucos patriotas que há aqui. Além disso, sofro a desgraça de estar sempre enfermo. [...] Enfim, conte com o fato de que cumprirei o dever de defender meu chefe injustamente caluniado, e com o doce dever de empregar minhas débeis forças em serviço de meu glorioso amigo e defensor. Tenho remetido ao *Star* uma carta em que exponho as importantes notícias da paz com o Peru, da derrota e morte de Córdoba, do restabelecimento da ordem em Antioquia, do restabelecimento de sua saúde e de seu regresso para capital, que me foi anunciado por Juan de Francisco Martín: amanhã se publicará essa carta, mas não haverá tempo de enviá-la nesse correio. Começo a escrever umas cartas sobre os negócios da América espanhola em geral e sobre a questão de Cuba e Porto Rico em particular, que irei publicar sucessivamente. Desgraçadamente, minhas enfermidades fazem com que a pluma me caia das mãos com demasiada frequência". (Carta reproduzida no Tomo VII, p.271-272)

usasse toda a documentação disponível em defesa de sua memória, o general insinuava em que bases tal escrita deveria assentar-se. Dele deveriam dizer que não era dissimulado, agia sempre defensivamente, embora primasse pela coragem e pela audácia, era magnânimo com os inimigos e um amante traído da pátria. A história o obedeceu.

Parte da correspondência de Simón Bolívar se perdeu. Assim mesmo, há cartas de novembro e de dezembro de 1830. O general ditou cartas praticamente até o fim de sua vida. Seu desejo em manter-se vivo na memória das gerações futuras e a ciência de sua importância no presente fizeram com que ele assumisse com paixão a obrigação de manter a prática da correspondência, ainda quando os aliados eram poucos e a autoridade tinha ido embora. Não importava, pois a correspondência seria responsável pela construção de um projeto futuro. Não obstante, esse projeto não estivesse ao alcance de um simples e soberano decreto de Simón Bolívar para se realizar, era uma aposta, com a qual o missivista fez um pacto, arriscando-se até o fim de seus dias. Para além dessa aposta, a escrita, como anotado no primeiro capítulo, era a possibilidade de catarse, com ela o herói se humaniza. O ressentimento era verdadeiro, tinha de ser expurgado. Esse homem acreditou que era injustiçado e foi essa crença, no momento de estabelecer uma memória heroica, que o salvou do esquecimento póstumo. O general deixou seu labirinto e entrou para a história.

História e biografia: mais uma vez, o culto bolivariano

Contemporaneamente, a produção de memória alcança os homens comuns. Tanto quanto um governante muito celebrado, o indivíduo comum pode exigir os seus "cinco minutos de fama" e, por meio da utilização de sua celebridade, conferir-se um projeto de memória. É mais fácil constatar o deslumbramento com o poder da memória do que explicar suas razões, talvez porque elas sejam múltiplas. De cada uma das razões que poderiam ser aventadas, confirma-se o argumento do primeiro capítulo: os homens modernos precisam contar sua história e, então, tornam-se portadores e consumidores de memória, em um sentido novo e abrangente. Daí os exercícios de memória constantes em diários, biografias e autobiografias e, mais particularmente ainda, a retomada de um estudo sobre a memória no interior da disciplina histórica que, em última instância, visa rever a importância da compreensão das sociedades, sem desprezar a importância do indivíduo.

A partir dessas considerações, importa investigar os fios que entrelaçaram a história, a memória e a biografia. Assim como o romance histórico, a leitura biográfica apontou pistas para a compreensão da narrativa epistolar. Nesse caso, pode-se afirmar para a biografia o mesmo que se afirmou para a historiografia: o empreendimento é vasto, sua execução revelou a densidade e a dificuldade de se ocupar de um número amplo de versões sobre o personagem apresentado no interior do campo biográfico. Muitos foram os biógrafos de Bolívar, a começar pelos próprios companheiros que, em suas memórias e diários, cederam um esboço da personalidade daquele que consideravam como amigo e chefe – esses foram os casos do General Daniel Florêncio O'Leary e do General Peru de la Croix. A aproximação entre a história e a biografia nem sempre foi fácil. O *status* incerto do gênero colocou uma primeira dificuldade: a de como se apropriar da biografia. Dito de outro modo: era preciso entender as particularidades do gênero biográfico e, apesar das particularidades, encontrar a maneira de estabelecer a relação entre este gênero e a história.

Apesar de a biografia não ser um gênero literário e embasar-se em fontes documentais, boa parte daquelas que cuidaram de Simón Bolívar foram escritas na primeira metade do século XX e aproximaram-se bem mais do gênero literário do que do histórico. Philippe Levillain (1996) reforça a distinção entre as biografias históricas e as literárias. Para tal distinção, o que conta não é o personagem escolhido, mas o grau de imaginação inserido na narrativa biográfica, com finalidade de cobrir as ausências do documento. Nesse caso, "a ficção provém do suplemento de explicação que o autor se julga no direito de dar quando a reunião dos documentos não basta para retratar o personagem. Pois toda biografia resulta da tentação criadora" (Levillain, p.155). Assim, relevante é a resultante de tal arte: no corpo da narrativa, o biógrafo

244 FABIANA DE SOUZA FREDRIGO

assume a ciência total de seu biografado para lhe conceder o *status biográfico*, o que o leva a organizar a vida de seu personagem em uma rota linear, fatalista e inexorável; assim como a atribuir a esse mesmo personagem a onisciência em quaisquer circunstâncias. Nesse sentido, o *status biográfico* está para Levillain como a *ilusão biográfica* está para Bourdieu. A despeito da dificuldade de categorizar a biografia, pode-se afirmar que o estilo de escrita, a metodologia assumida em relação ao documento e os julgamentos permitidos aos biógrafos distanciaram a biografia da história. Essa afirmação é válida mesmo que se considere que a historiografia, no que diz respeito a Bolívar, também se pauta em julgamentos deveras parciais, capazes de atropelar o rigor histórico, em tese preservado por meio da crítica da fonte. Dessas discussões e da dificuldade indicada, conclui-se que o essencial é afirmar a diferença plausível entre o empreendimento biográfico e o histórico. A descrição de Gerhard Masur do último pouso de Simón Bolívar demonstra a utilização do estilo literário permitido à biografia:

> Por ironia do destino, Bolívar achou seu último refúgio na casa de um espanhol. Joaquín de Mier, admirador do Libertador, oferecera-lhe como residência a sua fazenda, San Pedro Alejandrino, nas proximidades de Santa Marta, e em princípio de dezembro Bolívar embarcou rumo a seu último santuário. Quase parece que o próprio destino encarregou-se de harmonizar a última cena da vida de Bolívar com a mão de grande artista. A cenografia de Santa Marta era perfeita. Havia uma pequena baía, com águas de azul safira, protegida pelas montanhas; e ao longo da praia as altas palmeiras dobravam-se diante da vontade da brisa de dezembro. Os velhos fortes espanhóis seguiam vendo o porto, e do alto, entre a camada de nuvens, em algumas ocasiões podia se ver os picos brancos e brilhantes da Serra Nevada. (Masur, p.572)

Tendo em vista o *status* incerto da biografia, só é possível categorizá-la como um gênero atentando para a evidência de que, embora seja de grande valor à história, a biografia não é "a" história. Mais uma vez com Levillain, é fundamental considerar que o gênero biográfico, assim como está posto, é fruto de uma herança greco-latina. Para os gregos, as tarefas do biógrafo e do historiador eram distintas: a história situava-se ao lado dos acontecimentos coletivos e via-se sempre embasada pela "verdade", o seu objetivo era a busca da "verdade". Nesse sentido, a expressão histórica se dava por meio da narração, com o objetivo de apontar a "mudança" cronologicamente estabelecida. A biografia estava preocupada com o detalhe e com o indivíduo, aproximando-se do panegírico, especialmente porque sua função era a de "elogiar a personalidade em questão". De maneira laudatória, a biografia analisava fatos e gestos vinculados a um indivíduo e, para tanto, sua expressão era descritiva, com o objetivo de estudar e exaltar a natureza do homem. Dito isso, o modelo adotado pelo gênero biográfico nasceu com a historiografia grega, passou pela contribuição do panegírico e da hagiografia e chegou, aos nossos tempos, embebido pela ideologia dominante. Desse modo, a biografia, simultaneamente, retrata elogiosamente o biografado, cuida de seu perfil histórico e atua politicamente na medida em que se vê atrelada à ideologia dominante, tornando-se sua divulgadora.

Nesse momento, é oportuno um parêntese sobre o mercado editorial e a popularidade do gênero biográfico. Indubitavelmente, o mercado editorial contemporâneo consolidou e popularizou a biografia que, todavia, deixou de ser apenas elogiosa. Em casos extremos, têm-se as biografias não autorizadas, que se concentram no polo oposto da herança biográfica: essas não elogiam, preocupam-se em estabelecer a crítica, muitas vezes infundada, marcada pelo auxílio de "documentação" forjada. Na tentativa de acompanhar os sucessivos e traumáticos acontecimentos de nosso tempo, as biografias invadem as livrarias. Homens e mulheres da contemporaneidade mostram-se muito interessados em consumir histórias que tenham a marca de um tipo de escrita de si, talvez porque essa escrita consiga lhes promover alguma identificação com aspectos obscuros de sua própria vida, permitindo-lhes a compreensão e o conforto de que não se encontram sozinhos nos infortúnios – esses mesmos que, em um golpe de sorte, podem ser transformados em sucesso imprevisto. Um exemplo parece ser a marca desses tempos: as biografias e autobiografias de homens considerados "de sucesso" tornam-se manuais de autoajuda e impõem uma conduta para os que acreditam poder alcançar o mesmo sucesso, seguindo os passos do biografado. Em tempo, cabe registrar que a observação do mercado editorial também pressupõe pensar na distinção entre as biografias acadêmicas – que se tornaram o objetivo de pesquisa de muitos historiadores – e as biografias (e autobiografias) que escapam a qualquer aplicação metodológica.

Enfim, reforça-se: a biografia é um gênero compósito porque herdou dos gregos, dos romanos e dos cristãos o seu modelo. Tal modelo deveria considerar: a exemplaridade do indivíduo retratado, cujo perfil seria devassado para a apreensão dos detalhes, nem sempre de domínio histórico; o caráter providencial de sua existência, herdado do cristianismo, quando essa doutrina ofereceu o modelo da vida dos santos, indivíduos com destinos especiais; e a implicação da causalidade e do quadro de referências cronológicas.

Novas leituras e propostas vêm sendo feitas em torno do gênero biográfico, comprovando a aproximação entre história e biografia. No interior dessas novas propostas, foram (re)postas as perguntas sobre a relação entre a história e o indivíduo. No caso de Simón Bolívar, Salvador de Madariaga é o biógrafo mais citado, seja para concordar com o seu julgamento ou não. A polêmica que se instaurou em torno da biografia publicada pelo espanhol concedeu à mesma um diferencial entre o amontoado de outras biografias, encomendadas pelos governos da Venezuela e da Colômbia, que vinham para afirmar as qualidades sobre-humanas de Simón Bolívar, guardando evidente estilo encomiástico. Dessa maneira, apesar de também merecer crítica, a biografia de Madariaga foi central para constituir a discussão em torno da renúncia. Ao lado desse biógrafo, consultou-se também Gerhard Masur e Moacir Werneck de Castro. As referências à renúncia como uma arma política e discursiva estiveram presentes em todos os textos e, por isso, essas biografias contribuíram para, em contato com o epistolário, esclarecer o sentido dessa recorrência, permitindo avaliar a polifonia desse discurso e vinculá-lo, outrossim, à memória do ressentimento e, portanto, à da indispensabilidade.

Apesar das muitas versões biográficas sobre Simón Bolívar, a leitura de três escritos do gênero revelou que as balizas cronológicas eleitas obedecem à mesma ordem de um trabalho para outro; o que muda é o julgamento dos respectivos biógrafos acerca dos acontecimentos. Assim, de modo geral e em consonância, os biógrafos de Bolívar elegeram na vida do biografado os mesmos momentos "divisores". Dessa forma, por exemplo, o desentendimento com Santander e a guerra entre a Colômbia e o Peru encontram o personagem em seu momento de "desesperança, de pesar e de descrédito". Na outra ponta, Boyacá e Angostura seriam acontecimentos divisores que demarcam o ponto auge da vida de Simón Bolívar. Ainda, outro marco representativo, tal como o juramento no Monte Sacro, indicaria a escolha e a premonição de Simón Bolívar quanto ao seu caminho de glórias. No Monte Sacro, Bolívar teria a grande revelação: seria ele o indivíduo capaz de libertar a América, tendo uma atuação política e histórica determinantes para o continente.

De modo geral, as biografias sobre Simón Bolívar não conseguiram escapar do tom apologético ou do seu conteúdo diametralmente contrário. A correspondência de Simón Bolívar foi usada para atestar, comprovar e corroborar acontecimentos, segundo a análise de cada biógrafo. Ao usar a correspondência de Simón Bolívar, Madariaga apenas anota que a única crítica que devia ser feita às cartas dizia respeito ao fato de, nos últimos anos, elas terem sido escritas por Bolívar "menos para expressar do que para ocultar seus desígnios" (Madariaga, 1953b, p.484). Ainda assim, o biógrafo apresenta os "desígnios ocultos" de Bolívar, vinculando-os às suas constantes vaidade e ambição pessoal. Do mesmo modo, tais biografias obedeceram à herança cristã, apoiando-se na ideia da predestinação de Simón Bolívar. Para esse caso, o pequenino Simón José Antonio de la Trindad Bolívar y Palácios nascera para ser o "Libertador":

> Entre os onze e quinze anos, o convívio com o mestre[42] inculcou nele ideias e conceitos radicalmente contrários aos que lhe vinham do meio familiar. Daí surgiu em Simón Bolívar um conflito que não se resolveu logo numa atitude de contestação aberta, mas o predispôs e preparou para a sua missão de Libertador. (Castro, p.24)

---

42 Simón Carreño Rodriguéz, preceptor de Simón Bolívar.

248 FABIANA DE SOUZA FREDRIGO

Embora crítico em muitos aspectos, Salvador de Madariaga, como não podia ser diferente, não escapou dos julgamentos. Para ele, as dores do "seu" Bolívar também anunciavam o futuro guerreiro impiedoso e selavam o destino do Novo Mundo:

> Em princípios do verão de 1802, Simón e Teresa Bolívar instalaram-se em Caracas para viverem a felicidade da vida privada. Em janeiro de 1803, uma febre maligna cortou em flor esse sonho tão belo. Esse final súbito de uma vida reservada e pessoal de uma jovem de vinte e um anos foi talvez um dos acontecimentos-chave da história do Novo Mundo; porque se Teresa tivesse vivido, Simón teria podido recobrar o contato com seu ser mais profundo, restabelecer o livre fluir de suas crenças e tradições ancestrais pelos claros canais de sua mente, conseguir aquela síntese de cérebro e coração, que lhe faltaria para o resto de seus dias, e viveria então a vida de um homem considerado entre os seus – para menos não tinha nascido – mas em uma América Hispânica que talvez não fosse desgarrada pela guerra civil. Que nada disso é arbitrário ou aventureiro demonstra-se citando o próprio Bolívar. "Vejam vocês como são as coisas – dizia um dia, segundo Peru de Lacroix –; se não tivesse enviuvado, talvez minha vida tivesse sido outra; não seria o general Bolívar, nem o Libertador, ainda que admita que o meu gênio não era para ser o alcaide de San Mateo". A morte decidiu o caso. (Madariaga, 1953a, p.144)

Costumeiramente utilizando-se do julgamento, as biografias exploraram o projeto deixado por Simón Bolívar. Esses escritos cuidaram de associar a cronologia da vida de seu personagem ao caminho escolhido pela América, sustentando, mesmo dizendo o contrário, o perfil particular e especial de Simón Bolívar e conferindo-lhe um destino providencial. Embora buscassem se distanciar da figura do herói, as biografias cederam à tentação de, ainda assim, expressarem o culto em torno da personalidade bolivariana. Gerhard Masur, em 1946,[43] estabelecia as distinções entre o trabalho do biógrafo e do historiador e anunciava qual o Bolívar buscava retratar:

---

43 Embora a data de publicação seja a de 1960, a biografia escrita por Masur data de 1946. A publicação de 1960 é, na realidade, fruto da primeira tradução para o espanhol.

Antes não tinha consciência do abismo que separa os fatos e os aconte-cimentos verdadeiros do que chamamos de História. É impossível relatar só o que 'verdadeiramente ocorreu'. O historiador elege os acontecimentos que lhe parecem mais importantes e os ordena até formar um quadro completo. Seu critério não é e não deve ser puramente científico; deve ser também sugestivo e artístico. De outro modo, fica submerso nos fatos e é, quando muito, um cronista.

Entretanto, forçosamente tem-se de descuidar de alguns aspectos da vida de Bolívar; este pode se estudar de muitos ângulos: militar, diplomá-tico, literário, e cada faceta oferece material para volumes inteiros. Mas o biógrafo deve ordenar os fatos em torno do coração do indivíduo, porque só assim pode apreciar a estrutura íntegra a partir da qual todos os demais aspectos assumem sua forma.

Tenho consciência da grandeza de Bolívar, mas não o descrevi como um indivíduo infalível. (Masur, 1946,[44] p.11)

Gerhard Masur encontra-se no meio do caminho entre as heranças greco-latinas e a renovação biográfica. O biógrafo pontua as distinções entre o historiador e o biógrafo bem como reforça a importância de que o gênero biográfico centre seu ponto de equilíbrio em um retrato que ordene "os fatos em torno do coração do indivíduo". No que se refere às novidades postas pelo diálogo entre a história e a biografia, Masur sugere o caráter construtivo da história e anuncia o Bolívar descrito em seu texto como homem falível. Como era compreensível para um alemão que, em 1935 cruzara a fronteira em direção à Suíça, "resoluto a não voltar mais para a minha Alemanha natal até que lá deixasse de brandir a insígnia da Cruz Suástica", o Bolívar de Gerhard Masur, em-bora não fosse um herói do Olimpo, era o defensor nato da liberdade, explicitando entre biógrafo e biografado uma identificação nata:

Bolívar me aparece como uma das principais figuras do século XIX e como uma das maiores personalidades de todos os tempos. Há certos

---

44 Esse trecho foi retirado do prefácio à biografia, que o próprio autor datou de 1946. Pedro Martín de la Câmara, que foi o responsável pela versão em espanhol, man-teve as datas indicadas pelo autor, sem acrescentar nenhuma nota ou apresentação à primeira edição em espanhol.

princípios pelos quais ele viveu e nos quais eu também creio: a liberdade é um valor em si mesmo; que é melhor morrer pela liberdade do que viver na escravidão; que a organização política da liberdade tem sua expressão na democracia, mas que a democracia deve achar o equilíbrio entre as exigências da liberdade e as da estabilidade e da eficácia, ou se produzirá a anarquia; que os problemas internacionais devem encontrar sua solução numa liga de povos livres que resista à agressão com a força das armas e dirima as controvérsias entre seus membros através de um tribunal de justiça. Essa é a essência do credo político de Bolívar. Seu significado para a nossa época me parece evidente. (idem, p.10-11)

O julgamento final de Masur sobre Bolívar o equiparava a Winston Churchill, o combativo primeiro-ministro inglês, ocupante desse cargo durante o auge da Segunda Guerra Mundial. Além de a comparação permitir concluir o porquê Gerhard Masur era um alemão imigrado, há outro objetivo que ela expressa: no que dizia respeito ao seu projeto de unidade, a derrota de Simón Bolívar apenas demonstrava que ele era o homem certo no tempo errado. Segundo Masur, as ideias de Bolívar não cabiam no século XIX, quando o conceito de nacional e nacionalidade dominava a compreensão em torno da política. O reconhecimento das ideias de Simón Bolívar no século XX mostrava que aquele sim era o ambiente temporal mais apropriado para um projeto que, embora derrotado por seus contemporâneos, foi consagrado pela história. Enfim, para Masur, Bolívar era um cidadão do século XX. Embora longa, vale a pena acompanhar a citação:

Ao contemplar a vida de Simón Bolívar e buscar paralelos, logo nos damos conta de que poucas são as comparações apropriadas. Bolívar e Washington? Bolívar e Napoleão? Bolívar e Cromwell? Todas são insustentáveis. Entretanto, existe uma surpreendente analogia entre Bolívar e Winston Churchill: ambos são homens das dificuldades, da emergência na história do mundo. Ambos provêm de velhas e nobres famílias acostumadas a mandar, e a arte da guerra está no sangue de cada um. Ambos são oficiais, que aficionados em matéria de estratégia; são, contudo, receptáculos de profundas intuições que frequentemente superam o conhecimento e a sabedoria dos especialistas. Ambos enfrentaram circunstâncias desesperadas com fé inamovível na vitória. Ambos, no começo de suas carreiras,

GUERRAS E ESCRITAS **251**

cometeram equívocos transcendentes; Churchill, como Bolívar, aprendeu na derrota a arte da vitória. Ambos são mestres da palavra e artistas por natureza. Os famosos discursos de Churchill depois de Dunquerque são muito parecidos às oratórias pronunciadas por Bolívar em Casacoima, Angostura e Pativilca. Entretanto, todo um mundo separa o anglo-saxão do *criollo*, o parlamentar disciplinado do líder fanático das nações tropicais. Um lutou para salvar um império; o outro para destruir um de cujas as ruínas surgiria um continente livre. E aqui chegamos à última razão que explica o desdém sofrido por Bolívar no século XIX. O século de Bolívar pensou em termos de nações e nacionalidades, mas Bolívar não acreditava que o conceito nacional fosse o último passo no desenvolvimento histórico. Pensava em continentes; e ainda que por uma cronologia externa pertencesse ao século XIX, por cronologia interna é um cidadão do século XX. A combinação de democracia e autoridade, a formação de enormes blocos regionais, a ideia de uma liga de nações livres: todos esses são conceitos de nossos tempos. É surpreendente então que a compreensão clara de sua assombrosa previsão chegasse tão tarde? Um século depois de sua morte o mundo começou a compreender que havia sido ele o campeão da cooperação e da solidariedade pan-americana. (Masur, p.578)

Ao retornar às pretensões expostas pelos biógrafos, cabe registrar o comentário de Moacir Werneck de Castro. Sua biografia sobre Simón Bolívar, mais contemporânea e muito menos ambiciosa, foi escrita tendo por objetivo oferecer uma síntese ao público brasileiro. Assim como os outros escritos do gênero, a biografia de Castro tinha como propósito apresentar a "face humana" da liderança da independência na América do Sul, de colonização espanhola:

> Evitei retratá-lo neste livro como um prócer de estátua equestre. Busquei nele a essência, a palpitação humana, às vezes demasiado humana para o gosto de panegiristas que quiseram moldar o herói de bronze, isento de máculas, imune a paixões mundanas. Essa avaliação, longe de diminuí-lo, permite descobrir novos filões de sua extraordinária personalidade, que Miguel de Unamuno comparou à de Dom Quixote – mas um Dom Quixote com traços de Dom Juan. Pois o impulso erótico está sempre presente nele em meio a atribulações sem conta, batalhas de vida ou morte, confrontos políticos, momentos de amargo infortúnio e puta glória. (Castro, p.7)

252 FABIANA DE SOUZA FREDRIGO

Para além dessa última citação, nada expressa melhor a perspectiva da ilusão biográfica, da qual nem mesmo o "Bolívar humano" de Masur escapou, do que a narração do biógrafo alemão sobre o juramento de Simón Bolívar no Monte Sacro:

> Um dia, seus passos o levaram ao Monte Sacro. Acompanhava-o Rodríguez. Ambos pensaram nos plebeus que fugiram para a montanha sagrada, quando a opressão dos patrícios romanos se fez insuportável. E esta palavra, opressão, foi a chave para a qual a mente e o coração de Bolívar voltaram-se novamente para a Venezuela. Uma profunda reverência o invadiu e ele sentiu o impulso de expressar seus pensamentos. Ajoelhou-se e jurou diante de Rodríguez, cujas mãos apertou, que pela santa terra que estava sob seus pés, libertaria seu país.
>
> O que significava este juramento e qual era o seu valor? Foi simplesmente o estalo de uma paixão incontida e que logo não se cumpriu, ou foi produto da decisão consciente de Bolívar? A história comprovou que se tratava de uma solene promessa, que Bolívar guardou como nenhuma outra ao longo de sua vida. Foi a insígnia com a qual lançou-se violentamente no interior da fortaleza do inimigo, para poder persegui-la. (Masur, p.62)

Sobre esse trecho exposto, convém salientar que o próprio Gerhard Masur alerta, em nota de rodapé, que tal reconstrução era fruto, em parte, de sugestão imaginativa: "A reconstrução do que disse na realidade é apenas possível. Quarenta e cinco anos depois do acontecido, S. Rodríguez deu uma descrição novelística do famoso juramento, obviamente uma invenção imaginativa; seu valor histórico é nulo" (Masur, p.61). Ainda assim, apesar do adendo, fato é que Masur utilizou o que chamou de "reconstrução imaginativa" em sua biografia. Expostos alguns trechos, conclui-se que os biógrafos pretenderam apresentar um Bolívar humano e, no entanto, não conseguiram escapar nem da ilusão biográfica e nem do encantamento com o personagem. Contudo, é preciso que se anote que o contrário – ou seja, a ausência da ilusão biográfica e do encantamento com o personagem – não seria próprio ao gênero biográfico. Dessa maneira, mais do que a crítica aos biógrafos, aponta-se a presença de elementos que definiram, e ainda definem, o que é particular ao gênero biográfico. As versões

GUERRAS E ESCRITAS **253**

biográficas sobre Bolívar foram adequadas ao presente dos biógrafos, como fica patente na comparação feita por Masur entre Simón Bolívar e Winston Churchill. A premência do presente exigia estabelecer o porquê da glória póstuma de Bolívar. Masur usou da unidade para responder à questão e o fez em um momento em que esse debate fazia parte de seu presente.

Para responder à mesma questão, Madariaga buscou outro caminho. Se, para Gerhard Masur, Bolívar era um homem do século XX, para Salvador Madariaga, o mesmo Bolívar era um homem de seu tempo e nada tinha lhe calado tão fundo na alma quanto a imagem de Napoleão Bonaparte. Nesse momento, dúvidas se colocam: qual a representação aceita em torno de Napoleão? Por que a dificuldade de outros analistas em aceitar a comparação com o general francês? Como bem argumenta Madariaga, na memória liberal e republicana, atração e repulsa convivem em torno do mito napoleônico. De um lado, ele foi responsável pela expansão dos ideais da Revolução Francesa para além das fronteiras da França e, do outro, ele foi o mais ativo agressor desses mesmos ideais, quando aderiu à tentação de se coroar. Assim traduzida essa repulsa republicana e liberal, compreende-se por que o culto a Bolívar procura protegê-lo da mácula que, certamente, o atingiria, quando de sua aproximação ao mito napoleônico. O desejo de Bolívar em se coroar é vigorosamente negado pela historiografia venezuelana e, no entanto, Madariaga o admite e o explora em sua biografia, construindo dois capítulos para argumentar sobre o tema, os de número 25 e 26, que compõem a quarta parte do segundo tomo da biografia, sendo seus títulos: *Rei sem coroa* e *Coroa sem rei*. Essa admissão lhe permitiu associar ambos os mitos e permitiu ainda mais. Permitiu-lhe anotar que foi exatamente porque não se coroou, ao contrário de Iturbide, que Bolívar, assim como San Martín, pôde, apesar de derrotado em vida, alcançar glória póstuma. Sem a coroação, Simón Bolívar podia representar o ideal republicano, bastava esconder o seu desejo de se tornar rei:

> Tão funda e tão secreta como essa raiz que une Bolívar e San Martín a Napoleão é a que em seus respectivos povos une os mitos bolivariano e

san-martiniano ao mito napoleônico. San Martín e Bolívar são glorificados na Hispano-América como dois libertadores. Na superfície, ambos os mitos permanecem construídos sobre o modelo "herói-monstro"; ambos são São Jorge matando o dragão da tirania espanhola. Mas no fundo da memória hispano-americana, o que faz de San Martín e de Bolívar os dois heróis sem rival no mundo americano é a carreira napoleônica além das fronteiras do país em que nasceram, levando as bandeiras de suas pátrias natais por todo o continente, como Napoleão na Europa, libertando nações e derrubando vice-reis. (Madariaga, 1953a, p.34)

Depois da leitura desse trecho de Madariaga, cabe mais um parêntese. François Furet entende que a Revolução Francesa esteve marcada por dois ciclos, um do século XVIII e outro do século XIX. O ciclo do século XIX desenvolveu-se no marco de um quadro administrativo forte e estável, contribuição da centralização napoleônica. Esse quadro institucional, a despeito de outras revoluções no século XIX, não foi negado completa e irreversivelmente nem mesmo pelos homens de tradição revolucionária na França. Apesar de algum grau de consenso no tocante à administração liberal, a vida política francesa aceitava e defendia as estruturas do Estado legado por Napoleão, mas convivia com um conflito permanente no que se referia às formas do mesmo Estado. De um lado, o consenso indicava a possibilidade de convivência entre uma tradição monárquica e uma tradição revolucionária. Do outro, o conflito revelava as incertezas francesas quanto à herança de legitimidade e fidelidades contraditórias (Furet, p.60).

Guardadas as devidas diferenças com a vivência política da América no século XIX, não houve um homem político do século XIX, mesmo fora da Europa, que não se influenciasse pela Revolução Francesa e não revelasse um conflito de opiniões e sentimentos sobre Napoleão Bonaparte e o significado de sua ação política. Como bem lembra Guerra (2000), a modernidade política na Espanha e na América teve um conteúdo mais corporativo e tradicional, isso comparado ao conteúdo francês. Não obstante, também espanhóis e americanos estiveram impregnados por símbolos, ideias e imaginários que permitiram uma transformação política e cultural. Ainda com Guerra (2000), é importante salientar que a interpretação historiográfica americana

GUERRAS E ESCRITAS **255**

sobre a independência discutiria até que ponto seria possível considerar a influência francesa nesse processo. Os liberais americanos da segunda metade do século XIX reivindicariam a sua filiação com a França revolucionária. A partir de então, uma versão sobre a independência foi construída e alcança, inclusive, os nossos dias. Por essa versão, considerava-se a independência como filha da Revolução Francesa, graças à disseminação, em solo americano, dos princípios que serviram à revolução na Europa. A revisão historiográfica dessa matriz liberal de interpretação da independência cuidaria de apontar a influência de um caráter hispânico no processo de independência. Em concordância com o autor já citado, entende-se que é "conceitualmente impossível identificar uma posição ideológica em um suposto espírito nacional: nem tudo o que é francês é moderno, nem tudo o que é espanhol é tradicional, nem o inverso" (Guerra, 2000, p.16).

Dessa discussão, retira-se com certeza o fato de que tanto Napoleão quanto Iturbide foram figuras essenciais para Bolívar, o que revela o *lugar que Bolívar queria ocupar* no espectro político e *como queria ocupá-lo*. A leitura de uma carta escrita para Santander traz implícitas essas revelações. Embora Bolívar não se encaixasse entre os liberais[45], não podia render glórias a Napoleão e, ainda menos, a Iturbide – não sendo quem era, o Libertador das repúblicas da Colômbia e da Venezuela. Mesmo assim, a despeito da vigilância do missivista, uma dose de involuntarismo revelaria *como e por que* ambos os militares ocupavam seus pensamentos. Note-se a percepção de Bolívar quanto às mudanças no cenário político e às ácidas e irônicas críticas aos pressupostos liberais e constitucionalistas:

> Todos os dias temos notícia do imperador Iturbide e de seus maus sucessos em Veracruz. A *Gaceta de Guayaquil* lhe dará uma ideia das atas insurrecionais dos generais de Iturbide. Parece-me que essas atas

---

45 A historiografia aponta o partido de Santander como a representação liberal no interior do espectro político. Simón Bolívar irritava-se com a pecha de conservador que lhe atribuíam, mas, com certeza, ele mesmo se colocava distante das fileiras liberais, em que a mais importante meta política a ser conquistado era o federalismo, meta para o qual Bolívar reservou profundas críticas durante toda a vida.

são decisivas quanto à sorte daquele império. Esse é o caso para se dizer: *pecou contra os princípios liberais e assim sucumbiu*, como dizia Bonaparte de si mesmo. Que lição, amigo, para os que mandam hoje em dia! Aquele que não está com a liberdade pode contar com as cadeias do infortúnio e com a desaprovação universal. O abade De Pradt disse muito bem que antes era cômodo mandar e que agora não há melhor emprego do que o de cidadão; que o ofício de reis, ministros, sacerdotes, etc., são ofícios que não valem nada, porque agora se segue à inflexível razão e não ao belicoso despotismo.

Eu faço a minha confissão geral todos os dias, ou melhor, meu exame de consciência, e na verdade tenho por meus pecados feitos contra a minha vontade, feitos em favor da causa, e por culpa dos godos. Quem sabe se algum dia me castigarão com alguma grave penitência pelo meu mal entendido patriotismo? Amigo, a coisa está mal; já não se pode mandar, se não por amor ao próximo e com profunda humildade. Os cidadãos estão muito delicados, e não querem nada da arquitetura gótica, nem razão de estado, nem circunstâncias, o que desejam é a arquitetura constitucional, a geometria legal, a simetria mais exata e escrupulosa; nada que fira a vista nem o ouvido nem sentido nenhum. Para nos pôr a salvo, peça sua santidade ao congresso, um bilhete para poder pecar contra as fórmulas liberais, com remissão de culpa e pena, porque senão não teremos conseguido nada depois de termos salvo a pátria, como fizeram Iturbide, O'Higgins e San Martín, porque os justíssimos cidadãos não querem assistir aos combates, nem dar o pagamento aos matadores, para não faltar às leis do decálogo, e às santas da filantropia, mas ganho o combate, distribuem os despojos, condenando de toda forma os sacrificadores, porque é muito bom e muito saudável condenar e colher. (Carta para Francisco de Paula Santander. Guayaquil, 29/04/1823. Tomo III, R. 935, p.376-377. Original)

A leitura das biografias preocupou-se mais detidamente com os últimos anos de Bolívar, pois interessava perceber qual tratamento cada biógrafo daria para o ressentimento do general. O marco cronológico da desgraça bolivariana obedeceria a uma clivagem aventada pelo próprio missivista em sua narrativa epistolar: o desentendimento com Francisco de Paula Santander. Após o golpe dos bolivaristas, a última e derradeira tentativa de manter a unidade da Grã-Colômbia e afastar os liberais do poder, Simón Bolívar endereçaria uma carta para

GUERRAS E ESCRITAS **257**

Justo Briceño, em 31 de outubro de 1830. Nessa carta, ele aconselhava o militar e amigo à conveniência da manutenção de sua amizade com Rafael Urdaneta, que ocupava então o cargo de presidente da Nova Granada. Ao lembrar-se de sua experiência com Santander, o missivista anunciava o seu desentendimento com esse general como sendo o "marco zero" de sua desgraça:

> O senhor deve se esquecer das antipatias e descortesias, pois de outro modo lhe enforcarão os liberais. Reconcilie-se de corpo e alma com Urdaneta, Castelli e com todos seus inimigos. Por último, vou dizer-lhe um segredo, e é que a sua inimizade com Urdaneta vai arruinar a causa, e que esta é a única razão pela qual não quis ir ao interior e nem me encarregar de nada; pois não quero estar como antes entre Páez e Santander, cuja divisão me fez perdido assim como perderá a todos.
>
> Leiva me escreve uma carta contra Urdaneta e contra Lacroix que é amigo desse. Isso me prova que por lá propaga-se a divisão. Eu mesmo dei o exemplo, não só da concórdia, mas de amor aos meus inimigos, contanto que sigam a causa. (Carta para Justo Briceño. Soledad, 31/10/1830. Tomo VII, R. 2.769, p.563-565. Original)

A biografia escrita por Salvador Madariaga é a mais extensa e detalhada, há profusão de citações de distintos documentos: cartas, proclamas, artigos de época, necrológico e testamento de Simón Bolívar, diários e memórias deixadas por amigos e inimigos políticos. Dividida em dois tomos, a quarta parte do segundo tomo responsabiliza-se pela análise da derrota e do descrédito público conferidos ao biografado. Os títulos dos tomos, das partes que os compõem e dos capítulos que compõem as partes são muito sugestivos. O primeiro tomo tem como subtítulo *Fracasso e esperança* e o segundo tomo adotará como subtítulo *Vitória e desengano*. O segundo tomo, que é o que interessa mais particularmente, encontra-se divido em quatro partes e cuida do período que vai do Congresso de Angostura, em 1819, à morte de Simón Bolívar, em dezembro de 1830. Os títulos das quatro partes do segundo tomo são respectivamente: *Do caos à vitória*, *Põe-se o sol do Império*, *O Império dos Andes* e o *Ocaso de César*. Há ainda um epílogo na obra de Madariaga, intitulado *A renúncia póstuma*, um texto imaginativo e

258 FABIANA DE SOUZA FREDRIGO

instigante. O autor assume Simón Bolívar e lhe concede o privilégio de "discursar para a posteridade". Esse Bolívar discursaria para a história – na verdade, adiantando-se a ela, como sugere o início do texto que compõe o epílogo. Em sua *renúncia póstuma*, o general praticava o seu *mea-culpa*, confessando seus pecados nascidos da ambição e pedindo compreensão por não ter podido libertar plenamente a América:

> Bolívar se adiantou à marca da História e disse:
> Compareço diante de vós para apresentar-lhes a primeira de minhas renúncias que faço com toda a alma. Daqui, só se pode falar com toda alma. Venho lhes apresentar a minha renúncia como *Libertador*.
> [...]
> Quero viver como se vive na História – com a luz da verdade. Dessas alturas, e já livre do barro mortal, que na terra envolve o espírito, vejo que esse título de Libertador que gravei com a espada na carne de cinco nações pesa hoje sobre o meu ser perene e o impede de se elevar com toda sua estatura sobre o fundo real das coisas verdadeiras. Não. Eu não sou o Libertador, e nem o fui jamais.
> [...]
> Fui ambicioso; e para satisfazer a minha ambição, não vacilei em extraviar, apenas seca a sua tinta, as constituições que jurara respeitar; nem me tremeu a mão ao esvaziar os lugares de sua juventude pelo recrutamento forçado e nem ao desolar campos e cidades com os horrores da guerra. Cruzei os Andes sob uma hecatombe e tomei Guayaquil sobre outra.
> [...]
> Cento e vinte anos transcorreram e que anos! Se um espírito maligno os tivesse me revelado quando jurei no Monte Sacro, quando declarei guerra a Espanha, quando afundei a cabeça entre as mãos para esconder a vergonha em Puerto Cabello, quando triunfei em Boyacá e em Carabobo, quando vi enfim a Colômbia feita e erguida e o Peru rendido aos meus pés, creiam-me, se tivesse então visto estes cem anos repletos de Obandos, de Gamarras, de Páezes, munidos de constituições de papel e de assembleias de vento, as prisões, os proscritos, as ditaduras.... talvez – mas não. Não teria voltado atrás. Porque não estava em mim fazê-lo. Verdade, mil vezes verdade que não os libertei. A essência da liberdade apoia-se precisamente no fato de que ninguém pode libertar a ninguém mais do que a si mesmo. Mas verdade também que quando os dizia ser vosso Libertador eu

acreditava sinceramente.[46] Porque havia chegado o momento em que a História exigia a vossa emancipação, e tanto a terra como o sangue e o espírito clamavam por vossa separação da Espanha. Fazia falta o homem. E o homem fui eu. Quem me designou para aquele destino histórico? Minha ambição. (Madariaga, 1953b, p.544-545)

Esse é o julgamento final de Simón Bolívar feito por Madariaga. Curiosa e sagazmente, a estratégia de deixar o "próprio Bolívar falar" queria convencer o leitor dos erros e acertos do general e, ainda, da evidência de sua ambição. Sem maiores divagações, resta atentar para a importante sugestão do biógrafo logo no início do epílogo: o Bolívar de Madariaga anunciava ser essa a primeira de suas renúncias feita com a alma e a primeira que ia ao encontro da possibilidade de viver com a verdade. Traduzida por outros julgamentos de Madariaga, a insinuação é clara: os constantes pedidos de renúncia constituíam um recurso político, assim, sempre foram ardis. Ainda mais, esses ardis foram fruto da ambição pessoal do general; por isso, a necessidade do *mea-culpa*. Em outros momentos da biografia, Madariaga expressa, então sem subterfúgios, que a renúncia funcionava como um recurso político. Ao comentar sobre a correspondência de Simón Bolívar, particularmente a do ano de 1829, após o golpe bolivarista liderado por Urdaneta, Madariaga escrevia:

Em todas as cartas desse período, ainda naquelas em que mais insiste em seu desejo de renunciar à presidência, sugere ficar como generalíssimo, não só de Nova Granada, mas sim de toda a Colômbia. No caminho para Bogotá, veio escrevendo cartas a cada etapa, sobretudo para Páez, que era quem mais lhe preocupava, e em Cartago (31.1.30) recebeu notícias da sublevação na Venezuela. Amargurado diante da ingratidão de seus patriotas, escreve a Castillo Rada: "Eu perdi muito com esse movimento porque ele me privou da honra em deixar o mando espontaneamente".

---

46 Conforme sugerido em parágrafos anteriores, a liberdade não foi plenamente alcançada porque não conseguira ser assegurada pela liderança de Simón Bolívar. Embora a *mea-culpa* póstuma vá analisar de maneira distinta a capacidade do biografado em libertar a América, há um reforço do argumento sugestivo de que a liberdade permanecera inalcançável.

260 FABIANA DE SOUZA FREDRIGO

> Todos insistiam para que ele viesse a Bogotá inaugurar o novo Congresso; cedendo, sem grande resistência, chegou à capital no dia 15 de janeiro de 1830. (Madariaga, 1953b, p.488)

Como se pode observar, a pista sobre a importância do discurso da renúncia estava anotada. Junto dela, a escolha da carta indicava a presença do ressentimento. Todavia, ainda mais forte no julgamento de Madariaga era a ambição, pois, na opinião do biógrafo, a correspondência de Simón Bolívar "revela viva como sempre a contradição perpétua em seu ânimo entre a renúncia verbal e a ambição executiva" (idem, p.515). Em outro trecho, o juízo do biógrafo colocaria em xeque a própria existência de traços de um republicanismo liberal ou, até mesmo, de uma causa que mobilizasse o general, que não fosse o seu desejo de mandar:

> O Bolívar que antes iluminava suas melancólicas ambições com a luz abstrata dos céus de Rousseau, que havia feito ondear sobre os campos de batalha da América as bandeiras gêmeas do republicanismo e do livre pensamento, preconizava em 1830 "a religião santa que professamos" como a salvação da Colômbia. Essa evolução dá certo grau de verossimilhança à opinião muito geral de que Bolívar começara sua vida pública como um republicano liberal democrático, e que só mais tarde, só em uma fase efêmera de sua vida, manifestara sintomas de reação por influência de sua ambição ditatorial. Mas a verdade é muito outra: a sede pelo mando foi essencial em Bolívar, consubstancial com seu ser, e portanto um traço vigoroso de seu caráter, e um eixo que une e dá sentido a todos seus feitos e palavras, força motriz e inspiração de toda a sua vida, desde o juramento sobre o Monte Sacro até os delírios pré-mortais de San Alejandrino. Tão resoluto, determinado e concentrado é o Bolívar que na Jamaica e em Cartagena escreve manifestos à moda de Rousseau como o que suplica pela proteção da santa religião. Mudaram os meios, o fim é o mesmo. E a mudança dos meios deve-se em parte à experiência, mas em parte também ao fato de que o republicanismo e a falta de religião de seus primeiros dias não eram de todo sinceros. [...] Em suma, Bolívar abrigava dúvidas sobre a utilidade do aparato republicano porque o que lhe interessava era apenas o mando. À medida que os céus abstratos iam obscurecendo-se com o entardecer de sua vida, a terra ancestral lhe atraía para o passado. Suas

cartas (bem lidas, são a verdadeira história de seu espírito) revelam como ia aprendendo gradualmente a sabedoria, as quais muitas instituições e tradições do regime espanhol zelavam (idem, p.491)

Mais adiante, apesar de considerar a incapacidade física de Bolívar como um dos ingredientes para o pedido de renúncia, a hipótese que sustenta o argumento é a mesma. Assim a última renúncia de Bolívar seria narrada e avaliada:

> Bolívar demitiu-se por razões de saúde e pediu ao Congresso que nomeasse um sucessor. O Congresso se negou. Bolívar nomeou então o general Domingo Caicedo, de uma família poderosa de Nova Granada, como presidente provisório, retirando-se para uma casa de campo em Fucha, em princípio de março para se refazer de um ataque de bílis. Sua ambição seguia tão viva como sempre, mas as energias do corpo iam cedendo, e o espírito adoecia com os golpes da experiência, amargurado pela frustração íntima e pelo que ele chamava de ingratidão dos demais. Essa ingratidão procedia muitas vezes do desengano que ele mesmo semeava entre os amigos políticos ao sacrificá-los com uma política tortuosa. (idem, p.495).

Em nenhum momento, Madariaga foi capaz de compreender o ressentimento bolivariano. Aliás, não o compreendeu porque não lhe deu crédito. Ao invés disso, preferiu atribuir a Simón Bolívar uma ambição desmedida, o que o obrigou a tecer o perfil de um homem público constantemente vigilante. Nesse ponto, a memória construída por meio das cartas foi comprada pelo biógrafo: o homem público vigilante, a postos no epistolário, transferiu-se para a obra biográfica. Nesse ponto reside o problema do juízo de Madariaga: na medida em que o seu Bolívar mostra-se movido tão somente por ambição e, para protegê-la, calcula e prevê seus atos, o biógrafo empresta ao biografado uma onisciência sobre-humana. Até quando se refere ao espírito amargurado e à reclamação de Simón Bolívar da ingratidão pública, Madariaga volta a explicar o ressentimento e a ingratidão como fruto de atos cientes do seu personagem; para ele, a ingratidão tornara-se real porque Bolívar submetera seus amigos a uma política tortuosa.

262 FABIANA DE SOUZA FREDRIGO

O plano da obra biográfica de Gerhard Masur também revelaria que, apesar da liberdade ter sido o maior bem e a maior herança de Bolívar, a ambição fazia, outrossim, parte de sua vida. Às quatro partes que integram o conjunto da biografia foram dados os seguintes títulos: *Homem de ambição, Homem da liberdade, Homem da glória, Homem de pesares*. Interessa analisar como Masur apresentaria o homem de pesares. No interior da última parte, constam quatro capítulos que cuidam das seguintes temáticas: os desentendimentos entre Simón Bolívar e Francisco de Paula Santander; a rebelião liderada por Páez, a *La Cosiata*; os planos para a reforma da Constituição de 1821, aprovada em Cúcuta; o pedido de renúncia de Bolívar feito em 1827; a guerra entre a Colômbia e o Peru e as rebeliões internas nas tropas colombianas e peruanas que se encontravam no Peru; a tentativa de assassinato de Simón Bolívar; os preparativos e o abandono da Convenção de Ocaña; a nova rebelião separatista liderada por Páez em 1829; a rebelião liderada por Córdoba, antigo correligionário de Simón Bolívar; a Assembleia Constituinte dos Admiráveis, instalada em 1830; e a última renúncia de Bolívar seguida pelo agravamento de seu estado de saúde e sua morte.

O último capítulo de Gerhard Masur intitula-se *Morte e transfiguração*. Nesse capítulo, o biógrafo tenta explicar por que Bolívar, o mesmo que morrera desacreditado por conta da derrota de seu maior projeto, alguns anos depois, seria lançado à categoria de maior mito não apenas das nações que ajudara a libertar, mas da nação americana. Sobre essa questão, parte da análise de Gerhard Masur já foi devidamente exposta: o reconhecimento da ação política de Simón Bolívar veio tarde porque suas ideias eram muito mais apropriadas ao século XX do que ao XIX. A outra parte da explicação considerava que a transfiguração da figura bolivariana indicava a necessidade das nações do culto aos heróis, isso porque essas nações, ao se cristalizarem (ocupando um lugar no Ocidente), precisavam de heróis, pois eles eram a chave de seu desenvolvimento. Para Masur, esse era o caso das repúblicas hispano-americanas:

Depois da morte de Bolívar produziu-se uma transfiguração que pode se considerar única na história moderna [...] A glorificação de Bolívar é lírica e retórica. Provavelmente não há na América do Sul poeta ou escritor que não tenha composto uma ode, um ensaio ou uma oração sobre o maior herói do continente. É o tema principal de todos os literatos sul-americanos, de Rodó a Valência e de Gabriela Mistral a Neruda. E seria tão simplório quanto carente de discernimento burlar-se dessa adoração heroica. Essas nações se encontram todavia em processo de cristalização e o mito bolivariano é um elemento essencial de seu desenvolvimento. (Masur, p.576)

Conforme sugerido, Gerhard Masur anota a recorrência das renúncias bolivarianas, mas sua análise difere da de Madariaga. Para Masur, a renúncia também era um recurso político, no entanto, o ato de encaminhar o pedido de renúncia, acompanhado quase que imediatamente pelo esquecimento do mesmo, indicava muito mais do que simples ambição pessoal; embora a existência da ambição pessoal fosse uma evidência, tratando-se de Simón Bolívar. Para Masur, mesmo após o descrédito público, Bolívar tinha atribuído a si uma missão: a de manter unida a Grã-Colômbia. Manter a unidade e a liberdade conquistada era o lema do Simón Bolívar retratado por Masur. Esse Bolívar de Masur fez da independência hispano-americana uma "empresa da liberdade", tal como já apontara Nikita Harwich. Seguindo o raciocínio do biógrafo, isso foi assim porque Bolívar tinha de cumprir um destino que seria responsável em alçá-lo como importante referência para a política no século XX. Diferente mais uma vez de Madariaga, Masur admite o ressentimento bolivariano – usando como imagens a "melancolia", que se abatera sobre o general com a decadência física e proximidade da morte, e a "via-crúcis", essa enfrentada por Bolívar desde os desentendimentos com Santander. Ao fazer isso, o biógrafo permite ao biografado a humanização e, nesse sentido, ultrapassa analiticamente Salvador Madariaga. Sobre essa ultrapassagem analítica, uma ressalva é necessária. Quando se diferencia Masur e Madariaga, a base da oposição encontra-se no reconhecimento do ressentimento do personagem biografado. Isso equivale a dizer que o Bolívar de Masur é mais humano que o de Madariaga, o que não implica em dizer que o Bolívar de Madariaga também não apresente qualidades humanas. Se, por um lado, o biógrafo espanhol impõe ao seu Bolívar a vigilância constante (tarefa impossível a qualquer ser humano), por outro, ele admite uma qualidade de seu personagem que é particularmente humana, a ambição. As citações que seguem evidenciam a construção do argumento de Masur em torno da renúncia e do ressentimento:

> Em 1827, Bolívar renunciou mais uma vez à presidência da República com a única ideia de que lhe pedissem para permanecer no cargo. Tinha tornado pública a sua demissão, mas conseguiu convencer tão pouco seus inimigos como na atualidade nos convence, e o conflito sobre o futuro da Colômbia continuou. (Masur, p.516)

> Digam o que quiserem os críticos ou inimigos de Bolívar sobre sua ditadura, não podem indicar que ele governasse apenas porque estava obsessivo por amor ao poder. Se negou-se a abandonar sua autoridade, é porque tinha uma missão para cumprir: conservar a unidade da Colômbia. A existência da República estava ameaçada tanto interna quanto externamente (idem, p.542)

> Como vimos, a vida de Bolívar esteve regida por interesses antagônicos: sua ambição pessoal e o ideal de liberdade. Na pessoa do Libertador, as duas tendências combinavam-se sem diminuição de mérito ou dignidade. Tinha conduzido o povo à independência, e só ele conhecia o caminho pelo qual poderiam avançar para uma futura grandeza. Mas, e se não queriam seguir esse caminho? Se resistiam, ao invés de reunir suas forças em torno de um império... ah! Então, seriam realmente desleais e ingratos. (idem, p.549-550)

> Bolívar tinha dito em várias ocasiões que a América do Sul só podia ser governada por um déspota astuto, mas que ele não queria se encarregar da missão. Sendo assim, por que não sacrificava em um altar essa crença ou por que não seguia San Martín e retirava-se para um exílio voluntário? A resposta deve-se buscar no fundo da personalidade do Libertador: Durante dezesseis anos lutou contra dificuldades insuperáveis. A derrota, as privações, o exílio, não tinham conseguido dobrar sua indômita vontade. Com a mesma invencível tenacidade aferrava-se agora às oscilantes colunas da República da Colômbia. Sua glória estava em jogo e não podia decidir renunciar a ela. Não podia permitir que nenhum ser humano destruísse sua visão de uma futura grandeza para a América do Sul. Se Bolívar tivesse renunciado em 1827, ter-se-ia poupado de uma infinita amargura de es-

GUERRAS E ESCRITAS **265**

pírito, mas seu temperamento não teria tolerado jamais que se apartasse da participação na história de seu país; não era homem para viver como um aristocrata ocioso. À felicidade pessoal somente podia acompanhar a grandeza histórica e Bolívar iniciou sua via-crúcis. (idem, p.519)

À decadência física que havia começado em Lima, ou talvez antes, agregava-se a profunda melancolia de seu conhecimento de que seu grande esforço fora em vão. A América era ingrata para o sacrifício de sua vida, e não podia suportá-lo mais. "Como não sou santo, não tenho desejo de sofrer martírios". Entretanto, apesar de tudo, não abandonou o cargo, mas permaneceu na ponte em um esforço desesperado para levar a um porto o barco colombiano. (idem, p.541)

Sinteticamente, o ponto alto da biografia de Gerhard Masur esteve no reconhecimento da humanidade de seu personagem. No entanto, o biógrafo complica-se quando retira Bolívar de seu tempo. Ainda, se Bolívar passou para a história como o defensor de um projeto de unidade, empreendendo a construção de uma *"grande nação"*, ele não foi o único que acreditou e encampou esse projeto. Entre seus contemporâneos, embora colecionasse inimigos, teve o apoio de um grupo. Se passou a vida combatendo o federalismo dos liberais e defendeu, enquanto pôde respirar, a unidade da Grã-Colômbia, é preciso ter em mente que um projeto político desse porte apenas se sustenta se há legitimidade em torno do porta-voz do mesmo projeto. A extensão e a intensidade de sua correspondência estão vinculadas a um propósito político e memorialístico. Bolívar teve em torno de si os generais que foram, simultaneamente, a elite militar e política das repúblicas recém-fundadas. Por bom tempo, os liderou. Por bom tempo, dominou as expectativas desses homens. Expectativas essas que eram direcionadas ao amigo e chefe, mas não só. Essas expectativas também eram direcionadas a um projeto político em comum e, no interior desse projeto, esteve traçada a unidade política americana.

Como se acompanhou por meio de sua correspondência, a derrota política de Simón Bolívar deu-se no exato momento em que a legitimidade que o grupo lhe depositara desapareceu. Ajuizar que apenas Bolívar foi o responsável pela unidade da Grã-Colômbia, que durara entre os anos de 1819 e 1830, é obscurecer a participação ativa de um grupo como sustentáculo desse projeto. Santander foi o braço executivo da Grã-Colômbia durante todo o tempo em que Bolívar dedicou-se à campanha no Sul. O vice-presidente, educado em Bogotá, foi um dos principais políticos contrários a essa união, mas a assegurou durante o período das guerras de independência e cuidou das contas dessa república que patrocinou a "empresa da liberdade" de Bolívar. Conceder ao general ares de visionário, adjetivo facilitado pela representação do que é diferente e especial, contribui para a permanência da análise de que a América só podia mesmo ser dominada pela anarquia, fruto das ações da oligarquia *terrateniente*. Visionários são apenas visionários, não conseguem angariar apoio e legitimidade, visionários são Quixotes em busca de seus moinhos e poucos estão dispostos a serem Sanchos. Visionários não deixam sinal de seguidores e não conseguem o reconhecimento para seus projetos, reconhecimento póstumo que seja. Visionários são admirados com entusiasmo juvenil.

Há nessa discussão outro grave condicionamento. Se a unidade era apenas fruto da "vontade indômita" de Simón Bolívar, a mortalidade da liderança evocava um problema para o continente: sua morte selaria o futuro infeliz da América, demarcado pela anarquia política. Seguindo esse raciocínio, melhor seria que o general fosse indispensável e insubstituível. Aí reside o patrocínio do culto. Com a ajuda das interpretações que impingiram a Bolívar a pecha de um visionário perdido em seu tempo, o culto consolidou-se. Seria muita coincidência, e entretanto não é, reforçar que foi exatamente essa a construção deixada pelo missivista. Indispensável e insubstituível, era assim que o escritor de cartas queria ser visto.

Depois do cruzamento da correspondência bolivariana com a literatura e a biografia, resta salientar que o ressentimento bolivariano é compreensível, desde que se analise a circunstância na qual Bolívar esteve imerso. O missivista assistiu ao desmantelamento de seu mais caro projeto político. A unidade da Grã-Colômbia desfez-se e os comandantes desse processo foram os seus companheiros de outrora. Em Nova Granada, o federalismo conquistou espaço na Constituinte de 1830 e, embora Bolívar não vivesse para assistir ao retorno de Santander de seu desterro, esse não só retornou como assumiu a presidência do país. Contudo, instigante e desapercebido em uma versão oficial, convicta de que as cartas serviam apenas para a confirmação de dados, foi a delicada construção narrativa epistolar capaz de fazer do discurso da renúncia e do ressentimento peças importantes para a construção da *memória da indispensabilidade.*

Por fim, há que se demarcar a existência de um paradoxo: o discurso da renúncia sinalizava muito claramente o desejo da construção da memória da indispensabilidade. Já o discurso do ressentimento, muito mais difícil de permanecer sob o controle do missivista, embora quisesse também atuar no sentido de atestar a indispensabilidade, era o indicativo da derrota do indispensável. Com o ressentimento, o general humanizava-se e, uma vez humano, tornava-se mortal e substituível. Foi o ressentimento que revelou a perda da legitimidade e a necessidade de substituição da liderança, a despeito de todos os seus incontáveis protestos.

Considerações finais

Já houve quem compreendesse que a história servia apenas a um conhecimento do passado. Houve quem complementasse que a história servia a um conhecimento do passado, mas que deveria fazer jus aos interesses do presente, apoiando-o em seu projeto político, cujo interesse associava-se à construção de uma identidade legitimada nacionalmente. Houve, ainda, quem julgasse que a história não era só um conhecimento do passado servindo ao presente, mas também um saber capaz de estabelecer as bases para um futuro de prosperidade e progresso. Sendo correto dizer que a história quer conhecer o passado e, para tanto, usa de um instrumental disposto pelo presente, sendo a própria motivação do historiador a dúvida contemporânea, também é correto que a associação entre presente e passado não tem o poder de instituir um futuro previsível.

O problema não está em projetar o futuro ou se orientar no passado para uma vivência presente, que é sempre singular. O problema está em tomar a percepção temporal como o meio para determinar as ações humanas, concedendo-lhes uma intencionalidade constante e extenuante. Do projeto de escrita histórica do século XIX, ao tempo não cabia complexidade, ele era qualificadamente progressivo. Ao tomar como sua função patrocinar uma unidade ao tempo, identificar e explicar as ações humanas, a escrita da história contribuiu para a cisão entre memória e história. A primeira passou a ser tomada como fonte da história, devidamente incorporada e subordinada à mesma. Nessa perspectiva, a história poderia conceder significado à memória, depois de domá-la e traduzi-la. Desse ponto de vista, a memória e a história estiveram em oposição e não em tensão. Da oposição emergiria o embate, classificando uma vencedora e uma vencida. Para alguns intérpretes, a história venceu a memória e a subordinou, mantendo a oposição entre um saber disciplinado e "oficial" – a memória histórica – e um saber nascido da tradição alimentada pelas coletividades – a memória coletiva. Da segunda metade do século XX para o seu final, a manutenção dessa perspectiva não impediu uma crise epistemológica tardia, que afetou a cultura histórica estabelecida e demonstrou ser momento de repensar a relação entre memória e história. Esse debate apontou divergências e convergências meritórias, dentre as quais a possibilidade de lidar com a memória, considerando-a capaz de construir seu próprio sentido. Tal premissa imediatamente exigiu recolocar a tensão existente entre história e memória, refutando, assim, a percepção de que a memória seria apenas uma receptora de sentido histórico. Ao seguir esse caminho, a memória deixa de existir apenas sob os refletores da história para se ver refletida a partir de seus próprios holofotes (Seixas, 2001).

Tratou-se de trazer a memória para o primeiro plano da interpretação, sem que isso significasse subjugar a história, pois, se assim o fosse, apenas se inverteriam os campos de oposição. Buscou-se o diálogo entre história e memória capaz de expor tensões. No decorrer deste livro, os vínculos construídos entre a memória individual (a do missivista), a memória do grupo (estabelecida pela prática da correspondência entre a elite política e militar da primeira metade do século XIX na América do Sul de colonização espanhola), a história (da independência) e a historiografia (em torno da independência e de Simón Bolívar) permitiram demonstrar que as relações entre história e memória apresentam uma complexidade que não se resolve por meio da definição de quem subjugou quem, embora a memória deixada pelo missivista tenha sido adquirida de bom grado pela escrita da história. Se, no caso de Simón Bolívar, constata-se que a historiografia incorporou um projeto de memória, a avaliação de *como e por que tal incorporação foi possível* permite anotar também que esse não é o caso de tomar a história como a subjugada. É primordial compreender esse processo como um acordo, uma negociação: a história deixou de resistir à memória porque precisava dela; a memória demonstrou-se uma via construtiva de ação interessante ao presente, tempo e lugar da escrita histórica. Nesse sentido, uma primeira conclusão se apresenta: não havia como, para o caso de Simón Bolívar, a historiografia escapar da versão do ator histórico; a seu modo, Bolívar atuou como historiador, quando selecionou, registrou e arquivou os "fatos".

O epistolário de Simón Bolívar permitiu não só demonstrar o projeto de memória do missivista como também a capitulação da memória histórica a esse projeto. A análise do epistolário bolivariano revelou a possibilidade de dar um tratamento diferenciado à memória, colocando-a não em oposição à história, mas em atrito com a mesma; atrito nutritivo à construção historiográfica. A despeito da memória involuntária do missivista, o sujeito histórico que se construiu e foi construído pelas missivas propôs uma inversão para a investigação: a memória não esteve integralmente domada pela historiografia; antes, a memória foi ingrediente construtor fundamental para a versão histórica em torno da independência nos países de colonização espanhola. Seria compreensível se a personalização do poder incidisse na escrita históri-ca, dado o modelo herdado do século XIX; todavia, para o caso de Simón Bolívar, essa não foi a única ocorrência. Tratando-se de Simón Bolívar, o ator histórico foi tomado como o único intérprete capaz de contar a história da independência nos territórios da Grã-Colômbia e do Peru.

As versões históricas em torno da independência e dos homens que nela atuaram foram construídas *a partir* de Simón Bolívar. Ele sugeriu algumas das definições à história, definições de memória convenientes à história, por isso faz sentido remeter-se a um conflito que estabelece a premência de uma negociação. Assim, o epistolário permitiu identificar quem, segundo o missivista, viria depois dele em importância histórica, quem seria esquecido historicamente, qual papel histórico caberia às tropas compulsoriamente recrutadas; enfim, houve uma indicação para a hierarquização interpretativa da ação dos

272 FABIANA DE SOUZA FREDRIGO

sujeitos históricos. A leitura da fonte e sua comparação com a análise historiográfica indicou a impossibilidade de construir uma história da América do Sul na qual não se discorresse sobre a importância da figura de Bolívar. Essa operação contou com certo equilíbrio: por um lado, a historiografia foi capturada pela narrativa bolivariana por meio de uma operação historiográfica que desconsiderou a crítica da fonte e, por outro, não havia saída capaz de submeter ou apagar a centralidade da figura histórica de Bolívar.

O assombroso não é a constatação da centralidade da figura de Simón Bolívar, razão da personificação do herói. A personalização em torno de Simón Bolívar para explicar o processo histórico das independências foi uma escolha atrelada à necessidade da escrita histórica oitocentista de edificar valores republicanos, estabelecer a identidade nacional e projetar a esperança em um futuro marcado pelo progresso e pela melhoria das condições de populações que, nas décadas seguintes à guerra, ainda pagavam seus custos. O assombro advém da constatação da existência de um culto em torno de Bolívar e de seu alcance em outras expressões (políticas, literárias, artísticas). O culto manteve a permissão para que a Venezuela, ainda hoje, alcunhe as mudanças de seu governo como "revolução bolivariana". Não há parâmetro de comparação com o processo de independência no Brasil e seus atores, ainda que se considere a mitologia que envolveu a figura de José Bonifácio Andrada e Silva (Costa, 1999).

Para dificultar a interpretação, Bolívar não permaneceu na memória de gerações futuras apenas porque era um republicano, libertador e fundador de repúblicas; mas também porque pesaram contra sua figura as acusações do desejo de se coroar e do senso autoritário nada republicano. Dessa maneira, a riqueza do epistolário permitiu analisar para além do culto estabelecido em torno do sujeito histórico. O culto a Simón Bolívar foi póstumo, mas as tentativas de consagrar uma memória à história fizeram parte da ação presente do missivista. Esses processos, integrados em uma resultante (o culto), não foram simultâneos. Para Bolívar, nada indicava que a posteridade e a história o reconheceriam. Restava-lhe acreditar nessa possibilidade futura e tomar a escrita como uma arma de combate. Foi o intenso desejo de reconhecimento presente e futuro que o levou a redigir cerca de 2.815 cartas, considerando o universo das missivas que puderam ser recobradas (o universo passível de consideração).

Mais do que desejo, Simón Bolívar entendia merecer o reconhecimento público e a gratidão dos povos libertados. Desejo e convicção fizeram do epistolário bolivariano uma fonte importante para desvendar não apenas a memória do indivíduo, mas também para compreender que memória esse missivista quis legar ao coletivo, enquanto, simultaneamente, ele abria caminho para um culto do qual a historiografia venezuelana não se livraria mais. Esse ponto é importante: diferente de tomar o culto como algo externo ao sujeito histórico, considerou-se a possibilidade de sua participação na elaboração desse culto. Por meio da escrita de cartas, Simón Bolívar, entre outros motivos, pôde reescrever sua história, recontar o passado, projetar o futuro, esclarecer seu presente. Ao fazer isso, tentou dar unidade de compreensão às suas ações, divisando a posteridade e o reconhecimento histórico.

Considerando-se a incapacidade de onisciência do missivista, é certo que a correspondência bolivariana não alcançou o devido grau de organização exigido pela "memória oficial". Um trabalho posterior de enquadramento foi necessário; das cartas restaram pistas e sugestões que, aliadas à ausência de crítica da fonte, permitiram uma construção historiográfica comprometida com a defesa ou com a acusação do sujeito histórico. Assim mesmo, o projeto de memória detectado na correspondência não tinha uma base frágil e precária, porque, se assim fosse, seria fácil desprezá-lo. Ao ler o epistolário para captar a *história desse epistolário*, para indicar *como e por que* a correspondência tornou-se uma prática, estabelecendo outras tantas práticas, um universo surpreendente materializou-se. Essa leitura modificou a compreensão do leitor e permitiu afirmar que a preocupação do escritor de cartas foi guiada, entre outras, pela execução de um projeto de memória para a posteridade. A humanidade do missivista e sua imersão em seu tempo impediram-lhe o acesso à onisciência e à vigília ininterrupta; daí ser possível encontrar em sua escrita o ressentimento e tomá-lo como a ação flagrante da impossibilidade de controle. Nesse sentido, o missivista não agiu sozinho, ele apresentou um projeto; o que por si só produz assombro. Depois disso, memória e história atuaram conjuntamente, negociaram a partir do conflito inicial e concederam a Simón Bolívar seu lugar no panteão de heróis, exatamente como sonhara o general.

Simón Bolívar legou à posteridade uma extensa documentação. Se a produção de documentos era uma necessidade do cargo, das muitas cartas particulares não se pode dizer o mesmo. Embora sejam importantes também para o amparo da liderança do missivista no presente, as missivas significaram muito mais. Simultaneamente, as cartas estabeleceram uma comunidade afetiva, corroboraram com um código de elite e realizaram uma gestão da memória em torno dos acontecimentos, do missivista e das pessoas que o cercavam. A documentação produzida foi fundamental para a construção das versões históricas sobre o processo de independência. A ciência de que o registro escrito é imprescindível fez parte do universo do missivista, por isso as constantes defesas de si e de seu grupo no epistolário. Apesar de não haver como assegurar definitivamente a perpetuação de uma memória, houve o entendimento de que era necessário tentar estabelecer um projeto de memória – foi esse objetivo que mobilizou o missivista. Posteriormente, esse projeto foi adequado às expectativas daqueles aos quais coube escrever uma "história edificante" das repúblicas latino-americanas.

Este trabalho captou Simón Bolívar, o missivista. O Bolívar que escreveu cartas criou um personagem que, embora fosse singular no interior do epistolário, também se mostrava singular (e visível) fora dele. Para captá-lo, foi preciso ater-se à linguagem e ao estilo de escrita, estabelecendo o padrão discursivo. Apreender o general missivista exigiu reconhecer suas paixões por meio do epistolário: as guerras e as escritas. Não é demais anotar que se realizou um trabalho de historiador e não de linguista. Dessa forma, não houve a preocupação em explicar metodologicamente qual padrão discursivo era esse. Ao contrário, o trabalho com esse padrão discursivo obrigou-se a repor o missivista em seu tempo e a captar suas acepções linguísticas preferenciais e seu modo particular de escrever. A despeito dos inúmeros amanuenses que serviram a Simón Bolívar, suas cartas mantiveram uma constância, anunciadora do estilo da escrita. Enfim, atentou-se não só para *o que* o missivista escreveu, mas para *como* ele escreveu.

Compreendeu-se o texto também como contexto e, para tanto, identificou-se o grupo com o qual o missivista estabeleceu uma prática de correspondência. Entender o texto também como contexto não significa desprezar as condicionantes externas que atuaram sobre o escrito. Definitivamente, é preciso considerar que Simón Bolívar foi um ator imerso em um processo histórico importante: o das lutas de colônias espanholas pela independência. Todavia, suas cartas pessoais demonstram um panorama que extrapola a localização contextual. O escrito não remete apenas ao que é externo, há uma lógica interna, na qual texto e autor recriam-se indefinidamente com o objetivo de impor sentido particular ao escrito. Considerou-se duas essenciais localizações do sujeito missivista: ele é, ao mesmo tempo, ator histórico e fundador de um personagem que viabiliza uma prática de correspondência em meio a um grupo seleto. Enfim, o princípio aplicado considerou que entender os códigos internos e externos à linguagem era (re)colocar o homem em seu tempo. Lidar com cartas exigiu, ainda, alcançar o grau de subjetividade presente nesse tipo de escrita de si.

Assim como o tempo, a subjetividade é fugidia. Sabia-se da imprescindibilidade de atribuir ao sujeito histórico o devido grau de subjetividade, e a fonte indicava essa necessidade. No decorrer do trabalho, relações foram sendo estabelecidas entre a escrita da história, a leitura do epistolário e a narrativa interna às cartas. A preocupação em definir limites à subjetividade e à objetividade ensinou que não há sentido histórico que possa ser determinado sem a presença desses dois elementos ou, então, com apenas um deles. Para o caso de Simón Bolívar, a subjetividade permite enxergar sua humanidade, o que aproxima o missivista. Todavia, a singularidade temporal o distancia: Simón Bolívar, homem do século XIX, possuía códigos distintos dos nossos; nesse sentido, não se alcança o evento histórico em sua totalidade dado que nem mesmo o ator histórico pode revelar todos seus segredos ao historiador – aliás, não se trata de revelação, mas de uma complexa operação historiográfica que, apropriando-se dos vestígios do passado, ordena o conhecimento histórico e lhe dá sentido. É preciso admitir que não se consegue retirar todos os véus. Se, de um lado, o missivista apresentava-se avesso às confissões e reduzia-se às narrações em torno de sua vida pública, do outro, exalava ressentimento, medo da morte e da solidão. Não era possível desprezar a existência de dados que se completavam quando da apresentação do personagem sustentado pelo missivista. Não era possível sustentar um discurso sobre o real, em que o apelo às estruturas intencionais patrocinasse a montagem de uma cena histórica deserta, composta por personagens unidimensionais (Lessa, 1999).

A tríade guerra, glória e honra demonstrou-se capaz de expor o mundo do missivista. Adentrar esse universo significou constatar a necessidade de Simón Bolívar em alcançar consenso entre os seus generais. Para tanto, era preciso estabelecer códigos de contato e o melhor deles foi o que vinculou a guerra à glória e à honra. Uma comunidade afetiva estabeleceu-se por meio do desejo em alcançar honrarias. A repetição do discurso que utilizava os elementos da tríade permitiu investigar de que modo glória e honra tornaram-se elementos capazes de sustentar a comunidade desses homens em guerra. Ao lado desses, havia outra parte da tropa que lutava por princípios distintos, daí a memória subalterna construída em torno dos soldados e de todos os outros que se encontravam fora dos limites de um grupo de elite.

Enfim, o mundo do missivista permitiu mostrar como, em meio à guerra, um código de elite fundou-se e atuou de forma excludente no que se referia às tropas, em especial às tropas peruanas. É meritório notar também que o exército era a mais importante força institucional na narrativa bolivariana, e não é possível crer que isso ocorra apenas porque o missivista assumia-se como general. Não, esse dado é mais representativo do que isso. Em meio à guerra, o exército substituiu a sociedade civil, pairou sobre ela. Com tesouros exauridos pelos gastos com as campanhas, o que restava servia à sobrevivência física dos homens no exército, esses eram os verdadeiros e valorosos cidadãos. Assim, a constatação para o missivista era simples e prática: o exército era necessário aos esforços de guerra e, por sua vez, os esforços de guerra eram imprescindíveis à conquista do ideal demiúrgico que acompanhou e persuadiu Simón Bolívar por toda a vida – a liberdade. Não por acaso o ressentimento posterior e a negatividade atribuída às guerras de independência viriam acompanhados da análise de que o fruto da liberdade não vingara, *à moda rousseauniana*. Constatada a dificuldade de assegurar e prover a liberdade, a independência passou a ser vista e sentida como a responsável por uma mutilação. Separado o filho da mãe, restou uma pátria em caos, devorada por irmãos ciumentos.

Finda a luta com a Espanha, a América e suas elites escolheram seu caminho e esse não era o caminho planejado por Simón Bolívar. Diante do questionamento de sua liderança e legitimidade, o missivista cultivou o ressentimento e o desencanto – que esse recurso era compreensível, as cartas não deixam dúvida. Todavia, a narrativa epistolar, ao incorporar o ressentimento, contribuiu para a construção do que se denominou *memória da indispensabilidade*. Materialmente composta de seleções voluntária e percepções involuntárias, a *memória da indispensabilidade* apontou os caminhos por onde passaram as críticas à liderança de Simón Bolívar e a descrença quanto à possibilidade de o general pôr fim às lutas políticas que minavam o edifício da unidade americana.

Diante de críticas e do desfalecimento de seu mais caro projeto, a saída parecia ser a coroação. Duas questões estariam resolvidas, assim: a América poderia fazer parte do concerto das nações civilizadas, e Simón Bolívar aproximar-se-ia do mito napoleônico. Nas cartas, há extremo cuidado do missivista quando o assunto era o plano monárquico. Não há nenhum trecho que demonstre a disposição de Simón Bolívar em levar adiante o projeto de uma monarquia. O general morreu republicano, atribuindo tal plano ensandecido ao general Páez. Todavia, o desejo de se coroar esteve presente em seus atos, a própria escrita os evidenciava. Foi difícil para Bolívar ultrapassar o imaginário do qual ele mesmo partilhou por longos anos. Conforme sugerido, o rompimento com a simbologia em torno do rei tornou-se um problema para a elite *criolla*. A dificuldade de transferência de imaginários resultou na adoção da personalização do poder e de seus símbolos. A figuração dos heróis – generais cobertos de louros – daria força ao imaginário republicano; nisso reside o mérito heroico conferido a Simón Bolívar (Guerra, 2003).

Todas as questões discutidas neste livro advieram de um universo particular: as cartas. As missivas foram tomadas como um documento que permitia mais do que a mera confirmação de dados. Essa nova leitura do epistolário exigiu adequar uma metodologia para o tratamento da fonte e autorizou enxergar novas pistas oferecidas pelo material. Aliando a construção de um projeto de memória à escrita de cartas, o viés adotado possibilitou apresentar os primeiros fios do culto estabelecido após a morte do general. A memória epistolar foi patrocinada pela historiografia venezuelana, mas rompeu suas fronteiras. Bolívar permanece no labirinto não apenas porque, por um efeito do tempo, é impossível alcançar o homem que ele "realmente foi", mas também porque as versões sobre ele são múltiplas, contando sobremaneira com sua própria pena. General e missivista, Bolívar esteve rodeado, até o fim de seus dias, pelos elementos que deram sentido à sua vida: as guerras deram sentido aos inimigos; e as escritas, ao ressentimento.

Referências bibliográficas

Fontes

LECUNA, V. (Org.). *Cartas del Libertador (1799-1817)*. 2.ed. Caracas: Fundación Vicente Lecuna; Banco de Venezuela, 1964. Tomo I. 485 p.

_____. *Cartas del Libertador (1818-1820)*. 2.ed. Caracas: Fundación Vicente Lecuna; Banco de Venezuela, 1964. Tomo II. 578 p.

_____. *Cartas del Libertador (1821-1823)*. 2.ed. Caracas: Fundación Vicente Lecuna; Banco de Venezuela, 1965. Tomo III. 559 p.

_____. *Cartas del Libertador (1824-1825)*. 2.ed. Caracas: Fundación Vicente Lecuna; Banco de Venezuela, 1966. Tomo IV. 568 p.

_____. *Cartas del Libertador (1826-jun.1827)*. 2.ed. Caracas: Fundación Vicente Lecuna; Banco de Venezuela, 1967. Tomo V. 529 p.

_____. *Cartas del Libertador (jul.1827-1828)*. 2.ed. Caracas: Fundación Vicente Lecuna; Banco de Venezuela, 1968. Tomo VI. 606 p.

_____. *Cartas del Libertador (1829-1830)*. 2.ed. Caracas: Fundación Vicente Lecuna; Banco de Venezuela, 1969. Tomo VII. 649 p.

Artigos

AYMARD, M. História e memória: construção, desconstrução, reconstrução. *Revista Tempo Brasileiro*, Rio de Janeiro, n.153, p.13-28, abr./jun. 2003.

AZEVEDO, F. N. Diplomacia epistolar: Visconde do Rio Branco e Andrés Lama. *Revista eletrônica da ANPHLAC*, n.2, 2002. Disponível em: <http://www.anphlac.hpg.ig.com.br/revista2.htm>. Acesso: 10 out. 2004.

BURKE, P. A invenção da biografia e o individualismo renascentista. *Estudos históricos*, Rio de Janeiro, n.19, p.83-119, 1997.

HALPERÍN DONGHI, T. En busca de la especificidad del pensamiento político hispanoamericano. *Estudios interdisciplinares de América Latina y Caribe*, Tel Aviv, v.8, n.1, p.5-18, 1997.

FEBVRE, L. O homem do século XVI. *Revista de História*, São Paulo, v.1, n.1, p.3-17, jan./mar. 1950.

FREDRIGO, F. de S. O Brasil no epistolário de Simón Bolívar: uma análise sobre o desconhecimento entre as Américas. *História revista*: revista do Departamento de História e do Programa de Mestrado em História, Goiânia, v.8, n.1/2, p.89-115, jan./dez. 2003.

GARCIA, N. T. Un cuarto de siglo de americanismo en España: 1975-2001. *Revista europea de estudios latinoamericanos y del Caribe*, Espanha, n.72, p.81-94, abr. 2002.

GUERRA, F.-X. Memórias em transformação. *Revista eletrônica da ANPHLAC*, n.3, 2003. Trad. e adap. Jaime de Almeida. Disponível em: <http://www.anphlac.hpg.ig.com.br/revista3.htm>. Acesso: 10 out. 2004.

HARWICH, N. Un héroe para todas las causas: Bolívar en la historiografia. *Iberoamericana*, [s.i.], v.3, n.10, p.7-22, 2003.

KARNAL, L. O Brasil e a América Latina denegada. *Ciências e Letras*, Porto Alegre, n.28, p.99-110, jul./dez. 2000.

LOWENTHAL, D. Como conhecemos o passado. *Projeto História*. São Paulo, n.17, p.63-201, nov.1998.

MALATIAN, T. Práticas de memória na Oliveira Lima Library. *História*: revista da Unesp, São Paulo, v.20, p.11-28, 2003.

MENESES, U. B. A História, cativa da memória? Para um mapeamento da memória no campo das Ciências Sociais. *Revista do Instituto de Estudos Brasileiros*, São Paulo, n.34, p.9-24, set. 1992.

NORA, P. Entre Memória e História – A problemática dos lugares. *Projeto História*: revista do Programa de Pós-Graduação do Departamento de História da PUC, São Paulo, v.10, p.7-28, dez. 2003. Trad. de Yara Aun Khoury.

PINTO, J. P. Os muitos tempos da memória. *Projeto História:* revista do Programa de Pós-Graduação do Departamento de História da PUC, São Paulo, n.17, p.203-280, nov. 1998.

POLLAK, M. Memória, esquecimento, silêncio. *Estudos históricos,* Rio de Janeiro, v.3, n.3, p.3-15, 1989.

POMER, L. Sobre a formação dos Estados Nacionais na América Hispano-Índia. *Cadernos Cedec,* São Paulo, n.3, p.8-35, 1979.

PORTELLA, E. Paradoxos da memória. *Revista Tempo Brasileiro,* Rio de Janeiro, n.153, p.7-9, abr./jun. 2003.

PRADO, M. L. C. América Latina: tradição e crítica. *Revista brasileira de História,* São Paulo, n.2, p.167-174, set. 1981.

_____. O Brasil e a distante América do Sul. *Revista de História,* São Paulo, n.145, p.127-149, 2001.

_____. Esperança radical e desencanto conservador na independência da América espanhola. *História:* revista da Unesp, São Paulo, v.22, n.2, p.15-34, 2003.

_____. À guisa de introdução: pesquisa sobre América Latina no Brasil. *Revista eletrônica da ANPHLAC,* n.1, 2001. Disponível em: <http://www.anphlac.hpg.ig.com.br/revista1.htm>. Acesso em: 10 out. 2004.

REICHEL, H. J. A produção bibliográfica sobre História da América no Brasil, nas duas últimas décadas do século XX. *Revista eletrônica da ANPHLAC,* n.1, 2001. Disponível em: <http://www.anphlac.hpg.ig.com.br/revista1.htm>. Acesso em: 15 out. 2004.

RODÓ, J. E. Bolívar. *Revista de História de América:* revista do Instituto Panamericano de Geografia y Historia, México, n.95, p.83-108, jan./jun. 1983.

RÜSEN, J. Perda de sentido e construção de sentido no pensamento histórico da virada do milênio. *História:* debates e tendências. Passo Fundo, v.2, n.1, p.9-22, dez. 2001.

SANDES, N. F. 1930: entre memória e história. *História revista:* revista do Departamento de História e do programa de Mestrado em História, Goiânia, v.8, n.1/2, p.143-160, jan./dez. 2003.

SANTOS, L. C. V. As várias Américas: visões do século XIX. *Estudos de História:* revista do Programa de Pós-Graduação em História, Franca, SP, v.10, n.1, p.11-28, 2003.

SEIXAS, J. A. Comemorar entre memória e esquecimento: reflexões sobre a memória histórica. *Revista Opiniões & Debates*, Curitiba, n.32, p.75-95, jan./jun. 2000.

_____. Os tempos da memória: (des)continuidade e projeção. Uma reflexão (in)atual para a História. *Projeto História*: revista do Programa de Pós-Graduação do Departamento de História da PUC, São Paulo, n.24, p.43-63, jun. 2002.

SILVA, H. R. da. "Rememoração"/comemoração: as utilizações sociais da memória. *Revista brasileira de História*, São Paulo, v.22, n.44, p.425-438, 2002.

SORGENTINI, H. Reflexión sobre la memoria y autorreflexión de la Historia. *Revista brasileira de História*, São Paulo, v.23, n.45, p.103-128, 2003.

TRAGTEMBERG, M. As ideias políticas de Bolívar. *Revista de História*, São Paulo, n.33, p.9-25, jan./mar. 1958.

VILLA, R. D. Venezuela: mudanças políticas na era Chávez. *Estudos avançados* [online]. São Paulo, v.19, n.55, p.153-172, 2005. Disponível em: <http://www.scielo.br/scielo.php?pid=S0103-40142005000300011-&script=sci_abstract&tlng=pt>. Acesso em: mai.2010.

UNAMUNO, M. de. Don Quijote y Bolívar. *Revista de Historia de América*: revista do Instituto Panamericano de Geografia y Historia, México, n.95, p.131-137, jan./jul. 1983.

Livros, dissertações e teses

ALEIXO, C. B. *Visão e atuação internacional de Simón Bolívar*. Brasília: Embaixada da Venezuela, 1983.

ANDERSON, B. *Nação e consciência nacional*. Trad. de Lólio Lourenço de Oliveira. São Paulo: Ática, 1989.

ANSART, P. História e memória dos ressentimentos. In: BRESCIANI, S; NAXARA, M. (Orgs.). *Memória e (res)sentimento*: indagações sobre uma questão sensível. Campinas: Editora da Unicamp, 2001. p.15-36.

AUERBACH, E. Marcel Proust: o romance do tempo perdido. In: _____. *Ensaios da literatura ocidental*: filologia e crítica. São Paulo: Duas Cidades/Editora 34, 2007, p. 333-340.

GUERRAS E ESCRITAS **283**

AZEVEDO, F. L. N. Biografia e gênero. In: GUAZZELLI, C. A. B. et al. *Questões da teoria e da metodologia da História*. Porto Alegre: Editora da Universidade Federal do Rio Grande do Sul, 2000. p.131-146.

BELLOTTO, M. L.; CORRÊA, A. M. M. (Orgs.). *Simón Bolívar*: política. São Paulo: Ática, 1983.

BERBERT JR., C. O. Texto, contexto e "dialogismo" na obra de Dominick LaCapra. In: SERPA, É. C. et.al. *Escritas da História*: intelectuais e poder. Goiânia: Editora da UCG, 2004. p.53-70.

BONILLA, H. O Peru e a Bolívia da independência à Guerra do Pacífico. In: BETHELL, L. (Org.). *História da América Latina*: da independência a 1870. Trad. de Maria Clara Cescato. São Paulo/Brasília: Edusp/Imprensa Oficial do Estado de São Paulo/Fundação Alexandre de Gusmão, 2001. Tomo III. p.541-589.

BORGES, V. P. Desafios da memória e da biografia: Gabrielle Brune-Sieler, uma vida (1874-1940). In: BRESCIANI, S.; NAXARA, M. (Orgs.). *Memória e (res)sentimento*: indagações sobre uma questão sensível. Campinas: Editora da Unicamp, 2001. p.287-312.

BOSI, A. O tempo e os tempos. In: NOVAIS, A. (Org.). *Tempo e História*. São Paulo: Companhia das Letras/Secretaria Municipal da Cultura, 1992. p.19-32.

BOURDIEU, P. A ilusão biográfica. In: FERREIRA, M.; AMADO, J. (Coords.). *Usos e abusos da História Oral*. Rio de Janeiro: Editora da FGV, 1996. p.183-191.

BRUIT, H. *Bartolomé de Las Casas e a simulação dos vencidos*: ensaio sobre a conquista hispânica da América. Campinas/São Paulo: Editora da Unicamp: Editora Iluminuras, 1995.

BUSANICHE, J. L. *Bolívar visto por sus contemporáneos*. México: Fondo de Cultura Económica, 1986.

BUSHNELL, D. A independência da América do Sul espanhola. In: BETHELL, L. (Org.). *História da América Latina*: da independência a 1870. Trad. de Maria Clara Cescato. São Paulo/Brasília: Edusp/Imprensa Oficial do Estado de São Paulo/Fundação Alexandre de Gusmão, 2001. Tomo III. p.119-186.

BUSHNELL, D.; MACAULAY, N. *El nacimiento de los países latinoamericanos*. Trad. de José Carlos Gómes Borrero. Madrid: Nerea, 1989.

CAPELATO, M. H. O "gigante brasileiro" na América Latina: ser ou não ser latino-americano. In: MOTA, C. G. (Org.). *Viagem incompleta:* a experiência brasileira (1500-2000): a grande transação. São Paulo: Senac, 2000. 2 v., p.285-316.

CAPELATO, M. H.; DUTRA, E. R. Representação política. In: CARDOSO, C. F.; MALERBA, J. (Orgs.). *Representações:* contribuições a um debate transdisciplinar. Campinas: Papirus, 2000. p.227-267. (Coleção Textos do Tempo).

CARRERA-DAMAS, G. *Cuestiones de historiografia venezoelana.* Venezuela: Universidad Central de Caracas, 1964.

_____. *El culto a Bolívar:* esbozo para um estúdio de la historia de las ideas em la Venezuela. Caracas: Fundação do Instituto de Antropologia y História/ Universidad Central de Venezuela, 1969.

_____. *La crisis de la sociedad colonial venezoelana.* Caracas: Imprenta Municipal, 1976. (Cuadernos de Difusión, n.5).

CARVALHO, J. M. de. *A formação das almas:* o imaginário da República no Brasil. São Paulo: Companhia das Letras, 1990.

CASTILLERO, E. J. *Bolívar em Panamá.* Brasília: Embaixada do Panamá, 2000.

CASTRO, M. W. de. *O libertador:* a vida de Simón Bolívar. Rio de Janeiro: Rocco, 1989.

CAVALCANTE, B. *José Bonifácio:* razão e sensibilidade, uma história em três tempos. Rio de Janeiro: Editora da FGV, 2001.

CERTEAU, M. de. *A escrita da História.* Rio de Janeiro: Forense Universitária, 1975.

CHARTIER, R. História intelectual e história das mentalidades: uma dupla reavaliação. In: _____. *A História Cultural:* entre práticas e representações. São Paulo/Lisboa: Bertrand Brasil/Difel, 1990. p.29-67.

_____. As práticas da escrita. In: CHARTIER, R.; ARIÉS, P. (Orgs.). *História da vida privada.* Da renascença ao século das luzes. São Paulo: Companhia das Letras, 1991. 3 v. p.113-161.

COCLETE, A. R. *Construção da nação e escravidão no pensamento de José Bonifácio:* 1783-1823. Campinas: Editora da Unicamp, 1999. (Coleção Tempo e Memória, n.12).

CONRAD, J. *O coração das trevas.* Porto Alegre: L&PM, 1997.

COSTA, E. V. da. José Bonifácio: mito e história. In: _____. *Da monarquia à república*: momentos decisivos. 7. ed. São Paulo: Fundação Editora Unesp, 1999. p.61-130.

D'ARAÚJO, M. C. Getúlio Vargas: cartas-testamento como testemunhos do poder. In: GOMES, Â. de C. (Org). *Escrita de si, escrita da História*. Rio de Janeiro: Editora da FGV, 2004, p.295-308.

DEAS, M. A Venezuela, a Colômbia e o Equador: o primeiro meio século de independência. In: BETHELL, L. (Org.). *História da América Latina*: da independência a 1870. Trad. de Maria Clara Cescato. São Paulo/Brasília: Edusp/Imprensa Oficial do Estado de São Paulo/Fundação Alexandre de Gusmão, 2001. Tomo III. p.505-539.

DOLHNIKOFF, M. *Construindo o Brasil:* unidade nacional e pacto federativo nos projetos das elites (1820-1842). 2000. Tese (Doutorado em História) – Faculdade de Filosofia, Letras e Ciências Humanas, Universidade de São Paulo, São Paulo, 2000.

HALPERÍN DONGHI, T. A crise da independência. In: _____. *História da América Latina*. 3. ed. Rio de Janeiro: Paz e Terra, 1975. p.47-80.

DORATIOTO, F. A desintegração da América espanhola independente. In: _____. *Espaços nacionais na América Latina*: da utopia bolivariana à fragmentação. São Paulo: Brasiliense, 1994.

DOSSE, F. Uma história social da memória. In: _____. *A História*. Bauru: Edusc, 2003. p.261-298.

FEBVRE, L. *Honra e Pátria*. Org. de Thérese Charmasson e Brigitte Mazon. Rio de Janeiro: Civilização Brasileira, 1998.

FOISIL, M. A escritura do foro privado. In: ARIÈS, P; CHARTIER, R. (Orgs.). *História da Vida Privada*. Da renascença ao século das luzes. São Paulo: Companhia das Letras, 1991. 3 v., p.331-369.

FOUCAULT, M. A escrita de si. In: _____. *O que é um autor?* Lisboa: Vaga, Passagens, 1992. p.129-160.

FREDRIGO, F. de S. A escrita de si no epistolário de Simón Bolívar: uma consagração da memória à história. In: SERPA, É. C. et al. (Orgs.). *Escritas da História*: memória e linguagens. Goiânia: Editora da UCG, 2004. p.11-41.

FURET, F. A Revolução no imaginário político francês. In: _____. *A Revolução em debate*. Bauru: Edusc, 2001, p.55-70.

GARCÍA MÁRQUEZ, G. *O general em seu labirinto*. Rio de Janeiro: Record, 1989.

GARRIDO ALCÁZAR, J. *Reformismo borbónico y revoluciones hispanoamericanas*. Santiago: Universidade Nacional Andrés Bello, 1995.

GAY, P. O estilo: da maneira à matéria. In: _____. *O estilo na História*: Gibbon, Ranke, Macaulay, Burckhardt. São Paulo: Companhia das Letras, 1990. p.17-31.

_____. Passados úteis. In: *O coração desvelado*: a experiência burguesa da Rainha Vitória a Freud. São Paulo: Companhia das Letras, 1999, p.168-243.

GINZBURG, C. Sinais: raízes de um paradigma indiciário. In: _____. *Mitos, emblemas e sinais*. São Paulo: Companhia das Letras, 1989. p.143-180.

GALVÃO, W. N. Proust e Joyce: o diálogo que não houve. In: GALVÃO, W. N.; GOTLIB, N. B. (Orgs.). *Prezado senhor, prezada senhora*: estudos sobre cartas. São Paulo: Companhia das Letras, 2000. p.341-349.

GODOY, L. B. Correspondência: a obra e suas leituras. In: _____. *Ceifar, semear*: a correspondência de Van Gogh. São Paulo: Anablume/Fapesp, 2002. p.89-107.

GOMES, Â. de C. (Org). *Escrita de si, escrita da História*. Rio de Janeiro: Editora da FGV, 2004.

GONDAR, J. Lembrar e esquecer: desejo de memória. In: GONDAR, J.; COSTA, I. T. M. *Memória e Espaço*. Rio de Janeiro: Sete Letras, 2000. p.35-43.

GUERRA, F.-X. El soberano y su reino: reflexiones sobre la génesis del ciudadano en America Latina. In: SÁBATO, H. (Coord.). *Ciudadanía política y formación de las naciones*: perspectivas históricas de América Latina. 1.ed. México: FCE/Colégio de México, 1999, p.33-61.

_____. *Modernidad y independências*: ensayos sobre las revoluciones hispánicas. 3.ed. México: Fondo de Cultura Económica, 2000.

_____. A nação moderna: nova legitimidade e velhas identidades. In: JANCSÓ, I. (Org.). *Brasil*: formação do Estado e da Nação. São Paulo: Hucitec/Ed.Unijuí/Fapesp, 2003. p.33-60.

HALBAWCHS, M. *A memória coletiva*. São Paulo: Vértice/Editora Revista dos Tribunais, 1990.

GUERRAS E ESCRTAS **287**

HARVEY, R. *Los libertadores*. La lucha por la independência de América Latina: 1810-1830. Barcelona: RBA Livros, 2002.

HILDEBRANDT, M. *Léxico de Bolívar*: el español de América en el siglo XIX. Lima: [s.n.], 2001.

HOBSBAWM, E. *Era dos extremos*: o breve século XX: 1914-1991. 2.ed. Trad. de Marcos Santarrita. São Paulo: Companhia das Letras, 1995.

JANOTTI, M. de L. *Os subversivos da República*. São Paulo: Brasiliense, 1986.

KAPLAN, M. *Formação do Estado Nacional na América Latina*. Trad. de Lygia Maria Baeta Neves. Rio de Janeiro: Eldorado, 1974.

LAFAYE, J. A literatura e a vida intelectual na América Espanhola Colonial. In: BETHELL, L. *História da América Latina*: América Latina Colonial. São Paulo/Brasília: Edusp/Imprensa Oficial do Estado de São Paulo/Fundação Alexandre de Gusmão, 1999. 2 v.

LESSA, R. *A invenção republicana:* Campos Salles, as bases e a decadência da Primeira República brasileira. 2.ed. Rio de Janeiro: Topbooks,1999.

LEVI, G. Usos da biografia. In: FERREIRA, M.; AMADO, J. (Coords.). *Usos e abusos da História Oral*. Rio de Janeiro: Editora da FGV, 1996. p.167-182.

LEVILLAIN, P. Os protagonistas: da biografia. RÉMONND, R. (Org.). *Por uma história política*. Rio de Janeiro: Editora UFRJ/Editora da FGV, 1996. p.141-184.

LIMA, L. C. *Persona* e sujeito ficcional. In: _____. *Pensando nos trópicos* (Dispersa demanda II). Rio de Janeiro: Rocco, 1991. p.40-56.

LUDWIG, E. *Bolívar*: cavaleiro da glória e da liberdade. Porto Alegre: Globo, 1943.

LYNCH, J. As origens da independência da América espanhola. In: BETHELL, L. (Org.). *História da América Latina*: da independência a 1870. Trad. de Maria Clara Cescato. São Paulo/Brasília: Edusp/Imprensa Oficial do Estado de São Paulo/Fundação Alexandre de Gusmão, 2001a. Tomo III. p.19-72.

_____. *Las revoluciones hispanoamericanas*. 8.ed. Barcelona: Editorial Ariel, 2001b.

MADARIAGA, S. *Bolívar*: fracaso y esperanza. México: Editorial Hermes, 1953a. Tomo I.

288 FABIANA DE SOUZA FREDRIGO

_____. *Bolívar*: victoria y desengano. México: Editorial Hermes, 1953b. Tomo II.

MASUR, G. *Simón Bolívar*. México: Biografias Grandesa, 1960.

MEZAN, R. As cartas de Freud. In: GALVÃO, W. N.; GOTLIB, N. B. (Orgs.). *Prezado senhor, prezada senhora*: estudos sobre cartas. São Paulo: Companhia das Letras, 2000. p.159-173.

MINGUET, C. et al. *Bolívar y el mundo de los libertadores*. México: Editora da Unam, 1993.

NOVAIS, A. Sobre tempo e história. In: _____. (Org.). *Tempo e História*. São Paulo: Companhia das Letras/Secretaria Municipal da Cultura, 1992. p.9-18.

PAZ, O. *O labirinto da solidão e post scriptum*. 3.ed. Trad. de Eliane Zagury. Rio de Janeiro: Paz e Terra, 1984.

PICÓN-SALAS, M. Bolívar entre muchos testigos. In: BUSANICHE, J. L. *Bolívar visto por sus contemporáneos*. México: Fondo de Cultura Económica, 1986. pp.7-10.

USLAR PIETRI, A. *Bolívar Hoy*. 2.ed. Caracas: Monte Ávila Editores, 1990.

PIGLIA, R. Uma narrativa sobre Kakfa. In: _____. *O último leitor*. São Paulo: Companhia das Letras, 2006, p. 38-73.

POCOCK, J. G. A. O estado da arte. In: _____. *Linguagens do ideário político*. Trad. de Fábio Fernandez. São Paulo: Edusp, 2003. p.23-62.

PRADO, M. L. C. *América Latina no século XIX*: tramas, telas e textos. São Paulo/Bauru: Edusp/Edusc, 1999. (Ensaios Latino-americanos, 4).

REINATO, E. J. *Imagens românticas da independência da Grã-Colômbia*, 1810-1830. 1997. 262p. Dissertação (Mestrado em História) — Faculdade de Filosofia, Letras e Ciências Humanas, Universidade de São Paulo, São Paulo, 1997.

_____. *El Quijote de los Andes*: Bolívar e o imaginário da independência na América – 1810-1830. Goiânia: Editora da UCG, 2000.

ROMERO, J. L. El pensamiento político de la emancipación. In: _____. *El pensamiento político latinoamericano* (Ensayos compilados por Luis Alberto Romero). Buenos Aires: A.Z editora, [19-]. p.153-194.

SABINO, F. *Cartas na mesa*: aos três parceiros, meus amigos para sempre. Rio de Janeiro: Record, 2002.

SALCEDO-BASTARDO, J. L. *Vision y revision de Bolívar*. 3.ed. Venezuela: Monte Avila Latinoamericana, 1990.

SALOMON, M. *As correspondências*: uma história das cartas e das práticas de escrita no Vale do Itajaí. Florianópolis: Editora da UFSC, 2002.

SANDES, N. F. *A invenção da Nação*: entre a Monarquia e a República. Goiânia: Editora da UFG/Agência Goiana de Cultura Pedro Ludovico Teixeira, 2000.

_____. Pistas para análise da pedagogia lobatiana: as aventuras do Sítio do Picapau Amarelo e as desventuras da nação. In: SANTOS, D. O. A. dos; TURCHI, M. Z. (Orgs.). *Encruzilhadas do imaginário*: ensaios de literatura e história. Goiânia: Cânone Editorial, 2003. p.147-160.

_____. Entre a memória e a história: os exilados da Velha República. In: SERPA, É. C. et al. (Orgs.). *Escritas da História*: memória e linguagens. Goiânia: Editora da UCG, 2004. p.89-109.

SANTOS, L. C. V. G. *O Brasil entre a América e a Europa*: o Império e o interamericanismo (do Congresso do Panamá à Conferência de Washington). São Paulo: Fundação Editora Unesp, 2004.

SEIXAS, J. A. de. Percursos de memórias em terras de história: problemáticas atuais. In: BRESCIANI, S.; NAXARA, M. (Orgs.). *Memória e (res)sentimento*: indagações sobre uma questão sensível. Campinas: Editora da Unicamp, 2001. p.37-58.

_____. Os campos (in)elásticos da memória: reflexões sobre a memória histórica. In: SEIXAS, J. A. de.; BRESCIANI, M. S.; BREPOHL, M. (Orgs.). *Razão e paixão na política*. Brasília: Editora Universidade de Brasília, 2002. p.59-77.

SILVA, A. R. C. da. *Construção da Nação e escravidão no pensamento de José Bonifácio 1783-1823*. Campinas: Editora da Unicamp, 1999. (Coleção Tempo e Memória, n.12).

SORIANO, G. Introdução. In: _____. (Org.). *Simón Bolívar*: escritos políticos. Campinas: Editora da Unicamp, 1992.

STEIN, S.; STEIN, B. *A herança colonial na América Latina*. Rio de Janeiro: Editora Paz e Terra, 1976. (Coleção Estudos latino-americanos, 4).

STRÔNGOLI, M. T. O discurso literário, o mítico e o multiculturalismo. In: SANTOS, D. O. A. dos; TURCHI, M. Z. (Orgs.). *Encruzilhadas do imaginário*: ensaios de literatura e história. Goiânia: Cânone Editorial, 2003. p.117-128.

WADDEL, D. A. G. A política internacional e a independência da América Latina. In: BETHELL, L. (Org.). *História da América Latina*: da independência a 1870. Trad. de Maria Clara Cescato. São Paulo/Brasília: Edusp/Imprensa Oficial do Estado de São Paulo/Fundação Alexandre de Gusmão, 2001. Tomo III. p.231-265.

WHITE, H. Introdução. In: _____. *Trópicos do discurso*. São Paulo: Edusp, 1994. p.13-116. (Ensaios de Cultura, 6).

SOBRE O LIVRO

Formato: 14 x 21 cm
Mancha: 23,7 x 42,5 paicas
Tipologia: Horley Old Style 10,5/14
Papel: Offset 75 g/m² (miolo)
Cartão Supremo 250 g/m² (capa)
1ª edição: 2010

EQUIPE DE REALIZAÇÃO

Coordenação Geral
Marcos Keith Takahashi

Impressão e acabamento